U0945273

（光绪）

# 金门志

（清）林焜熿　（清）林　豪　**修纂**
洪卜仁　薛鹏志　**点校**
厦门市人民政府地方志办公室　**整理**

厦门大学出版社 XIAMEN UNIVERSITY PRESS
国家一级出版社
全国百佳图书出版单位

**图书在版编目(CIP)数据**

(光绪)金门志/(清)林焜熿,(清)林豪修纂;洪卜仁,薛鹏志点校.—厦门:厦门大学出版社,2016.12
ISBN 978-7-5615-5828-7

Ⅰ.①光… Ⅱ.①林… ②林… ③洪… ④薛… Ⅲ.①金门县—地方志—清代 Ⅳ.①K295.74

中国版本图书馆 CIP 数据核字(2015)第 318469 号

**出 版 人** 蒋东明
**责任编辑** 查品才 章木良
**美术编辑** 张雨秋
**技术编辑** 朱 楷

**出版发行** 厦门大学出版社
**社 址** 厦门市软件园二期望海路 39 号
**邮政编码** 361008
**总 机** 0592-2181111 0592-2181406(传真)
**营销中心** 0592-2184458 0592-2181365
**网 址** http://www.xmupress.com
**邮 箱** xmup@xmupress.com
**印 刷** 厦门市明亮彩印有限公司

**开本** 720 mm×1 000 mm 1/16
**印张** 21.75
**字数** 300 千字
**版次** 2016 年 12 月第 1 版
**印次** 2016 年 12 月第 1 次印刷
**定价** 75.00 元

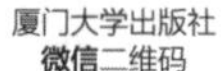
厦门大学出版社
微信二维码

厦门大学出版社
微博二维码

# 前　言

光绪《金门志》十六卷，林焜熿纂，林豪续纂，清光绪八年壬午（1882 年）浯江书院刻本。林焜熿，字巽甫（民国《金门县志》误作字逊辉），清代马巷厅金门后浦人，岁贡生。居厦门，问业于福建分巡兴泉永海防兵备道周凯，又从玉屏山长光泽高澍然游。著有《竹畦诗文抄》、《浯洲见闻录》、《宫闺诗话》、《竹畦笔麈》。道光年间，从周凯分纂《厦门志》，出其手者居多。而后自任采访并搜讨志籍，始纂《金门志》，阅时二年，于道光十六年（1836 年）成书，迟未开雕。其子林豪承父业，续修至同治十三年（1874 年），仍未付梓，因有称为“同治志”。存稿后经傅炳鍠（号雪湖，南安人）删订，有谓删节十分之三，其中亦有不应删者。光绪八年（1882 年）十月，晋江洪曜离作后序，由金门浯江书院付梓。今可见光绪八年（1882 年）浯江书院刻本；1959 年北京中国书店油印本，据清光绪浯江书院刻本翻印；1960 年台湾银行经济研究室台湾文献丛刊本，为第 80 种；1956 年台北中华丛书委员会繁体竖排标点本。

林豪，字卓人，金门人，举人。民国《金门县志》传称：“夙承家学，少有文名。咸丰九年（1859 年），举于乡，屡困公车，然数奇而文益工。著有《诵清堂诗文集》、《东瀛纪事》、《海东随笔》、《可炬录》诸书。尝纂澎湖、淡水两厅志，续修《金门志》。宣统元年（1909 年），重游泮水，选授连城县学教谕。有清末季，金门以文学传者，推林氏父子云。”

《金门志》依照道光《厦门志》体例，首列金门图，卷一凡例、皇言录，卷二分域略，卷三赋税考，卷四规制志，卷五兵防志，卷六职官表，卷七名宦列传，卷八选举表，卷九至卷十二人物列传，卷十三列女传，卷十四艺文志，卷十五风俗记，卷十六旧事志。正文分域、赋税、规制、兵防、职官、名宦、选举、人物、列女、艺文、风俗、旧事十二门，包括沿革、形势、户口、经费、渔课、船政、城寨、兵制、岁时、气候、祥异、丛谈等七十六目，每门之首均有小序。

1956 年中华丛书委员会繁体标点本识云："金门，旧名浯洲，又名吴洲、仙洲。明初改今名。清道光间，邑人林焜熿先生博采遗闻，咨访耆老，依《厦门志》体例，撰辑《金门志》若干卷，未竟而殁。其子卓人为续成之。光绪八年（1882 年），始梓行传世。在地理上，金门为厦门之咽喉，泉漳之屏障，据我国东南数省海上交通之冲要，而与台澎声息互通，相为犄角。今成为我复兴基地之前哨，形势重要。本会特假得台湾省立台北图书馆藏本，重付剞劂，以供国人之考览。"该本将全书体例调整为十五卷，目录改为卷首序，列章倬标序、周凯序、高澍然序、洪曜离后序等四篇，卷一分域略，卷二赋税考，卷三规制志，卷四兵防志，卷五职官表，卷六名宦列传，卷七选举表，卷八人物列传（一），卷九人物列传（二），卷十人物列传（三），卷十一人物列传（四），卷十二列女传，卷十三艺文志，卷十四风俗记、卷十五旧事志。附录：一、皇言录，二、金门志凡例，三、金门志续修凡例，四、金门志纂辑姓氏目录，五、金门志续修姓氏目录。此书将卷首内容改为附录，有失志书体例。

金门旧属同安县翔风里，1912 年分属新置思明县（今厦门市）。1915 年，复析思明县浯洲、烈屿、大嶝、小嶝四岛设立金门县，归厦门道管辖。为加强厦门市地方史志的整理和编修工作，充分发挥方志存史、资治、教化的社会功能，2014 年 10 月，厦门市人民政府地方志办公室授予点校整理《金门志》，交付厦门大学出版社编辑和出版。本书的出版，得到蒋东明、白延蜻、叶胜伟、白桦、刘晓平等先生的热情支持和帮助，谨致谢忱。

编　者

# 点校凡例

一、光绪《金门志》据清光绪八年壬午（1882年）金门浯江书院刻本作为底本进行点校，参校1960年台湾文献丛刊第80种《金门志》。

二、在点校时，对原刊本文字按现代汉语习惯予以分段，并按现代汉语规范加标点符号。除了个别易引起歧义的人名、地名等外，原文中的繁体字、古今字、异体字均改用简化字。

三、原刊本中涉及古代帝王、国朝、诏令等字样，有作抬头、空格或断码等编排的，录排时一律取消，统按现代文式紧接排版。

四、原刊本中职官表等竖排表格均予以拆分，录排为正文。

五、原刊本中因竖排文而称“左”列、“右”列等字样，改用横排后相应加以注明，如“左［下］”、“右［上］”等。

六、原刊本中夹注一般改用楷体字，以别于正文。

七、凡遇缺字而无法以他校、理校增补者，用“□”号表示。

八、原刊本中遇有错字、别字者，予以更正，正字加方括弧“［　］”表示；遇有漏字者，予以补上，并加尖括弧“〈　〉”表示；有衍字者，加圆括弧“（　）”表示。

九、原刊本中凡属刊误或原纂辑、抄录者有笔误之处，点校时尽量征引他书校正；无他书参校者则以理校，并加注释说明。

# 目　　录

# 金门志十六卷

光绪壬午十月开雕
板藏浯江书院

# 金门志后序

古之学，自略而详，夏时惟乡有校而已，殷于州立之序，周遍及于党而有庠。今则僻壤遐陬，无不设之学矣。金门有志，亦犹是也。

金门属同一撮土，四面环海，与鹭江唇齿相依，实为泉、漳要地。山奇水秀，经济文章、道德之士时出其间，由宋讫今，难更仆数。前芸皋周观察兴修志乘，属林丈巽甫先生等膺其任，辑有成书。

曜离以樗栎庸材，谬叨书院讲席，不揣谫陋，思与浯江诸友切劘，期于通经学古，论艺之暇，乐数晨夕。谈及遗事，家晴川先生告余曰："金门旧无志，今有之，未及梓行。"余曰："省有志，郡有志，邑有志，金门虽海滨，不可无志。方诸书院之设，因略致详，皆理势所必然者。况地灵人杰，先贤之所以施于家而措于国者，其经理猷为，事事足为后人模范。不有志，何从观感而兴起！"力怂恿之，诸公踊跃鸠资付梓。今将告成，附述于后。若夫兵政沿革，以一方而关系天下，则有司所讲明，无庸僭及。

光绪八年十月

晋江举人洪曜离谨序

# 金门志序

金门自陈侯辟土以来，人文荟萃。掌封圻、建旌棨者，宣威万里外，莫不发经籍之光以成伟略。武人手提三尺，抵泮国，斩蛟搏兕，于以垂麟阁勋名，荣膺列爵。降至㡌内贤媛、荒陬嫠妇，类能怀清履洁，不愧烈男子之所为，岂太武钟英、浯洋毓秀、地灵者人亦杰欤？抑岛屿间飞沙走石，田鲜膏腴，生于斯者，藉以刻苦励行，迥异夫沃土者之不材欤？

顾地不逾三十里，只分银同一隅，而硕彦名流后先辉映。其瑰奇特达，国史登之，次亦散见于《闽书》及诸县志。考献征文，已足资后人之询访矣。必欲于澥上浮沤，创修志乘，毋乃赘甚。虽然金、厦两岛为泉、漳屏障，金尤为厦咽喉。踞上流，足控制台、澎，而与海坛、铜山、南澳各水师互相犄角。曩者倭寇及郑氏均先由此地阑入，闽中诸郡遂罹烽燹。是金岛虽丸泥片壤，而海门锁钥，要地攸关。厦有志而金独阙如焉，可乎？

林巽甫明经，积学士也，辑《金门志》若干卷，条分缕析，粲若列眉。其于港汊沙汕及防海、兵制各议，更为详悉。周芸皋观察、高雨农山长各为制序，将开雕而未果也。卓人孝廉，善读父书，续而成之。癸酉岁（同治十二年），刘秀吁总戎协镇斯土。清晏之秋，讲求文教，遂与郭午桥二尹洎诸绅士，将谋付梓，而以稿请订于傅雪湖中翰，剪芜删蔓，存十之七焉。其书益简而赅、详而核，异日与《厦门志》相辅而行，有心洋政者，亦可备指南之一助云尔。

同治十三年岁次甲戌春日

赐进士出身、三品衔候选道福建泉州府知府、

前陕西道监察御史、方略馆协修金华章倬标撰

# 金门志序

余既辑《厦门志》，顾念金门与厦门相唇齿，虽富庶不及，而地之险要尤甚。其山川则有太武雄峻高耸，为贾舶往来之标准；其险则有料罗塔脚，为商贾所停泊，渡台贩洋之所自。于厦门为外捍，无金门，则厦门孤悬海岛。国朝设总兵官，统二营弁兵镇之。广袤且百余里，隶马巷厅，以县丞分治之。明时，澎湖属焉，实海疆要区之地。多沙确而产盐，民以耕渔为业。人物盛于明，如蔡虚台、蔡遁庵、许钟斗、卢牧洲，皆以文章风节有声寰海间。惜志乘未有成书，恐后世征文考献，必怃然于残编断简之无存者。

林生焜熿，金门人也。从余修《厦门志》，遂以自任，采掇遗籍，搜罗群志，且遍历山川，按其形势；兵制求之官书，遗事访之父老。凡二年，得《金门志》若干卷，其体例悉从《厦门志》。余为芟辑而成之，亦足备守土者之资取。其书当与《厦门志》参观，遂合而名之曰“厦金二岛志”。林生盖有志之士哉！

时道光十六年岁次丙申某月

赐进士出身、福建分巡兴泉永海防兵备道，

调补台澎兵备道按察使司衔兼提督学政、

前翰林院编修、国史馆纂修、富阳周凯撰

# 厦金二岛志序

道光十五年春三月，《福建通志》成。澍然将去福州而归，念厦门周芸皋观察澍然好友，此去息影衡庐不复出，不可以不别。遂之厦门。

居数日，观察出手撰厦、金二岛志示澍然。澍然受而卒业，赞于观察曰："是志也，志同安县马巷厅二里耳。语地大小，尚不得比县志。然实关天下之故焉，厥功伟矣。"观察曰："何言之夸也!"曰："我国家拊有台湾，化獉辟莽，海道大通，比内郡东南数千里，声息顺风，数日可达。台湾无事，则内郡宴然，而粤之潮、浙之定海、江南之上海，俱寝戈息戍，同乐太平。往者郑氏据二岛，取台湾于贺兰，兵不血刃。康熙十九年，我督臣姚、抚臣吴、提臣万、杨统大师，收二岛。于是靖海侯施以一旅拔澎湖，陈兵海上，郑氏以降。是台湾扼东南四省之要，二岛又扼台湾之要也。谨案《春秋》书城缘陵不系杞、城虎牢不系郑，传者谓关天下之故。夫缘陵、虎牢，亦杞、郑一地耳！然则二岛虽县、厅一里，固今日之缘陵、虎牢也。以为关天下之故，殆不夸也。"观察曰："然。"属为序，因录前语申之曰："志列图、表、略、考、传、记，总目六，分目十四，又各系小目，既详且核矣。而于兵防、线道、台运、关赋，尤留心焉。"吾意是书出，官司得识其职，人民得实其泽，胥吏无所藏其奸，岂惟纪载？乃吾观察治谱也。通志虽周一省，而握要以治，恐未肯以此易彼。志何论大小哉！澍然之来也，方快泛海惬平生志。读是编，又不免望洋之叹。此行殊不虚也。

内阁中书、掌教玉屏书院光泽高澍然撰

# 金门志纂辑姓氏目录

## 监　修

赐进士出身福建分巡兴泉永海防兵备道按察使
衔台澎道兼提督学政　周　凯（富阳人，翰林）

## 总　修

同安县儒学岁贡生　林焜熿（字巽甫，金门人）

## 总　阅

内阁中书掌教玉屏书院　高澍然（光泽人，举人）

## 参　阅

即用县知县　刘　仪（武进人，进士）
副贡生掌教浯江书院　王乃斌（号香雪，仁和人）
举人掌教浯江书院　许廷圭（字锡瑶，南安人）
议叙布政司经历　林树梅（字瘦云，金门人）
监生　庄中正（字诚甫，平和人）

## 参　校

举人　林　豪（字卓人，金门人）

## 总　订

举人内阁中书　傅炳锽（号雪湖，南安人）

# 金门志续修姓氏

## 监　　修

钦加总兵衔赏戴花翎福建金门等处地方协镇加三级　刘松亭
金门粮捕海防分县　郭炳章
金门粮捕海防分县　恒　锐
金门水师协镇中军都司世袭云骑尉　周余庆

## 总　　辑

举人　林　豪

## 总　　订

举人内阁中书　傅炳鍠

## 分　　校

协镇内幕军功七品　郑成均
长泰学增生　林章楩
同安学廪生候补训导　郑纪南
同安学生员　许耀焜
同安学生员　洪作舟
同安学生员　许春时
长泰学拔贡生　林资熙
同安学生员　林云章
同安学生员　许邦翰

## 捐续修

福建金门协镇　刘松亭
金协中军都阃府　周余庆
金门粮捕海防分县　郭炳章
候选道　黄礼镛
同知衔　张廷赞
俊秀　张　漂
俊秀　李　炭
俊秀　张　应
俊秀　黄良安
俊秀　吕　重
俊秀　蔡　骞
州同衔　王宝光

## 捐　　刻

记名总兵特授金门协镇　王国才
署理浙江温州总镇特授乍浦协镇　卢成金
即补参将特授福宁镇标游击　萧邦佑
貤封武功将军　薛师弼
同知衔　林可远
候选布政理问　许士芬
监生　黄国华
俊秀　吕世渥

# 金门志卷之一

## 金门志凡例（十二则）

一、《通志》首列《典谟》，区区一岛，纶音罕及，不可以拟邑郡志，又何敢拟省？然观《永清志》所载，已首弁《皇言》；宋叶绍翁《四朝闻见》，特载岳武穆谕祭文。因谨录御赐丘刚勇之宸翰三篇者，光昭天藻，用发例端。

二、恭读御制诗注，凡遇列圣谕旨敕令，应三抬、双抬、单抬者，或空三格、二格、一格。书中谨遵其例，以省卷帙。又《列传》间叙明季事，谨按乾隆四十年闰十月奉旨评纂通鉴辑览，特命于事涉唐、桂诸王者，书之为附，以稍存内外之别。而其臣则书某王之某官某，悉仍其职，概不必斥以“伪”字。仰见圣度如天，迥越千古。书中或遇其人，谨遵备载。

三、凡志乘，皆图绘祠庙、公廨。金门无学校，故于全岛图、防海图而外，附以书院、公署。至旧传八景，文人点缀之词，陈陈相因，无关形要，概从删汰。

四、《分域》，所以纪疆土。金门纵横不过三十里，然在古亦属附庸封圻。自“沿革”以下，凡丽“山川”者悉录。至于“物产”，应自标一门。第按类缀述，数见不鲜，兼之偏隅岛志，不欲多立门目。故凡常者不书，考其希异者附诸后。

五、金门未立学宫，故不立《学校》、《典礼》等门目。兹将书院章程附于《规制》之后。

六、金门最重者，莫如《兵制》、《海防》，故纪之不厌其详，并辑为《沿海略》。先附近各汛暨南北海道要隘，广稽典籍，并询及老于海上者，所闻所见尚无异辞，当不致滋后人疑窦。

七、《风俗》，善者书，弊者亦书，不特使岛人知所警劝，而移易有权，或可为道德、齐礼之一助焉。

八、康对山《武功县志》职官优劣并列，崇祯间《南安志》亦载劣迹。此三代遗直，今法其意而变通之，原非意为毁誉。至镇营所辖，不止金门。间有芟除盗贼，功在海洋，又不当拘论也，并以入传。

九、《选举》二志，为《列传》之纲。或祖籍在此，而远徙他处已数传者，不载《县志》。间有因其祖居标注为金门者，核实已非浯产，亦不胜收。

十、《节烈》，其难其慎。卢牧洲《岛上传》，为省、府、县志所取材，尝求得原书校对。新采者，则必征信于所知之口，后署某述，即所以责成之。此中有鬼神焉，不可不慎。至于词有长短，则视述者之详略，非有所轻重于其间也。

十一、道光四五年间，自辑有《沧洲汇草》二十卷。及观察周芸皋师为金、厦两岛合志，始索旧稿，并示以义例。反复商榷，令加删补，顿改旧观。嗣又属余同凌子文孝廉、王香雪副车、孙仪国都尉同撰《鹭门志》，业已脱稿刊行（豪按：《厦门志》付梓，系鹭岛某孝廉总校，时周公已卒于台湾，先君子亦返里门，不预其事。间尚有遗舛处，谨承先人绪论，容作刊误补遗以订正之）。而此书复经江浙名手刘五山、陈扶雅及光泽高雨农诸公互勘，诸公皆应孙平叔制府聘修《通志》者。匡我不逮，获益良多。

十二、一人见闻有限，疏略在所不免（按：烈屿、大小嶝地方，皆属金门营辖，自应一例载入。但带水纡阻，采访或有未周，容搜罗增入）。第征典贵真，隶事贵实。稿创时，简籍充栋，搜寻检对，始克类聚成帙，已属大难。故凡有征引，必细注书名于下，而不甚详，则不敢妄为之载。阅者谅之！凡我同人，就各门类中，有烛知应损益者，祈开列惠示，自当量为续补。

岁贡生林焜熿撰

# 金门志续修凡例（十一则）

一、是书皆先君子一手纂辑。其义例则受诸周芸皋观察，复经观察及光泽高雨农先生点勘。间有裁正之处，为细书于上，墨沈如新。爰依原稿参订一二，皆本周、高二先生之意及先人遗训，非敢妄为窜易也。

二、志书征引书目，每列于首卷，《厦门志》亦然。但卷中所采旧说，已注书名于每篇之下。至乡先生著述，可考、征引较多者，如虚台蔡氏、凤明洪氏、牧洲卢氏，经胪入《艺文》。其他见于《厦志》卷首，故不复赘。

三、《兵防》一门，以防海为重。故光泽高氏谓海道、岛屿皆当详载，为《沿海略》，以附诸后。近值防务多所更定，仍广采前人名论有裨洋政者，附录各条之后，以资采择。至于风飓、潮信，已见于《厦门志》及郡邑等书，无庸赘及。

四、《大云山房文集》（武进恽敬著）通例云："大传书名不书号，史法也；儒者称某号先生，亦史法也；外传、小传，或书号或书别号、道号，著性情也。"今按志书《列传》，所以备国史之采，例同大传，则当书名、书字而不当书号。但兹编原稿，《列传》多本于《通志》、《郡邑志》，姑仍其旧。唯新收者，则概从恽氏通例。

五、《内自讼斋文集》以生者不当立传，为传闻以伸其义，即本以修《厦门志》人物等传。其子孙有科第官阶者，附其名于后，则不在此例。而外人或疑为体近族谱私传，是未谙义例之说也。志乘所以昭彰瘅，故其子孙显达，附书传后，以彰积善之家庆。又查恽氏通例，谓墓志传文书子、书女而不书孙，以孙应书其父之碑志也。今按志书，无人人立传之理，体例与墓志、家传异，故附书其孙于传后。其可略者则从略。

六、兹编续补《列传》，多采各家墓志（如陈忠愍、丘武烈等）。节去世系交情，录其事实。如陈忠愍、窦武襄非金门人而官于金门，则仅详金门政绩；丘武烈则当详载生平，以著金门人物。或详或略，义各有取，不敢徒凭臆见以自乱其例也。

七、原稿《列女传》，与《厦门志》稍异。《厦门志》小序称《列女传》仿《永清志》体例，而中分专传、合传，又分景遇困蹇为一类。微觉错杂，则以付梓时，先君子不复预闻，而主者就副本开雕，末由更正也。此编亦周、高二公手定，间有删润处（如许氏初娘传，经高雨农删润大半）。而编中但分节孝妇、贞节、贞烈、名媛等目，已旌、先卒、后存较为简净。新收者，悉依此例增入。

八、妇人能守节义、延嗣祀，即不逮事翁姑，亦可称孝也。是编《节孝》原稿，多从郡邑旧乘及卢氏《浯洲节烈传》录出。而续修自道光十年以后至今垂四五十年，所采节孝不下百余人，烈妇仅五六人，贞节、贞烈更少。至于名媛，殊难多觏，未敢降格滥收。盖志书体裁宜严，宁阙毋滥也。

九、原稿《艺文志》，首列各家书目。兹各补系提要一则，遵《四库全书简明目录》之例也。其书轶者，则云已轶，志实也。奏议及古文辞，择其可传者录之。其附录于各门之后者，则不复录。唯诗为陶咏性情之作，不欲散见各编，故多入《艺文》，以免错杂之病。

十、凡值荒歉，奉诏蠲赋及缓征，皆当恭载，以昭朝廷惠典。兹编原本阙如，即《厦门志》亦未之及，姑存此说，以俟后之君子。

十一、自道光初年至今四五十年间，再遭海氛、会匪之乱，金、厦戒严以及创建育婴堂、规制移营湄洲等事，见闻较确，宜详颠末。其文武名宦人物，可登列传者亦夥。头绪繁多，义例不一。用是竭力搜罗，分别增入。自四月设局书院间，迄季秋蒇事。续貂之诮，所不敢辞。所愿博雅君子加以润色，则幸甚。

举人林豪谨撰

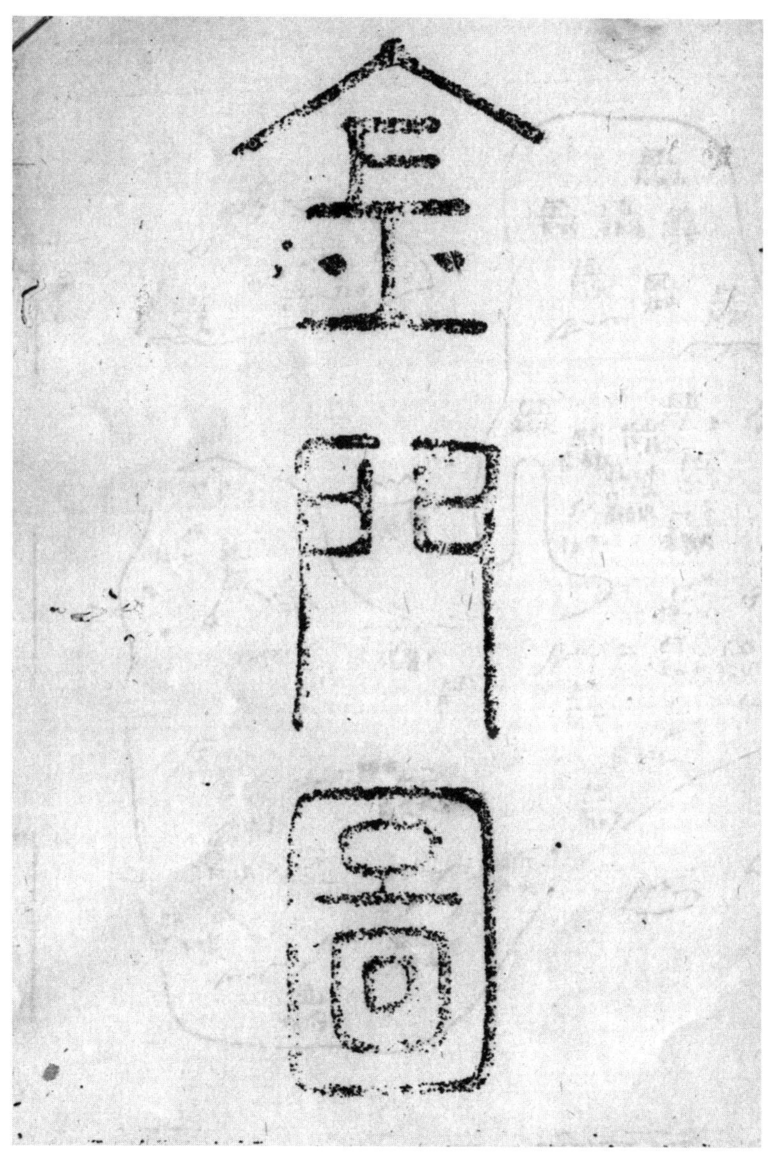

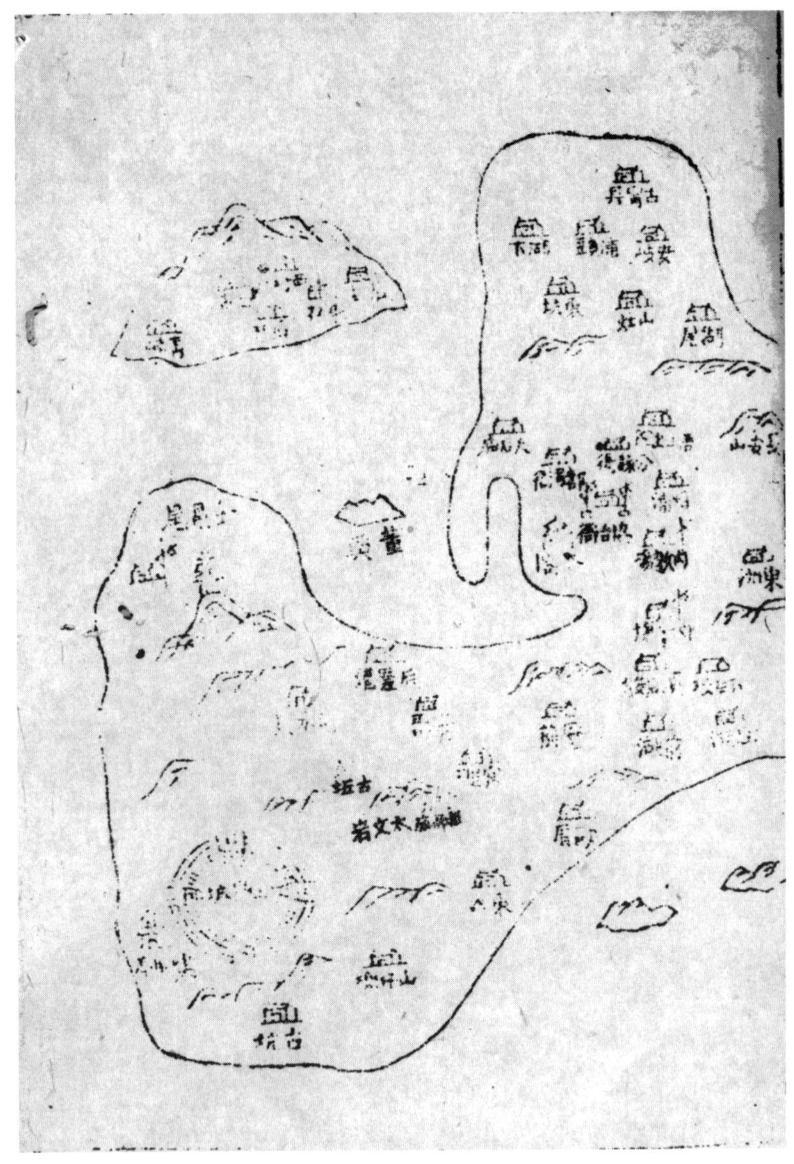

金门全图

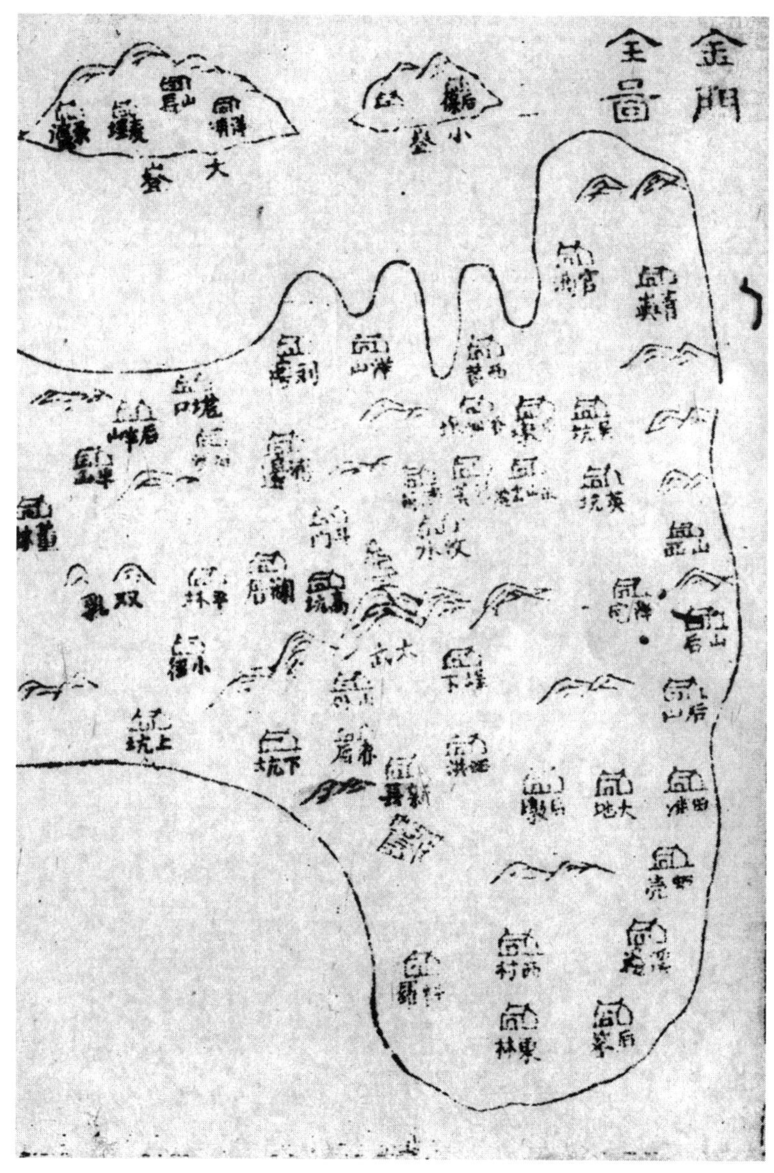
金門全圖

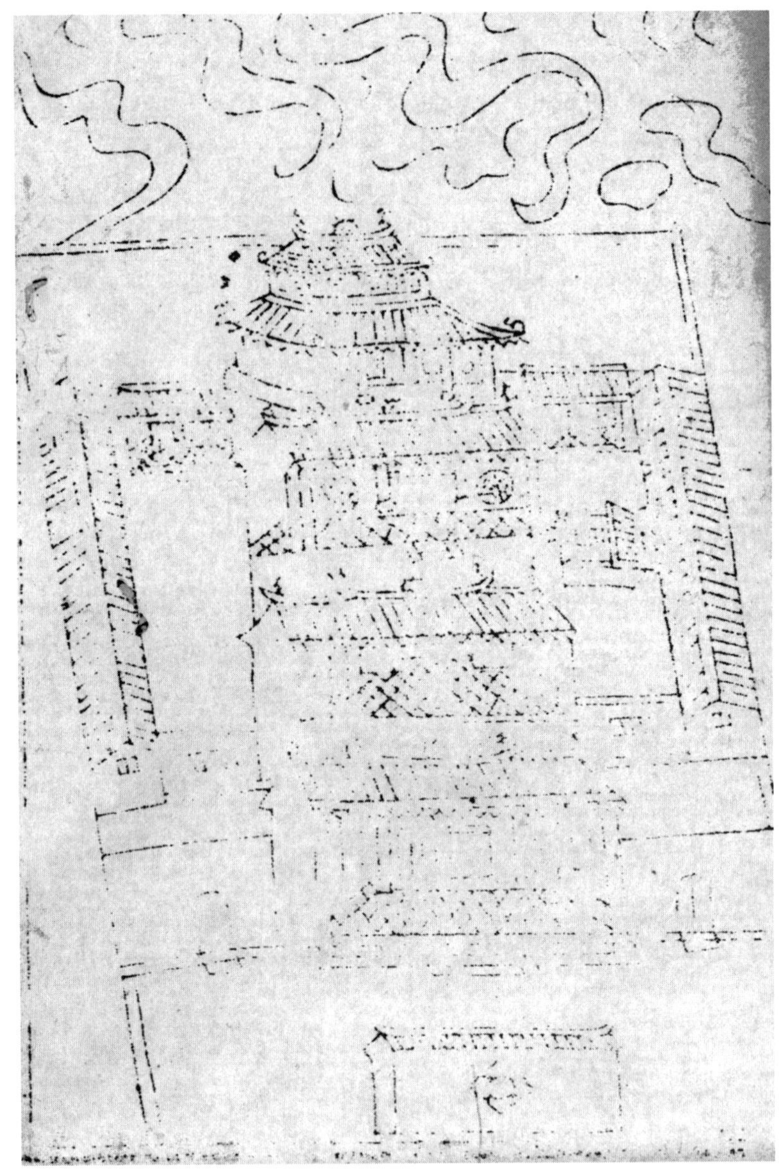

浯江书院图

潛江書院啚

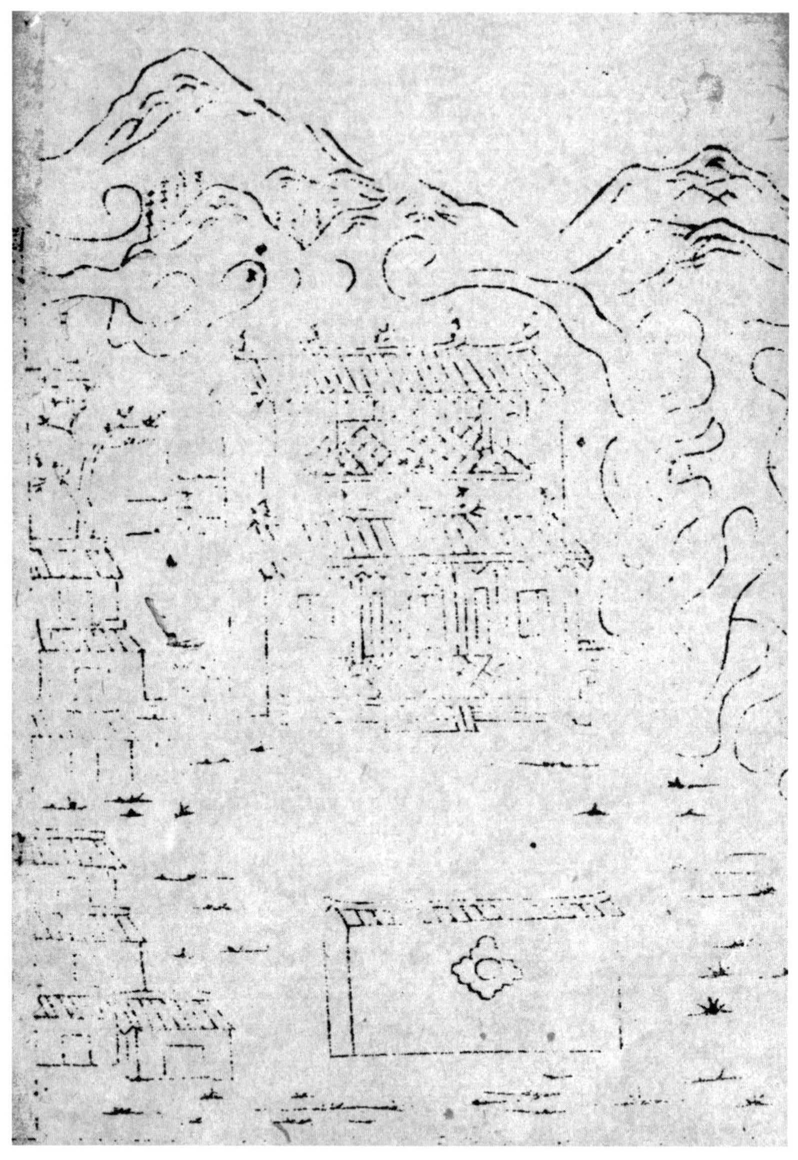

金山书院图

金山書院圖

奎阁图

奎閣圖

# 金门志卷之一[①]

## 皇言录

浯洲僻处海澨，渺如一粟；丝纶特沛，未数数然。即如蔡参赞攀龙，图形紫光阁，应得题赞。乃当时平台五十功臣，御制赞语，以纪勋绩。恭读纯庙诗文集，自福公递次二十人，尚无参赞名。若丘刚勇荣封五等，并叨谕祭、神道碑二通。天章炳烁，云汉为昭。爰恭誊以弁诸首。

### 御赐浙江提督丘良功晋封男爵敕（嘉庆间）

朕惟尚德崇功，国家之大典；输忠尽职，臣子之常经。古圣帝明王，戡乱以武，致治以文。朕钦承往制，甄进贤能，特设文武勋阶，以彰激劝。受兹任者，必忠以立身、仁以抚众、智以察微，防奸御侮，机无暇时。能此，则荣及前人，福延后嗣，而身家永康矣。敬之勿怠。丘良功原系浙江提督，因洋盗蔡牵一犯，原系闽省平民，在洋面肆逆十有余年。往来闽、浙、粤三省，扰害商旅，抗拒官兵，甚至谋占台湾，率众攻城，伪称王号。不特商民受其荼毒，官兵多被伤亡，并戕及提镇大员，实属罪大恶极。该逆一日不除，海洋一日不靖。节经降旨，谕令该督等严禁接济，鼓励舟师速擒巨憝。兹据张师诚奏称，王得禄接到咨会，南洋尚有蔡逆匪船。王得禄即与丘良功连䑸南下，于十七日黎明驶至鱼山外洋，见蔡逆匪船十余只在彼超驶。当即督催闽、浙舟师，专注蔡逆本船，并力攻击。该逆复敢用大碇札住丘良功之船，拚命拒绝，丘良功被贼枪戳伤。其时王得禄紧拢逆船，奋击

① 原作“卷首”，与目录不一致。

该匪，因不得铅丸接济，用番银作为炮子点放。王得禄身被炮伤，仍喝令千总吴兴邦等连抛火斗、火礶，烧坏逆船舨边尾楼。王得禄复用本身坐船，将逆船后舵冲断，该逆同伊妻并船内伙众，登时落海沉没。提讯捞获各匪犯十九名，并难民六名，均称蔡逆手足俱被火药烧伤，落海淹毙。是蔡逆受伤落海，已据所获贼匪、难民供指确凿，毫无疑义。王得禄、丘良功协力奋追，歼除首恶，均属可嘉！丘良功著加恩晋封男爵，准再承袭八次。钦此。

## 御制谕祭三等男提督丘良功文

威宣旄钺，协致果为毅之经；绩炳旗常，副克壮其猷之誉。惟御侮式彰雄略，斯明禋载贲彝章。尔原任浙江提督丘良功，伟抱肫诚，英姿飒爽。值洪洋之乌合，出没波涛；搜绝岛之蜂屯，往来潮汐。秩惟上赏，拔燕颔于行间；战必前驰，奋鹰扬于海外。镠牌拜赐，翠羽邀荣；当申命之迭膺，每辛勤而罔懈。除其丑类，歼厥渠魁；肆秉钺以总戎，遂建牙而专阃。披坚执锐，益恢龙豹之韬；献馘讯俘，悉就鲸鲵之戮。挽天河而洗甲，驰露布以旋师；净扫欃枪，肃清苞蘖。创每深于伤股，志弥切乎忘身。优叙崇其殊勋，褒封跻之异等。昼接频瞻夫魏阙，方歌入觐之章；星沉遽告于邗江，特贲饰终之典。良深轸惜，用沛恩施。於戏！溟澥风恬，执干戈以为社稷之卫；旌旗云拥，听鼓鼙则思将帅之臣。尔灵有知，尚其歆受！

## 御制三等男提督丘良功神道碑

朕惟听鼓鼙以思将帅，载在《礼经》；咏干城而重公侯，垂诸《诗》训。十年专阃，重洋欣海瘴之消；千里还辕，中道怅星芒之陨。宜镌珉石，爰锡丝纶。尔原任浙江提督丘良功，志行惟贞，机谋允济。起家行伍，技早擅夫习流；效职偏裨，威已宣于绝岛。驾艨艟而捩舵，势欲浇萤；瞰楼橹而挥戈，声如虓虎。于是肤功迭奏，众孽成擒。横巷夺舟，敢峙粮而深入；长风挂席，曾陷阵以先登。叙劳邀华衮之褒，纪绩懋功牌之赏。筹陈玉殿，余嘉乃勋；隘守金门，汝莅兹土。复因丑党肆煽妖氛，掩逋寇而穷追，挟偏师而直捣。擐甲鲛人之窟，勇夺屠鲸；扬旌蜑户之乡，愤伸戳鳄。虽未克期八日，殄杨太于湖南；终能厉气三军，歼卢循于海上。欃枪影净，殊荣特锡花翎；刀箭瘢深，渥赉宜叨蒲璧。节钺旋移于两浙，韬钤尚著于七闽；疆埸之任方隆，屏翰之资益固。才值云瞻枫陛，正倚长城；何图月暗柳营，遽雕大树！谥之“刚勇”，隆此恩施。呜呼，沐异等之褒封，泽延带砺；想英姿之飒爽，绩耀旗常。式峙穹碑，钦承勿替！

# 金门志卷之二

## 分域略

金门，澥外山也。晋时避难者入焉，仿佛武陵桃源境界。唐置牧马场，始辟榛芜为乐土。斯陈侯之遗烈矣。代经几易，沿革相寻，山川风景亦因时变态。国家清晏日久，井里市廛生聚蕃息，已嵬然作沧溟保障、海上奇观。是又当于小中见大已。为分域略。

### 沿　　革

金门，旧名浯洲，又名仙洲。明初改今名。（《紫峰文集》作吴洲）晋，中原多故，难民逃居者六姓。（苏、陈、吴、蔡、吕、颜）唐为万安牧马监地，德宗贞元十九年闽观察使柳冕奏置。从牧马监陈渊来者十二姓。（蔡、许、翁、李、张、黄、王、吕、刘、洪、林、萧）王审知在闽，编泉属邑。凡山川海岛，不科征税。宋太平兴国三年，岛居者始输纳户钞。熙丰间，始立都图。都有四，其统图九，为翔风里，并统于绥德乡。嘉定十年，真德秀知泉州府，巡海滨、屯要害，尝经略料罗战船。咸淳间，复税弓丈量田亩，给养马。元始建场征盐。至正六年，置管勾司。至大二年，改为司令司。洪武元年，改为踏石司。旋改为盐课司。二十年，置金门守御千户所及峰上、官澳、田浦、陈坑四巡检司。

国初，郑氏窃踞。康熙二年，官军大搜两岛，毁其城，迁其民于界内，浯洲遂墟。十三年，复为郑经所踞。十九年，两岛平，始开设标营。今以一协镇、一县丞、一盐大使驻焉。（《浯洲

闻见录》）

## 形　　势

浯洲，在县治东南，自大海中崛起，凡海屿皆县治，水门罗星，而此特其总汇。山之形势，自北而南，以数计之，南北直亘三十里，东西横亘十有里许。（《闽书》作五十余里）其盘郁峻拔而中起者，为太武山。自麓徂顶，盖十余里。岩岩之势，皆积石也。近观之，则群石团结若兜鍪状，故以太武名。其纷纠萦纡若印章篆刻，亦谓之海印。（昔人有句曰："要知海印分明处，一点青山下大江。"）越江望之，则又见其倏然若偃卧之形，故俗谓之仙人倒地。（曹学佺诗："浯洲断屿入海水，仙人倒地眠不起。"）其山脉有谓起自仙人旗，历排头、嘉禾、烈屿而过金门。或云由澳头而过古龙头，一说自秀山发脉，历鸿渐[1]山、小嶝、角屿而过青屿。语云："天弧天角，龙跃渡江。"鸿渐，非即天弧天角乎？且文公尝至鸿渐，叹曰："鸿渐脑已渡江矣。"又曰："鸿渐反背皆是同，乃向浯也。"（《康熙舆地志》："鸿渐高冠群山，浯洲隔海望之，尤为竦秀。"）则此说为是。以故浯洲各乡，凡鸿渐照到者，无不吉利。惟浯东相去较远，故发科较迟。太武山以西航海内渡者，去县治约八十里，莲河、安海约五十里、一百里，嘉禾、漳洲八十里、百五里；外则沧海巨浸，弥茫淼漫无涯际矣。（《沧海纪遗》）

东南数岛屿，上下盘错。其大者有太武、洪济诸山砥立海中，真形势之奇也。（隆庆间《县志》）

浯洲西连烈屿、中左，南达担屿、镇海，料罗尽其东，官澳极其北。虽土壤之广，金与厦共为海洋之锁钥，全邑之藩篱，而尤要于厦也。（《闽书》）

澎湖，闽南之界石；浯江、嘉禾，泉南之捍门。（《清白堂

---

① 鸿渐，原作"凤渐"。

稿》）

群屿萦带，二担、二嶝镇于深濑，南北太武水蒸云霭。（《大同赋》）

浩浩乎波涛之大，渺无际涯，而浯洲一山逆流高出。此天地设险，为环海屏藩。（郑晋《平寇志》）

同安二面距海，金、厦尤为险要，门户之防也。（《方舆纪要》）

金为泉郡之下臂，厦为〈漳郡之〉咽喉。（《海国见闻录》）

同域在泉、漳之冲，三面罗山，皆立铁千寻，屏藩天造。东南一岛，扃钥海门，为两郡之巨镇，控制澎、台，阻厄闽、粤。又大屿盘薄，近贴内地，蕴之以筼筜，辅之以鼓浪，高居堂奥，雄视漳东。中左之镇城也，东悬海表，为厦外藩。官澳以内之港道，沿边（安边船港）料罗以东之水天无际。（洋船候风在于此）收浯岛之幅员也。二嶝守内港之边，二担捍外港之门，烈屿当两岛之轴，而海疆之形势，概见于此矣。（乾隆间《县志》）

同为海疆重地，金、厦门户，全省所关。（陈之佺《县志序》）

闽地濒海者虽多，而金、厦最著。盖其间有平原广陆，可以牧马屯兵；有曲港深洲，可以泊舟结寨；有豪门巨贾，可以助饷资粮。故为海外诸夷所必争地，不独台湾藉辅车之依、有桴鼓之应。（陶元藻《县志小序》）

水师之星罗棋布于海者，澳之西为广之碣石镇、虎门镇、高廉镇，西南则雷琼镇；澳之东则闽之金门镇、漳州镇、福清镇，东南则台湾镇。排若雁齿，联如贯珠。（《南澳志》）

南澳与南日、铜山、金门、浯屿，吭背相属。（齐翀《南澳志序》）

海中扼要，南澳、中左、金门、铜山同一体。譬如造舟，一牢百牢，一漏百漏。（戴冠《上经略南澳书》）

# 山川

**太武山** 雄伟庄厚，独冠屿上，海上人别呼为仙山。其脉由鸿渐穿波出海，至青屿突起三小阜，逶迤凝结神区，嶒崚皆石。（《沧海琐录》）洪武江夏侯周德兴尝登而为之谶云："帝典王猷，海外传一肩行李；龙楼凤阁，空中起百代文章。"故石门关之旁刻曰"海山第一"。（《沧海纪遗》）中有十二胜，曰太武岩、香几案（《府志》作玉几案）、蘸月池（亦作浸月池）、眠云石、偃盖松、跨鳌石、石门关、古石室、蟹眼泉、倒影塔、千丈壁、一览亭，士大夫多所题咏。（《通志》）后人又增为海印室、羊肠路、万顷田、风动石（十九都山前山亦有之）、步云梯、蛎房石诸胜。

**凤山、塔山** 在太武东，其下一望平衍，尽于料罗。左起一小阜，下有二盘石入海，大四五丈。又左一石山如虹，直亘海中。明时议建铳台于盘石上，为备海最要地。（《清白堂稿》）

**虎　山** 在太武山西。形如伏虎，与青屿狮山相对，俗号五虎朝狮。转而西南，三山突起，圆若连珠。其大者如龟，左右二山会绕如蛇，名曰金山。（《闽书》）

**双　山** 在太武之南。再转小径而下，大小突兀，形若双乳。大者回结平林诸乡（《县志》），小者蜿蜒起伏，直际西山。双山之下，弥望坦夷，故名青山坪。松柏茂密，每伏莽患行人，官为伐去。相传古谶云："青山开，状元来。"下产碗青，村民凿取，多成阱，经知县朱奇珍及总兵林孙勒石示禁。道光十年，护总兵杨继勋捐俸，雇工砌平之。

**长安山** 在双山稍南。南下数里，直趋后浦。

**丰莲山** 亦名香莲，在后浦东南隅。其脉由石狮山北折突起，岛上诸山为独秀。

**太文山** 在丰莲山南，与太武对峙海上，望之如玉柱双擎。

**献台山** 左揖鸡笼，右抱南磐，在太文山南。旁即鼓岗湖，明进士董扬先隐处。凿石为室，自题“正冠”二字。上有诗，旁镌“石洞天”三字，不题名号。又“汉影云根”四字，明监国鲁王寓岛时手书刻石。诸葛倬、吴兆炜、郑缵祖、郑缵绪，各有诗镌石室旁。湖畔钓矶，扬先垂钓于此。前俯漂布石，镌“董子垂钓”四字。

**南磐山**　由献台西转，其石如磐，故名。背城面海，气象万千，为备海要地。上有啸卧亭。明都督俞大猷守金时，题其石曰“虚江啸卧”；门人杨弘举继治，构石亭，赞曰：“汪洋沧海，波浪怒来。我有片物，挥之使回。”国朝雍正间，燕山朱杰镌“大观”二字，总兵吕瑞麟镌“如画”二字。仍有“砥柱观海”诸字及诗石二片，一明丁一中题，一朱杰题，俱莓苔不可辨。旁即宝月庵，临海有石，镌“金门外，谷神完。贼舟泊，谁有生还？来者不信，即往而观”六句，不知何时何人所题。亭北数武，塔巍然，明百户陈辉镌“湖海清平”四字，又有“文台宝塔”四字。人每于此登高焉。

**矛　山**　由城西出水头村，别名金龟山。南有矛山塔，明周德兴造。濒海两巨石，形类龟。一依山作下水状，一沉海作上水状，故俗有“下水龟”、“上水龟”之呼，而金龟尾亦由是而得名。塔旁有浮石，大如舟，每一摇弄，随手掀舞。山上有仙掌石，拳爪螺指之痕分明可数。隔海与浯屿相望，乃后浦屏障，亦备海要地。

浯洲旧称八景，曰浦城海日、仙阴瀑布、双阳霁景、珠江夜月、丰莲积翠、董屿安流、洗马湖光、啸卧栖云。

**烈　屿**　在浯洲西南，隔水，广二十里。上有吴山，与栖山、牧山、湖山相接，而吴山为最。又有麒麟山，以形似得名。居民多业渔盐。屿前有牧祠，有军营，屿后有牧马寨，有草堂。唐贞元间，监察柳冕置万安牧马处。（《县志》）

**大嶝屿**　在浯洲西北，隔水，周广十里，多村落。洪武二十年，徙大、小嶝民，二都遂墟。（《府志》）屿之西与十四都交界，有沙线在海中，号东粮线。广袤二三里，潮没汐现。多产海

错，故名粮线。（《县志》）

**小嶝屿**　在大嶝屿之东，隔水，距县六十里。宋丘钓矶家此。下有品泉，三石如品字，泉涌其中，潮则没，退则清甘，名仙人井。又有棋局石，在虎寨，方广二尺许，旧镌“万几分子路，一局笑颜回”十字，钓矶笔也。今惟“万、几、分、回”四字尚存。局以西，钓石在焉。东半里为钟山，宋时有章法寺，今废。寺北数尺许，阔丈余，长十余丈，形如鲤鱼，四旁水深，洞不可测。（乾隆间《县志》）

**蟹眼泉**　在太武山上。以形似名。

**将军泉**　在金龟尾。源出石罅，上镌“将军泉”三大字，旁镌“汴泉”二小字。

**龙泉井**　别名圣泉。在贤聚乡，近下市村。

**华岩泉**　在城南门外。

**马玉泉**　在金龟尾。上镌“玉泉”二字。味殊淡冽。

**蟹　泉**　在古坑湖边。水自石出。旁有巨人迹，相传仙人濯足于此。石刻绝句四首，剥落不全。

**要涂泉**　在陈坑山足。地中瀵出，流长味甘，村人误以此为蟹眼泉。

**绿　池**　在城中宝月庵前。有碑，存。

**鲢鱼池**　在后浦东门。池二，今堙其一。

**药　井**　讹为洋井，在洋井乡。即牧马王神剑所指愈疾者。

**甲花井**　在浯江书院前。（前县丞萧重有诗）

**桑海井**　俗呼井仔。在后浦船仔头海岸中。潮来涨满，汐仍清淡，里人石砌之。

**仙人井**　在小嶝屿。三石如“品”字，泉涌其中，又名“品泉”。潮来则没，退仍清甘。

**义　泉**　在大嶝屿。深数十丈。嘉靖间，倭掠大嶝，有烈妇吴氏投泉死，故名。

# 附　录

## 洪受《太武山十二奇记》

浯洲称海国，中有太武岩，亦奇观之所萃也，《齐谐》志之矣。蘸月、蟹眼，名曰泉奇；眠云、跨鳌，名曰石奇。以灵奇，则有倒影、玉几；以幽奇，则有石室、门关。其他千丈之壁、一览之亭，与夫偃盖之松、步云之梯，讵非种种称奇耶。然愚闻山之奇也以物，物之奇也以人。如清源、紫帽奇矣，得虚斋、紫峰而奇始彰；鸿渐、三秀奇矣，得苏魏、次崖而奇益显。然而奇于人，不奇于物也。如以物论，则一石之怪、一壑之幽，夫孰不以奇称？彼松亭者，固昔日之奇也，而今安在哉？故太武岩之奇胜者，当日勒石赋诗，肖鹤丁公为山发一奇可也。而桂峰之华构，奇益增胜矣，以至一榜七士、复榜八士，天下真奇，又孰有大于此哉！

余少浪得奇材之誉，无能继群公奇迹，不亦落漠否！而搜奇括异，欲抒山川之奇于毫端，亦云奇在此而不在彼也。采奇者，当自得于物外，自非大观，乌能睹？

## 黄琇《太武山十二奇记》

将欲为嵁岩穷谷，据险阻，蟠龙蛇，则必辇山石，开幽径，极人工之巧，而后怪特百出。若夫依山阻势，怪石奔腾，不以铲筑为工，瑰景异迹，靡不夸奇竞秀，岂不为形胜一大观乎？

自鹭岛涉海而北，有太武山焉，中有十二奇。山之阳，层耸千峰，绝谷凌烟、奔风驰雨者，不可胜纪。有岩曰海印岩，襟江带岫，立于槃阿之间。其外连山高陵，其内异景天成；其左右旁达，瑰奇可喜之观环抚之。岩之前后，可坐而见也。岩之内，有蘸月池，雨不溢，暵不涸，晦明未定，常有日月照其中。盖得乎日月之精而光耀其形。步曲而前，一松横密，直累而上绝顶，则卷然下垂，若偃盖然，号为偃盖松。至若岩之外，万山面内，苍萃绣错，势若星拱。对竖一石，形类几榻，远观近望，如香几之遥临，曰香几案。天作之势，非经工化材所可及也。旋转而左，徐行百步许，有石萃然起于苍莽之中，不斫木以为椽，不积土以为垣，石室天成。微风远响，坐临终日，若与安期羡门接于物外也。峰回路转，石室之右，高丘之上，有亭翼然。登高而嬉，可上望甚远，烟市之所聚，碧云之所栖，一瞬千里，谓一览亭。履巉岩，距虎豹，渐闻水声潺潺然，两泉泻出于大石之间，曰蟹眼泉。泉清而甘，煮泉而饮，令人朝往而夕忘归焉。其尤奇者，岩之旁，石塔崇巍。塔在太武之中，流形飘影，倒出东海之外。影之所及，鱼屏其迹。斯不亦怪特奇伟之观乎？由是循岗陟巘，跛履于塔之左。忽一石突兀在高原之中，每云雨骤至，狂风怒号，石为之动，如轻风之拂芳草，曰风动石。何所生之异耶？不特此也，岩后诸峰，泉石尤美。摄衽寻径往游之，两石对竖，类门然。其旁环以清流，盖为迁客逸士往来嬉游之道。由石门而出，屈折西向，冈陵起伏，有步云梯焉。因高丘之阻，累石为级，高数十丈，迥出层霄，时有白云游其上。因石梯而上，极山之巅，四望如一，可以脱埃尘、绝烦嚣，迎云气而侣风月也。从是据险临深，寻道而往，则左悬石壁，凭虚峭立，四无附丽；望之约千丈许，令人目眩魂摇，阻绝之形于是乎极。石壁之右，又有路盘曲三十六回，虬蟠数千仞，如一线然。往来行旅，隐见继续，皆出其中，殆所谓羊肠道者也。夫是山处环海之中，吞长江，衔远山，固足为异，况幽奇壮丽之景，皆迥拔献巧以效兹岩之中乎？虽然，此其大略也。若夫山之苍颜秀壁，巅崖拔出，挟光景而薄星辰，与夫烟云开敛、俯仰百变，则虽智者不能穷其状也。

余既尽书其山之异，尤乐其岩之幽以奇。于是因昔所谓十二奇而为之记焉。

## 杨弘举《虚江啸卧亭记》

虚江为谁，都督俞公别号也。公曷以啸卧于兹耶？初，公以乙未武进士加千户秩，来守金门，期年而化。暇时尝游息于此，故自题曰“虚江啸卧”云。

公为秀才，即喜诵范文正公“先忧后乐”之语，慨然慕效之，啸卧岂自暇逸乎哉？必不然矣！夫公文武忠孝，所至人诵其名。生平以理自信，虽百折不少挫。其视文正，殆后先一辙尔矣。当在金门，尝有志构亭，寻因升去不果。余后公二十二稔，乃来继治。思以阐公志也，故命工甃石，构是亭于石，题之于前后，匾曰“后乐”。于其乐也，乐山川人物互相辉映。后有登斯亭者，其亦闻风而兴矣。遂记之，又从而歌之曰：“啸于斯，卧于斯，留芳百世肇于斯。”

## 卢若腾《浯洲四泉记》

浯之为洲，大海环之。地本斥卤，泉鲜清甘，茗饮者病焉。盖茗之香味，不得佳泉不发，而岛上之泉，非出自石中者不佳。予不能酒，而有茗癖，终日与泉作缘。曩缘旧闻，第知有蟹眼、将军二泉耳。蟹眼出太武山巅，泉窍嘘吸，象蟹眼之转动；将军出兜鍪山麓石壁间，故以为号。予家东北望太武二十里而遥，蜡屐酌泉未数数然。西南距鍪山四里而近，奚童伋运不甚艰，遂得时时属餍。去秋偶过华岩庵，试其天井中石泉，而善之曰：“蟹眼、将军而外，此其鼎之一足乎！”题壁纪事，有“未经尝七碗，几失第三泉”之句。已而族人告予曰：“村北数百武，有龙泉焉。宋时龙起其地，泉涌石罅，迄今大旱不涸。吾里名龙湖，先永丰令公别号龙泉者以此灵迹所存，必有异味，盍试之？”汲以瀹茗，果大佳。叹讫曰：“忽近而谋远，得毋为龙神所笑。”

因并致四泉而详较之，蟹眼醇酿冽洁，赴喉之后，舌吻间尚有余甘；龙井醇冽，不减蟹眼。所微逊者，蟹眼出于危石，旋涌旋泻，汲者必以叶成之入器，其鲜活之性毫无所损。而龙井有窟濑水，水稍停宿，故入口始觉迟钝。若决积渊而挹新液，二泉殆难为伯仲矣。将军居洲之尾，气力发泄已尽，冽而不醇。华岩分太武之支，醇精未散，但庵堂既高于井，而庵外稼地复高于堂，人迹所狎，不无飞尘所犯，遇久雨则客水注入，色同行潦矣。移其宇，浚其沟，使出泉之石挺然而露，即不敢望蟹眼，何不可轶将军而上之也哉！盖泉之所处，亦有幸、有不幸也。据现在而品之，蟹眼第一，龙井第二，将军第三，华岩第四。

己亥伏日，岛上泉客识

## 关　津[1]

**后浦渡**　往厦门。

**后丰港渡**

**水头渡**　俱有渡船往厦门。

**同安渡**　泊后浦西南隅。往县城。

**刘五店渡**　与同安渡同泊一处。往刘五店。

**官澳渡**　往安海。

**西黄渡**　小渡船。往莲河。

**金山港渡**　泊金山宫。往厦门。

**烈屿渡**　小船往来后浦。

**青崎渡**　往厦门。

**漳码渡**

## 桥　梁

**大　桥**　在后浦东门乡外。从前海潮涨至桥下，而后垵、董林二溪之水合流，由此入海。桥下可以泊舟。今则浮沙塞满，而桥址尚存。

**观德桥**　在高坑乡边。道光庚戌年，琼林人武德骑尉蔡行猷建。

**观澜桥**　在兰厝乡。前绅士蔡苑建。道光间，蔡德成重建。

① 目录原作“津梁”，即“关津”和“桥梁”合为一目。

# 港　　埭

金门通潮五港，凡濒水处，俱有盐埕，可以晒盐。一在官澳沙塘头入潮，今沙压成田，名枋港。港门通潮，每秋汛淹渍，坏田崩岸。一在金山头两湾，舟楫随潮出入。旧有梁埭，左分绕西黄湾，右分绕汶水头社。一在鸡浔尾刘澳入潮，绕浦边及平林社后。一在古宁头乌沙头入潮，通浦头埭。一在东沙澳入潮，通东沙村，后沙壅成田。（《沧浯琐录》）

**后浦港**　南尽下滋卢岭，而遥汇诸路之水。外环以沙汕，潮涨不没，为全浦关锁。汕之上，有石堤二，各长八十余丈。一里人捐造，县丞金忠铭有《筑堤修冢记》；一定海镇陈光求造，亦有石碑。俱嘉庆时事。港本深，上通洗马、董林诸溪。十年前，舶艇犹载货入龟桥，今溪既沙压为路，港亦平浅成田，潮涨时小船尚可泊湾。

**浦头埭**　宋时，有傅府、曾府田。今荒。

**梁　埭**　在金山湾。今没。

**梁府埭**　近湖尾湖。

**后浦埭**　向循梁丞相古迹，筑埭成田；后再筑外埭，而屡崩坏。顺治四年，杨耿踞岛，决堤田堙，民多失业负课。康熙二十五年，清丈现业输官，苦埭累者始息。

## 附　录

### 卢若腾《后浦埭议》

昔年循梁丞相古迹，筑埭成田，所获甚厚。因之期望转奢，再筑外埭。至今无不追咎其后举之谬者。盖内埭闪在一傍，于海水潮汐之道不相妨碍，且上承宋洋有源之水，四时浔注，故遂化斥卤为膏腴。外埭则异是矣。自有天地，即有此港，今横筑一岸而壅塞之，海潮既朝夕浸啮，霪雨时，山水复从内冲出，岸非铁铸，安有不坏之理？且上流绝无活水注下，即使堤岸无恙，而田土咸味不变，所收曾不足当内埭之一二。某生世六十年，亲见外埭崩坏六次，补筑劳费，得不偿失，可谓愚矣。

为今之计，莫如弃外埭，而并料、并工以筑内埭。内埭坚固，岁岁禾稻丰熟，冠于浯上，其利一也。外埭改为海堰，鱼虾蛏蛤滋生无穷，其利二也。大海潮堂，堪舆所最重，阳基阴地，临此者福力厚而且远，其利三也。飓风时作，舟楫移泊港内，永无覆败之虞，其利四也。夫筑内埭则有利而无害，筑外埭则有害而无利，章章如是，即奈何复踵前日之误乎？今移〈外〉埭石料以筑内埭之下半截，绰绰有余。其上半截，水势至此缓弱，不能坏岸也，循旧址而挑土培筑足矣。一劳永逸，可不俟再计而决也。

## 都 图

金门属马巷翔风里十五都（统图一）、十六都（统图一）、十七都（统图三）、十八都（统图三）、十九都（统图二）、二十都（统图一），在县东界，共分领十一保，一百七十六乡。（《同安县志》）

十五都大嶝保：洋塘、桑沪、上宋、下尾、坑尾、山头、麦埕、内笼、浔淈、上山、洪甃、湖边、东蔡、院兜、嶝头、田墘、涂厝、大小比。

十六都小嶝保：前保、后保。

十七都刘浦保：斗门、刘澳、营山、浦边、塘头、欧宅、吕厝、内厝、蔡厝、何厝、长福里。

阳田保：西黄、青屿、官澳、阳翟、后山、东店、东珩、田墩、塘头、吴坑、南垵、赤埕、后珩。

汶沙保：沙尾、浦头、山前、山西、山后、山柄、西吴、蔡店、东萧、东埔、英坑、汶水头。

十八都仓湖保：新头、田浦、料罗、庵边、湖前、埕下、蚵壳、赤西、塔后、后园、西洪、峰上、下峰、湖头、溪边、前浦、大治、西仓、新塘、北青、下庄、西浦、内洋、前墩、林兜、山外、东仓、涂楼、下湖、瓯垄、东沙尾、上下坑、下新厝。

琼山保：平林、后沙、西山、东园、高坑、后半山、上下兰、小径。

十九都后浦保：后浦、埔后、埔下、埔边、董林、后洲、东洲、驷湖、前湖、营里、吴厝、庵前、后垵、后湖、菽藁山。

古贤保：金门城、水头、古坑、山仔兜、东沙、欧厝、谢厝、古丘、贤聚、官路边。

古湖保：湖下、湖尾、半山、湖南、后岐、田墩、浦头、东坑、古宁头、冰厝、山灶。

二十都烈屿保：后头、下寮、罗厝、湖下、青岐、埔头、林边、高厝、西吴、中墩、后山、上林、庵上、报塘、西路、西宅、后井、南塘、杨厝、湖井、前园、东坑、前埔、下田、后宅、刺园、下林、上库、庵下、东林、黄厝、西方、西仓口。

## 街　市

**顶　街**　在右营衙前。

**中　街**　上与顶街毗连，下接观音亭街。

**观音亭街**　在观音宫前。

**新　街**　由右营衙前折而南，与南门街毗连。

**横街仔**

**轿　巷**

**总爷街**　涂山头下。

**当店巷**　由衙口市折而东，接内较场马路边。

**北门街**　近丞署。

**南门街**

**船仔头**　在小妈庙边。

**沙尾街**　在沙尾乡。

**衙口市**　镇署辕门外旷地，架棚为市，俗呼衙门口。

**西辕门街**

**东辕门集**　在后浦镇署东。每日贩卖海鲜聚此。

**专汛口集**　在镇署西。岁时，聚卖蔬菜及蛎房。

**街头集**　在右营游击署东隅。村民至浦贩卖鸡鸭及杂谷聚此。

**观德堂集**　即小较场。村民卖刍草聚此。

## 第　宅

**处士丘葵宅**　在小嶝钟山下。

**编修许獬宅**　在后浦。今为金门镇署。

**经略蔡复一宅**　在山兜村，废基犹存。

**黄氏酉堂别业**　在前水头乡。有园林池沼之胜。旧址犹存。

## 附　录

### 明张日益《访丘钓矶故居记》

同邑遵海而南，巨岛错列，小嶝于诸岛，若沤浮海上，最渺也。而五百钟灵，宋丘钓矶先生独产其上。先生后朱考亭百余年，而道学独祖考亭。运当阳九，敛德自全。盖自读书论世，知有先生久矣。蔡虚台公重修邑乘，独高先生之风。而予居去先生一水，不能详言其遗宅故墟，予病焉。乃于季夏之八日，戒小舟，约王茂才诸君，诣小嶝访焉。舟行而东，过石虎寨之前，旋及悬崖，崖下白沙数武，有泉出沙之三石间，莹彻而甘，即《泉郡志》所载仙人井者。于是沿崖西而行，多石，或峭或圆。有方石，周几尺许，镌为象马嬉局。而于中分一道，则镌“万几分子路，一局笑颜回”十字，已遭琢没。“万几、分”及“回”四字，完善可摹。草甚工，盖先生手笔云。逾局步渐西，则先生钓石在焉。从此东行半里，为钟山。南有寺，曰章法，肇于宋。而北则先生之所，宅址不半亩，黍秀离离。盖自我高祖以倭故，徙嶝民，一屿皆墟。成化初，乃复旧籍，丘氏俱望钟山之麓列屋，而先生之旧址竟废。予与诸君抚景低徊，就先生之裔朝准君别业休焉。君因出所藏先生诗一编，读之，先生之洞天人、彻性命，触发皆真。而为生人明大义，为天地辨大分。考亭统绪存以不坠，则先生之功诚大矣。然先生之高踪逸韵，亦今而后知其详，则岂非有数也哉！既归释楫，遂记之。

万历四十年壬子夏望后三日，后学张日益书于海云馆。后六十一年壬子，后学林霍再删订，时仲夏二日，书于榄园。

## 坊　表

**银台进士坊**　在青屿。为张苗、张定父子立。

**褒忠坊**　在青屿。为御马监张敏立。

**封君坊**　在东洲。为封编修许振之立。

**文章垂世孝友传家坊**　在庵前社旁。为编修许獬立。

**监察御史坊**　在官里乡。为嘉靖己未进士许福立。今圮。

**盛世儒英坊**　在琼林乡。为方伯蔡守愚祖希旦立。

**节烈坊**　在后浦渡头。康熙间，为许元洛妾黄氏立。

**节孝坊**　在后浦东门。嘉庆间，为赠提督丘志仁妻许氏立。

**一门在节坊**　在琼林。

**节孝坊**　在琼林。为蔡颜氏立。

## 坟　墓

**唐牧马王陈渊墓**　在庵前。

**宋同知颜五郎墓**　在庵前牧马庙旁。

**承事郎陈彬墓**　在东店湖边地东址。

**承事郎陈大灿墓**　在山柄乡。（《府志》、旧《县志》俱作陈

辽墓，误）

**进士陈櫄墓**　在黄龙山背。

**处士丘葵墓**　在小嶝屿。（明张日益云：“先生子孙耕陇间，得一穴，探之，则先生圹。自书砖为记。”）

**明知州陈显墓**　在东洲。

**赠通政使张益初墓**　在青屿石庭前。

**赠锦衣卫同知张太常墓**　在青屿石庭前。

**封主事黄梁甫墓**　在英坑。

**知府黄伟墓**　在湖山乡。

**封员外郎陈祯墓**　在浦边黄龙山上。覆掌形。

**知府许大来墓**　在后林山。

**进士许福墓**　在官里乡。

**主事许廷用墓**　在山灶。

**编修许獬墓**　在山前乡。

**布政蔡守愚墓**　在湖南乡。

**礼科蔡国光墓**　在十八都前尾乡。

**尚书卢若腾墓**　在贤聚乡。碑镌有“明自许先生牧洲卢公之墓”，系从澎湖太武山下迁葬于此。

## 附　录

### 《啸云文钞》

先生之孙昜吾自撰其父饶研墓志曰：“通议公之殡于澎也，属红夷之警。忽梦公告以寒，觉而心动，复买舟至澎，启攒归葬于浯。”《福建续志》、《台湾府志》俱载进士卢若腾墓在澎湖，不知为废冢也。今依墓志正之。

**监国鲁王墓**　在古坑后埔。

## 附　录

## 巡道周凯《内自讼斋文集》

世传明监国鲁王薨于金门，葬后埔。墓久湮失，道光壬辰春，林生树梅访得之城东鼓冈湖之西。墓前合灰土为曲屏，不封树。土人称王幕，不知何王墓也。下一墓形制相似，相传瘗王从亡，岁久为耕犁所侵。林生急白凯，檄金门县丞清界址，加封植，禁樵苏，树碑以表之，期于勿替。

顾授外史诸家所载，王薨葬年月互异，辨之者亦异。兹就凯所见诸书为考证，据阮文锡《夕阳寮集》谓："王薨于金门，岁在庚子。"无名氏《台湾外史》亦云："王以庚子十一月殂于金门，郑成功令兵部侍郎王忠孝礼葬于后埔。"江日升东旭《海滨纪录》及鹭岛道衲梦庵《海上见闻录》所载并同，全祖望《鲒埼亭集》据沈光文《斯庵集》挽王诗序，则谓王薨于壬寅冬十一月，在成功卒后，且谓王同成功入东宁，故即葬焉。引张煌言《苍水集》与卢牧洲书，以成功既卒，海上诸臣议复奉王监国，及祭王文有"十九年旌节"之语。由乙酉监国数至癸卯，适合以为证。邓传安《蠡测汇钞》辨之，谓谢山据杨陆荣辈野史讹传"成功沉王于海"一语为昭雪，而并易其年月薨葬之地，以释群疑。其说当存疑，而引外史诸书，主阮夕阳说为庚子，且言鲁王未尝至东宁。沈斯庵居台湾，在郑氏之先，何由与王唱和？台湾太湖之鲁王墓，疑为王世子极皇葬处。诸臣尊宗室，亦称鲁王，并疑议复奉监国之鲁王亦为王世子。其说虽近臆创，而辨王之未至东宁为较确。然则墓何由在东宁，又《鲒坷亭集》之讹也。凯又按林霍子濩《续闽书》载："王素有哮疾，壬寅十一月十三日中痰薨。生万历戊午五月十五日，年四十有五，葬于金门王所尝游地。"林生树梅又搜得卢若腾牧洲《岛噫集》，有辛丑仲夏寿鲁王诗、壬寅仲夏作《泰山高》寿鲁王诗。按林子濩，同安榄里人，学诗于牧洲，自少与纪许国、阮夕阳遁迹鹭岛，称遗民，必及闻见之。牧洲，金门人，从王于岛上，其诗与《续闽书》诞日符合，岂有王薨而犹为之寿者？则壬寅又若可据。凯要而断之，成功之攻台湾也，以辛丑三月，克以十二月，其卒也以壬寅五月。当渡台攻取时，胜负未可知，断无挟王同行之理。则邓说为是。逊荒诸遗老与宁靖王及诸王子之渡台也，皆在郑经袭位、二岛将破之时，当在癸卯、甲辰。牧洲之作寿王诗，犹在金门也。又纪许国《石青集》亦有寿王诗，不载年月。而《续闽书》并详记王薨之日，则似当以壬寅为是。盖当日诸臣流离琐尾，道途梗塞，传闻异词，故所载亦异词。而墓在金门后埔，则无疑焉。今墓前有鼓冈湖，广四十余丈。湖南多石，镌王手书“汉影云根”四字，并镌从亡诸公题咏。其为王尝游处，又似可信。甲辰以后，二岛糜烂，或碑碣无存。惜不得沈斯庵集而读之，其云墓前有太湖，谓鼓冈耶，抑谓台湾之大湖，即今鲫鱼潭耶？凯尝游其处，鲁王墓亦无考焉。呜呼！王以有明宗室，间关颠沛，漂泊海上数十余年，惟郑氏是依，而又不以礼待，致受沉海之诬。卒至埋骨荒岛，榛莽为墟。春霜秋露，麦饭无闻，亦可悯已！

我国朝加惠前代，自陵寝及名臣贤儒坟墓俱有禁。今于《明史》不讳唐、桂诸王事，靖节诸臣，皆锡之谥典。圣德皇仁，超越千古。若鲁王墓，固守土者宜恪遵禁令，急为防护者也。而斯邦人士展念陈迹，宜何如之感慕叹息保守之，期勿再失乎！因为考以实之。

## 《内自讼斋文集》

王讳以海，字巨川，明太祖十世孙。崇祯甲申，袭封鲁王。乙酉，监国绍兴。师溃，郑彩自舟山迎王入闽，居中左所，郑成功修寓公之礼。戊子，居闽安，颁监国三年历。有兴化以南二十七州县，旋失。癸巳，去监国号，居金门凡十年。壬寅，成功死海上，诸臣议复奉王监国，会王得哮疾，于十一月十三日薨，距生于万历戊午五月十五日，年四十有五，葬于城东王所尝游地。野史载成功沉王于海，又称王薨于海外，皆传讹也。沈太仆光文挽王诗序云：“墓前有大湖。”按：即今鼓冈湖，去墓里许。湖南多石，镌王手书并从亡诸臣题咏。知王尝游息于此，则墓在金门无疑。惜久湮失！林君树梅访得之，凯为立墓碑，禁樵苏，加封植焉。惧其久而复湮也，为记于碑阴，愿金门士人岁时祭扫，共守护之。

道光丙申月　日，周凯又书

**通判赠参政蔡宗德墓**　在戴洋山。

**赠参政蔡宜勋墓**　在径林。

**赠按察蔡希旦墓**　在庵前。

**赠知县蔡潜毓墓**　在十七都孤坑乡。

**知府林龙采墓**　在古坑。

**赠按察蔡宗道墓**　在琼林。

**知州蔡潜墓**　在高坑乡十八都。

**封知县洪家玉墓**　在董林乡北山。

**提督蔡攀龙墓**　在径林。大学士蔡新撰志铭。

**总兵李耀先墓**　在前坊。

**提督男爵丘良功墓**　在小径。

**总兵陈光求墓**　在湖下乡烟墩山脚。

**提督李光显墓**　在山灶。

**总兵杨华墓**　在湖下。

**总兵文应举墓**　在古坑。

**副将杨康能墓**　在庵前。

**副将林廷福墓**　在太文岩之麓。

## 义　冢附

**后浦义冢**　一在后浦社南。（县丞金忠铭有《筑堤修冢记》。）一在赤头浦，一在大沟。（职员林可远重修。）一在西门外，新冢。

**古区义冢**　在大文山足。（职员薛道南重修。）

**后塘义冢**　在斗门乡边。

**万善同归所**　在后浦渡头。一在马蹄山下，一在埔后。

# 附　录

## 《竹畦文抄》

浯浦义冢，凡有三：北门大沟，其一也。岁久崩塌，不堪蒿目。上舍林君可远见而悯之，首输钱百串，议修筑，谋诸绅士某等，咸怂恿募捐。以某月日诹吉兴工，讫若干日告成。坟修计数千，拾其暴露者几三百。有子孙者，给物料使自修，縻金钱若干，助砖石灰礶者无算。仍于东偏隙壤辟一室，令近地农氓居之，月给薪资，以时禁樵采，或牛羊践躏罔懈。某某等帅杨某者更日督之严，以故工坚事速，泉壤以宁。役既竣，问序于余，余乃纪其实，俾镌诸石，用告后来。所以劝善也。

# 物　货

物货有志，所以纪土性之宜，而征物力之丰歉也。浯洲蕞尔地，羽毛齿革之所弗生。泽国居民，惟资海错，间生涯于风涛万顷中，亦足慨已。田无水利，居山者，时苦亢旸。所产地瓜、花生而外，更鲜嘉谷。兹特就他处所稀有及所产稍多者约举之，以附于疆域之后。而浯民拮据情形，开卷如睹，有民社之责者，其念诸！

## 谷之属

**地　瓜**　金门无水田，不宜稻，故遍地皆种地瓜。终岁勤劳，所望只此。若年岁丰登，仅供一年之食。其粉较他处尤良。至于黍、稷、菽、麦，亦间之，特所产少耳。

# 附 录

## 郑得潇《红薯序》

三姐者，浯之孀媪也。初，万历中有贾于吕宋者，截其薯蔓归。十年后，忽不实。或梦神语云：“三姐宅前取蔓种之，则倍登。”如神言，剪插之，信。后竞传种，谓“三姐藤”。

## 蔬之属

**鸡 纵** 类香蕈，气味香甜，与云南鸡纵不殊。出西洪沙中，夏月雨过有之，人采食。见《县志》。

**落花生** 地瓜而外，惟花生为多。

**白 菜** 出金门者，味清甘，甲他处。种来自山东，以初年种者佳，再传味逊。

**紫 菜**

**山 瓜** 三四月间生。前水头随地蔓生，形如王瓜，人采食焉。

## 果之属

**桃 柑** 金门风烈，凡果不花，惟桃、柑二种能结实，然种者寥寥。

**甘 蔗** 出下坑乡者，甘脆殊胜。

## 花之属

**汉宫春** 生太武山。红艳异常。

**蒜 花** 叶如兰，茎长尺许，红艳异常。花落，其根蒂结瓣如蒜，明年复抽茎发花，土人以蒜花呼之。春夏间，惟前水头山间有之。

## 草之属

**水管草**　生于水滨，叶略如竹形。其节能吐沫，数日则雨。

## 药之属

**山　栌**　出金、厦。见府县志。

**青礞石**　见《县志》。

**香附　枸杞**

**地骨皮**　出金门者较良。

**五采石脂**　生新头山。外实中空，内贮脂粉，有五色。用以和膏药，敷刀伤极效。

## 禽之属

**黄鸲　鹡鸰**

## 畜之属

**羊**　生金门者，甘脆特胜。

## 鳞介之属

**鲥　鱼**　有重至十余斤者，味极甘美。

**红花鱼**　按：海鱼甚夥，不能悉载。此其尤佳者。

**涂　龙**　能益气血。

**龙　虫**　一名沙虫。出沙际，晒为干，亦甘味。

**竹　蹋**　山仔兜五六月间有之。性极冷，味如鸡蛤。

**红　蚝**　官澳间有之。

**香　蛏**　出金门官澳。形如蛔，色赤，味香。春时有之。

**鸡蛤　龙虾**

**乌　力**　生古宁港沙中。或言即海参也，视海参差小而气味清甘。十月间始有，至正月间止。所出亦不多。

## 货之属

**盐**

**碗　青**　生金门地中，平林、后湖等乡多有之。居民穴地采取，用以染画磁器。大如碗，小如弹，佳者百斤值银数十两，下者数两。但亏损地脉，敢宜禁止。

**金　沙**　出金山港，非金也。沙甚细，闪闪作金色，炉银器无痕。

**煤　炭**　出青屿。见《沧海纪遗》。

**五色土**

**水　晶**　太武山间有之。

# 金门志卷之三

## 赋税考

国家深仁厚泽，无远弗届，海澨山陬，沐膏浴泽者垂二百年。偶值水旱偏灾，则恩诏时颁，议蠲、议赈，未尝以僻在海隅，付诸度外。良有司奉扬圣化，抚字心劳，浯之人馨香祀之。间有不念民瘼者，或蠲后重征，或税余加耗，而奸胥蠹役之中饱，毫无忌惮者，益可知矣。夫金门瘠地，仅种杂粮，渔盐之末利，或藉以代耕。苟加派、加抽，新章叠出，所获遂难供税，安望仰事俯畜哉！兹远考旧乘，参之先正论列及近日额征，自户口、田赋以至盐、渔、船政等课。寥寥此数，为赋税考，俾父母斯民者览焉。

### 户　口

乾隆六年编审，金门三百五十七丁口。（《县志》）

金门人户丁口：一千一百五十六丁四分。民户男子成丁六十八丁七分，每丁征银不等，共征银二十二两五钱六分九厘一毫有奇；盐户男子成丁四百九十七丁七分，每丁征银四分九毫九丝零，共征银二十两四钱三毫有奇；食盐课五百九十口，每口征银一分六厘三毫二丝零，共征银九两六钱三分零五厘有奇。通共丁口征银五十二两六钱一分二厘三毫有奇。

滋生人户丁口：一千五百九十一丁口。民户男子成丁三百五十四丁，除补额二十丁外，增益三百三十四丁；盐户男子成丁六百七十一丁，除补额四十七丁外，增益六百二十四丁；食盐课五百六十六口，除补额一百二十二口外，增益四百四十四口。共补

额一百八十九丁口，实增益一千四百二丁口。钦遵恩诏，永不加赋。（以上乾隆间《府志》）

**刘浦保**　十一乡，六百零三户；男二千一百一十五丁，女一千二百四十三口。

**阳田保**　十三乡，八百一十七户；男二千六百七十丁，女一千七百八十七口。

**汶沙保**　十二乡，七百二十一户；男二千二百八十八丁，女一千四百八十二口。

**仓湖保**　四十三乡，一千二百十二户；男四千五百五十丁，女二千八百八十口。

**琼山保**　八乡，八百零四户；男二千七百七十五丁，女一千五百三十八口。

**后浦保**　二十七乡，二千八百四十九户；（内后浦一千九百三十三户。）男五千八百六十二丁，女三千五百十三口。

**古贤保**　十五乡，一千三百八十三户；男三千四百七十四丁，女二千二百八十六口。

**古湖保**　十四乡，一千四百四十三户；男四千三百十六丁，女二千二百五十一口。

**烈屿保**　三十三乡，一千三百三十三户；男四千九百二十五丁，女三千一百零八口。

**小嶝保**　一百二十二户；男三百六十九丁，女二百五十三口。

通共一万二千一百四十六户，男三万六千九百四十二丁，女二万二千五百五十口。

陈坑澳渔船一百九十八户，舵水五百丁。

大小嶝渔船三十五户，舵水八十丁。（以上道光十二年册档）

## 赋　　税

宋初，岛居始输纳户钞。咸淳间，复税弓丈量田亩，除在官田地依旧外，以弓六尺为步，水田二百四十步为一亩，受米五升，中田米三升，下田米二升，为调军征给。至元，始建场征盐。业渔者，钓、网、梁、笱各征课有差，税纳于河泊官。其作巨舰行贩者，税纳于市泊官。洪武三年，民户、田丁、盐课照依元时征收。四年，差勘田亩，亦以六尺长弓为一步。涪田下下水田二百四十步为一亩，硗确田三百六十步为一亩，腴美园地照硗田亩步，沙砾瘠地四百八十步为一亩，俱一例升税。每亩科米五升，耗米三合五勺，附贮近仓，有官米、民米、盐米、渔课米之名。(《沧浯琐录》)

国朝原设金门通判。(时通判尚未移马巷)分征秋米一十二石九斗一升七合九勺零，解县存仓。

分征丁口银五十二两五钱八分七厘八毫零。不派本色米盐户，征科增十分差一，田一百七十四顷六亩四分二厘五毫，每亩征银五分二毫零，应征银八百七十三两九钱七分四厘二毫。续报康熙四十五年起科不派米盐户田一十七亩一分有奇，每亩征银五分二毫零，应征银八钱六分七毫有奇；征科增浮粮米田六十亩八分有奇，每亩征银四分九厘零，应征银三两二分八厘六毫零。共分管官民盐地一百七十七顷(《县志》作七十六顷)七十三亩(《县志》作八十一亩)九分九厘四毫零，合共征银九百七十一两零二分七厘四毫零。匀征匠班银一钱五分六厘二毫零。附征杂项渡税银一十一两七钱七分五厘零，渔课银一百两正。通共正、附征银一千一百三十五两五钱四分六厘四毫有奇，年应解司投纳。(以上乾隆间府县志)

复设金门县丞，分管正征地丁银一千零二十三两七钱七分一厘四毫有奇，秋米一十二石九斗一升七合九勺。附征渔课银一百两，渡税银一十一两七钱七分五厘，盐折银一百四十两六钱七分五厘，河工银四两六钱四分二厘，普育银一两四钱零六厘。(以上道光十二年册档)

税契银，随时增减，年无定额。当税银(每间征银五两)，随时增减，年无定额。

## 经　费

县丞俸银四十两。（外匀闰银一两三钱三分三厘三毫零。顺治十六年奉裁。）养廉银二十二两一钱八分四厘三毫。（书手一名，工食银六两二钱。康熙元年奉裁。）门子一名，皂隶四名，马夫一名，共工食银三十七两二钱。民壮四名，工食银二十四两八钱。（管仓副使俸银三十一两五钱二分，外匀闰银一两五分六毫零。书手一名，皂隶二名，共工食银一十八两六钱。俱顺治十六年奉裁。）

官澳铺司兵二名，工食并带征共银八两二钱六厘零；平林铺司兵二名，工食并带征共银七两四钱四分；金门北门铺司兵二名，工食并带征共银六两二钱四分。（以上乾隆间《县志》）

明设金门仓大使一员，攒典一人，管收支米二千四百五十石。额编斗级三名，应役二名，其一名扣银充兵饷。（《沧海纪遗》）

## 盐　法

金之建场征盐也，自元大德元年始。场辖十埕，埕分上下，上埕曰永安、官镇、田墩、沙尾、浦头，下埕曰斗门、南垵、保林、东沙、烈屿。设司令、司丞、头目、管勾吏、司目，编民丁充灶户，以十丁为纲，共一灶，岁给工钞煎盐，每丁日办盐三升。官起囤仓廒，分召商运，仍任达鲁花赤董其事，岁收盐课。每埕选大盐户一人为百夫长，一人为总催，一人为秤子，收支出纳。后为丁夫、灶户上言岛上艰苦状，达鲁花赤议准，令将崩塌通潮及抛荒埭田，砌小石为盐埕，日晒卤水，结成白粒，召商贩运，以为定例。

洪武二年，盐课照元征催，惟设盐司总场百夫长一名管办。八年，停罢。嗣又重行开榷，不设司令、丞诸名目，乃除授副使攒吏，每年编排，总催二户，秤子一户，团长不等，十年一次轮流收支。递年给与盐课户工本每引四百升，给钞若干，除纳税粮外，凡杂役尽行蠲免。永乐后，盐籍里甲悉赴有司听勾摄，疲于奔命。其仓廒，又令总、秤人役自备木石架创。坐是隔涉海道，风涛时作，商贩弗到。正统间，仓廒圮坏，运司因奏将盐额本色停罢，行折米法。当年总、秤收交附近金门仓，为军储支用，民困始苏。景泰以后，一例盐课折纳本色，有司又编入均徭。成化间，大户张益胄率侄大翊赴京陈状，诏准宽免。宣德以来，频年风雨，洪潦横流，丘埕崩倾，田地冲压，堪晒种者十无一二，乃聚有盐之户及当该催课人役，私整盐丘晒曝。法用竹木造凿作格，四方纵横，七口为一口，分作十二坎。每一口岁取银二分，主头科收，每一埕一年多有十五六两。贫寒之家乏于所科，即请场官亲诣逼纳。此则一场十埕，岁办不啻五百金。官吏当该盐头所得，私比于正课；中引盐客纳官之利，半于输价。彼盐丁小户，其何堪此疲困哉？（《沧浯琐录》）

海滨之地，每盐丁一丁，岁办一千四百三十八斤一十四两；每田粮一石，岁办盐一千斤。秤贮官仓，以时开支。此洪武初年之法也。后因其镕泄亏蚀，赔累日甚，将额盐每引四百斤折米一斗。每米一石折银五钱，加以三分之耗，纳官给饷，免其上盐。又将盐折米，每丁分受三斗六升，田粮每石科受二斗五升。其原额之不敷者，将上都粮拨补足数。此正统九年之法也。

迩年以来，上都之米与受盐之米，有编差与不编差之异，而纷纷之议起焉。夫浯洲三都，其中为太武山，十八都在太武之东，十九都在太武之南，滨海皆为溶沙，绝无生盐之地。至十七都，在太武山之西，出盐之地亦只居其半。以无盐之地而令岁纳盐课之银，当耶？否耶？盖立法之初，有司不亲至其地核实以闻，故使三都之民永坐此累。而十八都其苦尤甚。盖此都飞沙积压，无寸尺之地者十有七八，生计所赖，惟在于鱼。值隆冬大寒，冻脂裂肤之会，一闻潮生，亦必没胫荷舟，入水以往。万一飓风时发，怒涛激烈，则群舟之飞扬仅同飘叶，性命覆灭于倏

忽，而莫知所之矣。在位者所宜留念也。（《沧海纪遗[①]》）

自上都粮户拨补凑足受盐之额，其后上都粮户与浯洲盐户多置田产，通不拘原额。但收米入户，不论民、灶，概论受盐，以致民差偏累，官司互执己见，寖益失平，厘革无渐。已经会议，查出浯洲场实受盐丁二千四百八十五丁，田地山荡四百七十一顷六十一亩八分八厘一毫外，诡寄丁口并过额田产拨出编差者陈阿洪等二十六户，共计田八十三顷六十五亩六分九厘，造册在卷。弊亦稍消。然田亩之授受无已，苟民、灶不为之判，则将来之受盐者曷胜其查理哉！

议者谓宜尽夺上都拨补之籍，严立民、灶，不许过割之条，而弊源可塞。此一劳永逸之图也。其一条鞭差税法，行盐丁十分差一，盐米除一例纳税外，浯洲盐米十分差一，上都盐米免七差三。各编差每石差税，上都银七钱六分二厘二毫零，浯洲六钱六厘四毫零，优免者各五钱二分八厘六毫。（隆庆间《县志》）

浯洲场盐课银七百四十八两八钱四分五厘七毫，丘盘税银八十六两四分六厘七毫，盐船税银一百二十两。（万历间《府志》）

浯洲场盐课司，在县东南浯洲东埔石鼓山下。元至正十六年，置管勾司。至大二年，改为司令司。洪武元年，改为踏石司。二十五年，改为盐课司。嘉靖间，司舍颓废，汰革。

夫浯、烈皆海中地，飞沙走石，耕种不足糊口，惟于海滨积沙、潮到之处砌石为丘，以晒盐营生，故盐直最贱。遇久雨，或终月不能晒盐。洪武间，设司征榷。二屿民既当九图里甲，又编为永安、官镇、田墩、沙美、浦头、斗门、南埕、宝林、东沙、烈屿十埕，立永安、官澳、田墩、沙美、浦头、李保、南埕、古宁、宝林、东沙、方山、斗门、烈屿，南北十四仓，共办盐一万四千九百七十六引三百六十一斤（每引盐四百斤）。埕又编为十甲，类多消蚀赔累，奏奉准免杂差并起解人犯三分折一，在都隅者一例科派。后因本场阻海，畦丁逃亡，盐课失额，姑将上都犯

① 纪遗：原作“遗记”。

徒之家免罪充补。至正统八年，运司奏准每引折米一斗，共米一千四百九十六石九升三勺。又将折米查照盐户丁产，每丁分受三斗六升，每田米一石科受二斗五升，征纳金门仓。又因浯洲丁粮不敷分受，将上都粮户拨补凑足受盐之额。后盐民苦于搬运，相率控诉，优免杂派差役。成化八年，本县误将弓箭缎匹并杂泛混派，有李弘谦、张益冑奏准照例优免。而太监张敏者，青屿人也，复奏准优免。盐户稍得苏息矣。正德八年，本县将盐米抽编驿传差役。嘉靖九年，又该厅[①]选官陈文奏准将盐米每石折银五钱，加耗修仓银三分，共银七百四十八两，征解府库，支给金门所官军俸粮。至万历三年，议设南路盐运分司，将晒盐丘盘分则清丈，每方一丈，上则六厘，中则五厘，下则四厘，共征税银八十六两。而晒出盐斤，召商领引，许行漳、泉二府，上到新桥，下至柳营江。行之三年，而税微薄，商民不便。后议罢引，将灶民充商，自晒自卖，而征税于盐船。万历七年，两院议将本场各澳盐船丈量长阔，赴海防厅编号。载盐百石者税银一钱五分，共船税银一百二十两，与丘盘税俱解布政司。盐船另有税引烦费，不得混在商、渔、渡船科饷之数。（万历间《县志》）

## 附　录

### 蔡复一《与两台言盐课议》

下四场惠、浔、浯、沥盐引，与上四场不同。下四场产盐区多，而行盐地狭，食盐人寡，盐价视东西路贱数倍。盐贱则不售，地狭人寡则利轻而商不集。于是积盐难掣，而看守消蚀赔貱之累，盐丁受其病，官吏衙卒供亿罗织之害，地方又均受其扰。于是正统十三年改本为折，开旷荡之恩，行斩截之法，出引以存饩羊，而派银以省中纳。派银者，课银不出海水而出田亩也。凡盐籍之户，免其输盐于官，官不召商，商不受盐，但将盐户所输

① 厅，原作“听”。

抵足引额之银而止。盐区有税，盐船有税，稍以佐其不足。而此外民之晒盐，商之贸盐，俱听自便。其引银视上四场独少，固缘盐贱，亦以办引银之家非积盐之家，不输盐于官而岁岁输课，故从其省耳。盖上场给引即给盐，受有盐之引，故每引纳银二钱五分，而不为多；下场有空引而无实盐，配无盐之引，故每引纳银五分而不为寡。因地制宜，所以课不亏而民安其业也。今则无分上、下场，概加为二钱五分，非加之海水而仍加之田亩，民何以堪？

又浯洲民应纳粮差条编银，户有当年，甲有甲首，里有里长矣。而此盐银一项，见年里长外，另设总催一名，隶于盐场官。借端凿窦，民为疮痏，殆若再赋也。莫若归征收于本县，革去总收，即令现年里甲带催。收纳完日，县解银海防馆充饷如法。县父母管全邑催科，何难千余金课盐乎？

掘社伐树，狐鼠荡然，可以还膏脂于闾阎。且裁去吏卒之费，可以助饷于公帑。此两利之道也。谨议。

## 蔡献臣《下四场裁盐场官议》

浔渼、**汭**洲、浯洲、惠安四场盐户，其丁米折课有定额，而与民异；其田产之差税无定额，而与民同。特差稍轻耳。乃里甲十年一编，盐既与民同；而总催十年一编，又民户之所无。是民籍役一，而盐籍役两也。即以浯洲一场而论，岁课不过七百十八两耳。万历初，复益以丘、船税二百有奇，而且赘之以场官，重之以总催，其为分例杂费已烦亢不可堪。后又督以海防，真不啻九羊而十牧之矣。今丘、船二税既责邑令追解，何难并归征课？则裁革场官之疏，不可不早题。即奉檄至者，或留司别委，或送部改铨，可也。

国朝额设浯洲场盐课。浯洲盐丘税银，旧制府额县征丘、船税银二百一十四两三分九厘六毫一丝五忽。（《府志》作二百一十二两四钱零八厘七毫有奇。）二十二年，总督姚启圣因平台题请每丘加增税银一钱，共六百零七两五钱七分三厘。五十二年，知县朱奇珍编审，谕盐米一项，除旧丁口外，奉藩司加增五丁。查盐米原属盐籍，产业在金门一带飞沙走石之地，业甚不堪。又有配丁、盐灶以及盐折、盐米等项，一业四赋，故旧例盐丁一丁，只征银四分九毫九丝六忽三微四纤，而县内地奸豪利例轻窜入盐籍，使民米独受苦累。今为清出米归民籍，照民丁口起科；盐米归盐籍，照盐丁口起科，庶民米不杂。查通邑盐米二千四百五十六石四斗二升六合九勺，每盐米一石，带盐丁口银三分五厘一毫一丝五忽五微四纤九沙一尘二埃二渺六漠。其官米一项，每三石折为一石，在民、盐等户内照例带征丁口银，永为定例。因清革金沙镇盐渡杂派陋规，令民勒石永禁。（康熙间《县志》）

坐配浯洲盐场三万三千二百担。乾隆三十年二月间奉文饬行，将同邑原配浯盐额内拨出盐一万七千担，改给龙溪、南靖、龙岩三帮商运。乾隆三十二年间，知县吴镛通详请复旧额。奉宪议准，拨还浯洲场盐一万担。今坐配浯洲场盐二万六千二百担，每担征收正课钱一百五十文，折银一钱五分，盐本、运费等钱一百四十五文，就于正课项下开销。银解赴盐道衙门交纳，其应销盐斤赴该场配装运销。（乾隆间《县志》）

浯洲场总理场官一员，管辖沙尾、永安、浦头、南埕、宝林、官镇、田墩、烈屿等八埕。团长二十二名，团甲八十二名，晒丁八百二十一名。丘盘五千四百一十一坎，漏井八千八百九十八口。产盐每年定额一十四万担，内沙、永等埕产盐二十一万担，烈屿埕另外委员管理。（嘉庆七年，改归浯洲场兼管。）定额产盐三万担，二共一十四万担。同安官运定额盐三万三千二百担，平和商运定额盐三千担，溪、靖商运定额四万四千担，岩、平商运定额三万二千担，长泰商运定额八千八百担，海澄商运定额二千六百担。（乾隆间府县志）

大嶝小埕额设埕办一名，巡丁一名，每名月给工食银一两。晒丁二十二名。丘盘六十七坎。

## 额定盐课章程

浯洲场仍旧管辖八埕。（大嶝归祥丰场）

团长八名，丘盘一千二百一十坎，漏井七百一十六口。晒丁二百零六名。

年定产额盐二万七千二百六十七担五十斤。

坐配龙溪九千担，海澄二千二百担，长泰三千担，平和一千五百担，南靖三千担，同安三千七百担，漳平二千二百担，宁洋二千六百担。（以上道光十二年册档）

## 渔　课

后山、山后、青屿、官澳、西黄、浦头澳渔户十三，米十八石九升；峰上澳渔户十一，米十三石四斗；料罗澳渔户十，米十九石二斗；新头、浦前、平林、陈坑，后沙澳渔户十一，米二十一石六斗二升；十九都一东沙澳渔户二，米一十八石三斗七升；十九都三东沙澳渔户八，米二十三石四斗七升；烈屿澳渔户十八，米一十五石七升；大小嶝合白石头澳渔户十九，米十石七升。

明同安三十六澳，旧例渔课米每一石，半纳本色上仓，半纳折色，该银三钱五分。弘治七年，巡按吴一贯奏准不分本、折，通征银三钱五分。今米无征输，加增渔税、俸钞渔课银。康熙二十二年起科，合通县为十二澳，渔船户征输加增渔税银一百六十一两六钱、俸钞渔课银二百八十八两四钱一厘九毫有奇。（康熙间《县志》）

## 船　政

大小嶝澳，离县水程二十五里，系金门左营管辖。设澳甲一名，稽查船只。澳内有“盛”字商船、小艇，俱领照牌。有拨归金门县丞征税，亦有在县征税。

金门陈坑澳，离县城水程三十里，陆路七十里，系金门右营管辖。设澳甲一名，稽查船只。澳内有“盛”字商船、渡船、小艇，俱领照牌。有拨归金门县丞征税，亦有在县征税。（乾隆间《县志》）

金门渡船及商、渔小船，系由马港厅通判给领照牌。其出入口则由镏五店海关报验征税，而以金门县丞暨协镇中军派口胥盘验，商旅便之。自道光末年，镏五店海关派丁分驻金门后浦，稽查更为严密。近复另设海防局委员，给领旗照，商船出入口费头绪更多，而厦门大关哨船复时时逻视，勒令贾舶归入正口。但金门不产米谷，恃外来船只之接济，民食艰难，至是弥甚。似宜酌立章程，以苏商民之交困也。

# 金门志卷之四

## 规制志

从来制度，随时随地各适其宜，未可泥成见也。况桑田沧海，移步换形，惟远识者为能变通其制。金门地虽褊小，然洋洋海表，足以控台、澎而藩内郡。明建石城，设一千户镇之。其时海口沙汕浮实，地势包藏，船可常泊。今则沙汕已平，系舟不稳，故移文武镇营于后浦，非得已也。然登高四望，则水天合镜，浩淼无边，其险厄实甚于后浦。若夫料罗有澳可避风，为洋船往来之逆旅。向者海氛告警，巡道周凯创建石寨，意深远已。兹编于文武官制分见各卷，而自城寨、衙署，下至祠宇、书院诸制度，巨细弗遗，亦以备后来议因、议革者之一助尔。为《规制志》。

### 城　　寨

**金门城**　在浯洲之南，离县城八十里，水程一百里，一潮可至。北阻山，东西南阻海。洪武二十年置守御千户所于此，周德兴筑。周六百三十丈，基广一丈，高连女墙二丈五尺。（《府志》注：高一丈七尺。）窝铺三十六。外环以濠，深、广丈余。东西南北四门，各建楼其上。永乐十五年，都指挥谷祥增高三尺，并砌西北南三月城。（《府志》作砌西北二月城。）正统八年，都指挥刘亮、千户陈旺增筑四门敌楼。嘉靖三十七年，所署毁于火。（康熙间《县志》作万历二十七年。）国朝康熙时，重修。总兵官驻札原在旧城，高耸临江，极目东南，为备海要地。平台后，总兵陈龙以所城稍圮，人烟稀少，移驻后浦，为前会元许獬居。

(康熙间《县志》云：丛杂街市，有巡哨不及之患，不若仍驻旧城为愈。)今颓址存。(《县志》)

**官澳寨**　在十七都。明周德兴造。为巡检司城。周一百四十八丈，(《府志》作一百六十丈。)基广六尺五寸，高一丈七尺。窝铺四，南北门二。康熙五十六年，总督觉罗满保、巡抚陈瑸重修。今颓。

**峰上寨**　在十八都。明为巡检司城。周九十五丈，(《府志》作一百九十三丈。)基广一丈，高一丈五尺。(《府志》作八尺。)窝铺四，门一。今颓。

**陈坑寨**　在十八都。明为巡检司城。周一百五十三丈，(《府志》作一百八十丈。)基广一丈一尺，高一丈七尺。窝铺四，门一。今颓。

**田浦寨**　在十八都。明为巡检司城。周一百五十丈，(《府志》作一百六十丈。)基广一丈，高一丈八尺。窝铺四，东西门二。今颓。

**烈屿寨**　在二十都。明为司城。周一百三十五丈，(《府志》作一百八十丈。)基广一丈一尺，高一丈二尺。(《府志》作七尺。)窝铺四，门一。今颓。

以上四寨，俱明周德兴造。(府县志)

**原设捍寨九处**

天宝寨、西山寨、洪山寨(《沧海纪遗》云"俱在十七都")、牛岭寨(府县志作牛头寨。《纪遗》云"在十八都")、欧厝寨(《纪遗》云"在十九都")、秽林寨(《纪遗》缺，《沧浯琐录》云"在乌沙")、青崎山寨(在烈屿)、刘五店寨、澳头寨(二寨，《八闽通志》，万历间府县志俱载入金门捍寨内。今非金门戍守汛地，姑存之，仍其旧)。

**原属墩台六处**

业了(《纪遗》云"在十八都")、白石头、石井溪、东街、内下吴(万历间《县志》云"在南安"，《沧海纪遗》俱不载)、后浦堡(嘉靖间御倭筑。今废)、东堡(在金门城近地。里人吕诚源筑，以护乡人逃倭者）、虎头寨（在大嶝屿。嘉靖三十八年被倭攻陷）、马寨（在烈屿。唐时筑。今废）。

**料罗石寨**

料罗石寨，道光年间总兵窦振彪、巡道周凯建。周围四十二丈，横长十二丈，直长九丈。前安炮台，高八丈，宽一丈五尺。共兵房十五间。城墙各高一丈四尺，厚五尺。除去兵房，中空尚宽五丈余，长九尺余。

**后浦炮台**

后浦炮台，在中港渡头。咸丰年间建。

## 公　署

**金门总兵署**　在后浦东门。康熙间，总兵陈龙就会元许獬居改置。中建正堂，东西夹两室。西藏王命、书籍等项，东贮饷库，翼以将裨官厅，面即案牍祠。下辟甬道，两廊列吏、户、礼、兵、刑、工及本稿诸房。仪门外为土地祠、材官厅。大门外为旗厅，左右盖鼓吹亭。南开辕门，环以木栏。辕门之外，西为左营防汛厅，东为右营防汛厅。暖阁后为穿堂、为内署，耳房不计。最后绕以周垣，有旷地可辟为圃，中有啸月轩。（黄梦琳题《啸月轩赠蓝总戎诗》二首。）东为东花厅，群房为箭道。总兵李芳园勒汰营弊，立石碑于此。马房丽之西，有通衖。越衖为西园幕厅，间架宽敞，前辟露庭。再西又有屋宇，已圮。其南数宇，嘉庆间总兵林孙重修，署曰“棠花阁”。

**镇标左营游击署**　在后浦城隍庙左。

**守备署**　在后浦城隍庙右。久倾圮，守备暂居小较场后粟仓。道光年间重建。

**镇标右营游击署**　在后浦顶街。

**守备署**　在后浦南门。

**金门县丞署**　在后浦北门。雍正十二年，从县治左移驻。中为正堂，两序列胥吏房。仪门外为大门、照墙，附以仓狱。后为内堂。内署东为幕厅，西为花厅，（县丞萧重有《榕树赛神词》。）中有藏春坞，缭以周垣。（萧重又有《署斋八咏诗》。）

**浯洲场盐大使署**　在阳田保金山宫。原为踏石巡检署，乾隆十三年，巡检移驻马家巷，就旧司署重修。（《县志》）

### 旧　署

**峰上、田浦、陈坑巡检司署**　俱在十八都。

**官澳巡检司署**　在十七都。国朝移驻踏石。

**烈屿巡检司署**　在二十都。

**浯洲场盐课司**　在十七都。洪武二十五年建，辖仓埕十四所：永安、官澳、田墩、沙美、浦头、南埕、季保、古宁、宝林、东沙、方山、斗门、烈屿南北二仓。今改归盐政。

**金门守御千百户所署**　在所城内。（以上俱府县志）

**料罗海防馆**　今废。（《沧浯琐录》）

**烈屿盐场大使署**　在烈屿下林乡。

## 仓　廒

**常平仓**　在丞署东。计一座四间，额贮谷三千石。

**社　仓**　谷分发后浦、古贤、琼山、汶沙、阳田、仓湖、古湖、刘浦、大嶝、烈屿等处，交各社长、副收贮，共谷五百零一石二斗七合有奇。（本乾隆间《县志》。据道光十二年册，额捐社谷四百一十二石八斗八升。）

### 旧　仓

**金门所仓**　在城内。明洪武十二年建。今废。（《沧海纪遗》）

**粟　仓**　在后浦小较场东。

## 铺　　递

**官澳铺**　改设兑山铺。

**平林铺**　改设集美铺。

**金门铺**　改设和凤铺。俱额设司兵二名，将公文交船户带至金门各衙门入投。乾隆二十六年，以兑山、集美铺务稀少裁汰，存和凤一铺。

**金门渡口铺**　额设司兵二名。自乾隆二十六年始。

## 祠　　祀

**城隍庙**　在后浦左营署旁，久圮。嘉庆十六年，文应举为左营游击，倡捐银二千二百〈两〉重建。

**关帝庙**　在后浦右营署旁。西门亦有庙。

**天后庙**　在后浦渡头。南门亦有庙。在贤聚村者，称西宫，宋时建；在料罗官澳者，明时建。

**奎　阁**　在涂山头。道光十六年，监生林斐章捐银千圆创建。

**灵济寺**　旧名观音亭。在后浦东门。道光四年十二月，廛舍失火，延及寺外，亭压。忽佛堂灵泉涌出，引灌之，寺无恙。林俊元等劝捐重修。

**昭忠祠**　在后浦渡头，毗连天后庙。嘉庆间，总兵许松年建。祀海上阵亡浙江提督壮烈伯李长庚、定海镇罗江太、温州镇胡振声、广东平海参将王国泰、海门参将陈名魁、烽火守备王志辉、台协中营把总许攀桂，外委武国梁、李合成及死事军士。道光元年重修。（许松年有记）

**牧马王庙**（《闽书》抄作马牧王庙）　在庵前乡。神姓陈，名渊。唐贞元间，为闽马监，牧马蕃息。后殁，乡人祀之。能显灵，为民御灾捍患。敕封福佑圣侯，赐庙额“孚济”。（道光间，里人鸠资重建。进士郑用锡有碑记。）

**文昌祠**　在太武岩左。与节烈祠同时建。（《续闽书》）

**节烈祠**　在太武山。明时建。

**朱子祠**　在浯江书院。

金门不立明伦堂，每遇万寿圣节及恭接诏书，俱于书院内行礼。每月朔、望日，文武于城隍庙观音亭拈香毕，即在庙前宣讲《圣谕》十六条。

## 丛　祠

**北镇庙**　在后浦北门。祀真武。

**保生庙**　在后浦北门。祀吴真人。

**纏带庙**　在金门所城外。明时建。两庙向背毗连，俗讹为“相带”。北向者祀真武，南向者祀关帝。

**厉王庙**　在金门所城外，东即宝月庵。祀唐张巡，神甚灵赫。庙新建时，庙祝晚以钵水置神座前，夜深闻敲朴声。嘉庆间，官军剿除海寇时，见睢阳旗帜，云中助战。

**威安庙**　在湖下村。祀唐许远。

**族厉庙**　在琼林村。明时建。嘉庆间，蔡苑重修。

**侍郎祠**　在贤聚村。祀故明礼部侍郎王忠孝。今为村人报赛之所，遂不知祠所由来。

**坡山庵**　在十八都西埔。一名东庵，即东岳行祠。未详建所自始，甚壮丽。（《通志》、府县志）

**宝月庵**　在所城南，又名南庵。负城面海，与变山相对，旁有大石如盘。明俞大猷盖石亭，登眺啸咏其上。

**龙湖庵**　在十九都南郤村牧马王祠右。今废。

**居王庵**　在双山之南。（《沧浯琐录》）

**太文岩寺**　在所城北半里，与太武岩遥对。祀清水真人。有祈多验。明时建，今废。山属离方，为文明，当置魁星楼或建塔，使秀峰高耸。（《沧浯琐录》）

**太武岩寺**　在十七都。祀通远仙翁。宋咸淳间建，万历八年重修。黄逸所尝读书其间。

**忘归岩寺**　在西山后树林中。

**章法寺**　在小嶝钟山。（宋丘葵诗载《艺文》）

**闭藏院**　在大嶝院兜村。宋丘葵初隐于此，后徙小嶝。里人即其地建院。

**碧山庵**　在山兜村。明经略蔡复一建。

**华岩庵**　在十九都。有石泉，甚甘。

**观德堂**　内祀苏公之神。神系同牧马王陈渊来金门者，屡著灵迹。咸丰三年，厦门会匪倾众来犯，神先期乩示，令各戒备，贼果大败。被获者供称，在海上见沿岸兵马甚多，贼各气夺，以是致败。其祖庙在新头，俗称四王爷。两营官兵奉之甚谨。

**池府庙**　在后浦东门。

**小妈祖宫**　在后浦南门。（内并祀厂官爷）

**土地宫**　在后浦北门。

## 附　　录

太武之阳，有巨区曰马坪，有山曰丰年。山峡之左麓，有牧马王祠，即今孚济庙。历来祀敕封福佑圣侯。

神姓陈名渊，唐时人。贞元中，柳冕为闽观察使，奏设万安监，滋养马匹。泉中置马区五，浯其一也。侯以牧马莅兹土，与将领李俊、卫杰等协谋并力，是后耕稼、渔盐者，生聚盖日蕃焉。俗传侯为天驷降精，故豢马而马息。骊黄牝牡千百其群，散食于岛上。欲聚之，则伐鼓竖旗，马自别旗色，立旗下。凡来市马者，每十辄加一赠之。及渡江，止所买之数。人知其为神，称曰“马祖”。后坐化，乡人泥其骸为像，结草为庵，岁时尸祝，目为护骥将军。凡有款谒，昭答如响。遇旱，祷雨立应；荒，则驱蝗赴海；疾祷，则灵泉涌出（即洋井塘，乃神剑所指者），饮者立瘥。至元时，倭夷内侵，群艘周泊于东南江浒，诸村多受焚掠。因哀号请捍于侯，随有阴风旋起，壁上画马皆嘶，如赴敌状。次日，飓风大作，簸海扬波，阴雨浃旬，倭船击碎，飘尸流体。又作黑雾五日，咫尺不辨，贼无归路，星散逃亡。皆侯默赞之功也。有樵童，午憩林中，梦一冠冕黄衣人驻马言曰："我以阴兵靖尔土，力疲气惫，向所塑像已折罅，可谕众重饰我仪，再新庙宇。又李、卫等督领，王、钱二舍人发兵协助，俱宜配祀。"觉，趋视之，像果开罅流血。以告众，众惊。及输赋大都者，以事闻于朝，遂敕所在官司大构堂宇于丰年山之麓，春秋血食，封为福佑圣侯，幽婚林氏为助灵夫人，赐庙额曰"孚济"云。夫人未笄时，善蚕绩，尝采桑到马坪。入谒，见侯色相英爽，顿悟夙缘。坐化经旬，肉躯不仆。爰塑像而偶于侯之座右。夫人又握注生之柄，乞嗣者往往获验。其佐李俊，敕封拱灵将军；卫杰，勒封辅卫将军；钱舍人，封都统；王舍人，封忠翊。至于飞灵传命符使暨神前二先锋大将，亦捷报应。朱文公簿邑时，有次牧马王祠诗曰："此日观风海上驰，殷勤父老远追随。野饶稻黍输王赋，地接扶桑拥帝基。云树葱茏神女室，冈峦连抱圣侯祠。黄昏更上灵山望，四际天光醮碧漪。"又丘钓矶先生谒坪庵有诗。（载《艺文》）

初，庙凡七座，缭以周垣，规式壮丽。中殿有蜘蛛结网楼，工构极巧。奈岁久老腐，虽重新者不一二数，终不逮古制。环庙林木苍然，且多产药苗、珍禽，探幽胜者朝暮接踵。左有洗马溪，千艘丛泊；右有龙湖庵，钟鼓锵鸣。浯之胜，唯斯为最焉。是为记。（解智《孚济庙记》）

浯洲牧马王庙，凡数处。其神姓陈讳渊，浯人所称为恩主者也。而在丰年山之麓者，独号祖庙。神生前实居于此地，牧畜蕃息，云锦成群，故坪曰马坪，湖曰驷湖，溪曰洗马溪。而香火亦特著灵异焉。

神不知何许人，盖当时分司牧事于浯者。俚俗或传神乃固始马户，为闽王审知牧马于斯，其说谬甚。夫五代群雄互相攘夺，惟务搜括，民马岂复有官牧之政？且光州初为淮南杨氏所据，续并于朱梁。自此而南，复阻于吴越钱氏，安得有固始马户输马入闽[①]而仍为之牧哉？郡邑旧志皆谓神唐时人，证据甚晰，无可疑也。神生前慈惠宜民，兼有道术，浯人爱之且神之，故殁而立庙，肖像祀之。至林氏女，以蚕桑应祷，密誓嫁神，因而坐化，浯人并塑像祀之为夫人。其事虽属怪诞，然幽明相感，古今类此颇多，姑仍之焉可尔。自唐以来，祷求屡验。

胜国时倭寇扰浯，神率阴兵歼之。事闻，敕封福佑圣侯，赐额"孚济"。庙前后七座，极壮丽。倾圮多年，吾里忠振念衷洪公触目动心，亟捐资新之。意存经久，故不取宏敞而取坚致。旁别构护屋，以居庙祝。祠租旧止地种五斗，盖宋时檀樾颜家所置。公曰太俭虞匮，更增置地种一石有奇，并勒其丘段、坐址于石，以杜侵隐。血食直天壤俱永矣。公遭乱世，劳绩著于军国，尤加意桑梓。兹以神之能福吾土也，肃穆以栖之，馨香以荐之，洁蠲以祈之。庙前数百武，为公伯父渭文公诸丘陇[②]。公早岁失怙，渭文公实抚成之。故公多置祀田厚恤庙祝，且世世为公守护先坟。义门宅兆，与灵祀宫垣并垂不敝。浯人自是知所观感而胥劝，兴公之锡，类不其远乎！是为记。（卢若腾《重建孚济庙碑记》）

海上名岛，浯洲最著；诸岛名山，太武最著。夫其含气厚而毓精繁，仅以十二奇概之肤已。旧传山椒尝有玉笏自天而降，宋咸淳中始建岩宇，祀乐山通远仙翁。翁事迹，详郡邑志。浯人祀之，有祷辄应。隆庆壬申，郡贰守少鹤丁公以汛事至止，陟巅搜奥，题刻二诗而去。万历庚辰，邑侯桂峰金公感异梦，诣祠躬谒，捐俸而修饰之。嗣后屡圮屡葺，而规模渐缩于初。

国变以来，独吾岛为一片干净土。辛卯三月三日之雾，丙申三月六日之风，变而俄顷，出人望表。虽云天意，亦藉山灵。忠振洪公虑名区之蚀晦，期胜事之蝉联，倡议鼎新，率先檀施，而

① "闽"字，原作"关"，据台湾文献丛刊本改。

② 丘陇，即丘垄。

周、戴二都阖复同声响应焉。其措巧思而勤董督者，山后义士陈膺授、坤载兄弟也。经始于辛丑初春，落成于秋杪。殿台亭馆，迥异旧观。上自勋镇巨公，下逮土著编户，各伸愿力。人数颇多，难以悉登诸石，乃备录一匾，揭诸神祠。爰彰一时机缘之盛。而兹磨崖勒记，第列其废兴本末、营建岁时，俾来者有所考焉。

洪公名旭、周君名全斌、戴君名捷，作记者卢某，皆浯产也。（卢若腾《重建太武寺碑记》）

古所称海上三神山，以其在人世之外，故神之也。若夫人世之内，海上之奇称者，我浯而外无两焉。鸿渐一龙，奔入大海，天霁水澄，石骨棱棱可辨。蜿蜒起伏，挺为巨岩，盘结十余里，全体皆石，状类兜鍪。尊严庄重之势，不屑与翠阜苍峦争妍洁秀，名曰太武。厥有繇也。气脉庞厚，孕毓英多，浯地周回不能五十里，而同邑人物，浯几踞其半焉。文章德业，尤多焜耀。至今而膺五等之封，建大将之旗，雄姿伟略后先相望，云台坐位，直挟左券以需之，孰非兹山之灵异所钟萃而发越也哉？不特此也，国变以后，沿海厌苦兵戈，浯独不改净土。去岁三月六日，强师袭岛，飓风发于俄顷，漂楫断帆，尽葬鱼腹，岛人卒免于风鹤之震。山灵御灾捍患之功，又安可诬也？

山椒旧有栖神祠宇，祈祷多应。万历九年，剧贼越狱遁，邑侯金公躬渡海，诣祠祷焉。贼旋受缚，亟捐俸倡绅士新之。岁久渐圮。

念衷洪公、邦宪周公，皆浯产也，诚与神通，慨然为兴复之举。顾犹欲鸠众成之，非无说也。盖以生兹土、寓兹土、有事兹土者，人人皆有其心焉，各有其力焉。使人人无不遂之心，无不殚之力，则功之就也必速，而泽之流也必长。此二公之志也，抑尤怀独为君子之耻焉？将谂是役于众，而以疏属仆。仆亦惟敬述二公之志，以怂恿诸有心有力者，有以知其无所强而欣然竟赴也。夫天下事之藉人心力者多矣，诚师二公此志，引而伸之，即天下大事无难矣，区区岩宇云乎哉！（卢若腾《募建太武寺疏》）

夫孰不知节义之为重也，齿颊乐道，人人能之。若乃著其教于众而延其祀于乡，则惟愿宏力定者几焉。

斗门陈膺授，字彦受，通家子也。积学励行，凡事必谋其大且久者。居恒语余曰："海岛科第辈出，不独以文章重，诸德业可师者，有郡邑之志乘焉，有乡贤之俎豆焉。惟是一卷微区，节烈之妇相望不绝，顾名半逸于记载，而事渐没于风烟，非所以敦化维俗也。先生独无意乎？"余唯唯，卒未暇及。辛丑、壬寅之间，岛上风景稍异，彦受曰："请借闺阁之英灵以鼓须眉之劲气可乎？"余韪之，爰有《节烈传》之作。维时海印鼎新，岩工告竣，彦受复以前说怂恿，忠振洪公亦韪之，爰有节烈祠之建。议以每岁中元日举祀事焉。

彦受之督岩役也，乃弟坤载、字彦辟实阶之。朝陟巘，夕还家，足重茧而不知瘁，一意为兹岩增胜概，时出其私囊以佐公镪。精诚之积，为山灵所歆久矣。兹祠既成，凡以游事来者，一瞻礼间而忠义节侠之心油然而生。其视峰峦之登眺，泉石之盘桓，所得不较奢乎？然则兹岩殆将以兹祠重也。夫祠而能使岩重也者，其始末乌可以无记？因走笔叙次而勒之石。（卢若腾《节烈祠记》）

## 书　院

**燕南书院**　在浯洲。宋时建，今莫详其迹。（《沧浯琐录》）

**浯洲书院**　在金山盐场司之西。元司令马建，有租赡士。今废。

**金山书院**　在沙尾。（内祀文昌星君。道光间，周史云等捐充祭费）

**浯江书院**　在后浦丞署西。初为义学，犹卑狭（《县志》云："雍正己未，县丞卢国泰建。"考雍正纪年，无己未，己未为乾隆四年）。前通判程某规创基址，未成。乾隆四十年，通判移驻马家巷，议将署料拆卸运往水头，职员黄汝试以拆卸可惜，请变价建为书院，缴银一千五百圆，塑像朱文公及先贤像于中。四十六年，仍设县丞。新丞欧阳懋德至，无栖所，商诸绅士，即义学地建为书院。汝试复捐银四百七十六圆，合监生徐行健一千圆，及乡之好义者辟之。后为朱子祠，翼以围墙；中为讲堂，祀文昌。前为仪门、为大门，东廊学舍八间，西廊学舍八间，外为大庭、照墙。诸神像自署中迁入，而判署仍为丞署。汝试复议捐膏火银二千圆，置田产以充学租。且欲于隙地建魁星楼。未几殁，欧亦升去。汝试子监生如杜置海澄港尾乡苗田种五石五斗，契银二千零四十四圆，年可得租粟一百零九石八斗。后以讼，被官侵没。嘉庆间，县丞李振青重修。捐银百六十圆，配典生息为春秋祭费，而膏火仍无所出。道光间，兴泉永道倪琇及游击杨继勋劝捐，岛人吴献卿体父琳公遗志，捐银四千圆，官绅共捐一千圆，合五千圆，配典生息，立规考课，由道甄别。附建西廊学舍二间为福德祠，东廊学舍二间为客燕斋。其东廊第七间祀吴琳公、献卿父子，西廊第三间祀巡道倪琇、县丞欧阳懋德、李振青等。今将石刻捐题姓名及院中条规，详列于后。

## 浯江书院条规

一、每年官课第一期，值年董事预先请官出示，订日开课。阖属生童，须到礼房报名造册。届期，齐到书院听候，请官点名。以后十六期，俱照册中之名填卷，免开火食。若开课不与考，以后不得混交。

一、如滥交板文者，察出将本名扣除。其膏伙，挨给下名支领。

一、书院兴建已久，或有损坏，值年董事不得擅行修理，须于大利之年，由稽查董事集众妥议，另举办理。

一、所置店屋，每月税钱原比民产减收，须于招税时，先与该佃户约定，若店屋损坏，该佃户自行出钱修理，不干书院之事。异日若要别税，旧佃户不得借口索贴刁难。

一、每年定额之费，俱有旧账可查，值年董事可照旧开发。

此外如有别用，应由稽查集众议定，方准开销。

一、书院账目，交各典铺轮掌。所有利息租钱，应归管账者收存。若有抗税，报知董事，鸣官究追。值年董事若要开费，须向管账支取，随时报明登记。值年董事不得擅行收钱，私自开账。

一、每年正月初间，旧董事将全年所用经费，着管数者逐一造折，报金门分县，由分县转详道宪存案。另抄一纸付稽查同核，然后榜于书院讲堂，凭众公核。如有混开等弊，值年稽查有失察之咎，与董事、管账三人分别赔补。其接办之董事，定正月十五日即将账簿、契据及用余之项，与新接管账者公同交收。

一、院中所有置买椅棹器具，皆填明一簿。至交账之日，将此簿、器具移交。新董到院，逐一查点收清。如有遗失，董事与院丁分赔。

一、原定官课、师课各八期，近因后塘诸乡续捐充入生息，每年添考师课一期，合共十七期，不得短考。

一、董事出缺，由稽查传集各绅衿公议妥举，请官存案。

一、嗣后若有存项，应配入典商生息，或典买大街店业，不得擅买偏僻店厝。稽查、董事亦不准擅自出借，以致利息亏欠，经费不敷。如违，着该稽查、董事罚赔。

一、每年延聘山长，由值年稽查、董事集众妥议，由值年董事送关。如有官荐，亦须公议妥洽，然后送关。不得支取干束脩，粉饰从事。但现时束金无几，以致山长不能久住。俟经费宽裕，议加每月薪水可也。

## 书院每年费用条目

一、山长束金每年一百二十圆，平七十九两二钱。挑工并轿船钱一千文。下马饭、下马筵各开钱三千文，开馆、散馆俱办筵钱三千文。跟丁赏钱四千文，水火夫工钱二千文。

一、值年董事轿仪及管账、院丁辛金计共三款，每年各支九圆六角，平六两三钱三分六厘。

一、春秋两次祭丁，俱开银一十四圆，平九两二钱四分。

一、祭文昌、魁星、朱子，俱开钱三千文。

一、祭鲁王墓费钱四千文。

一、书院奎阁油火钱每月共六百文，全年共钱七千二百文。

一、每期月课发榜额，取生、监超等共六名，每名膏伙八百文；童生上取共六名，每名膏伙八百文；中取共六名，每名膏伙四百文。又新、旧生第一名各领赏给二百四十文，第二名、三名各领赏给一百六十文。合共每期给钱一十三千一百二十文。

一、七月普度费钱八百文。

一、拾字纸工资，每月钱一千文，全年共钱一十二千文。

一、科、岁考，入泮贺仪各六十圆，平三十九两六钱。五贡贺仪六十圆，平三十九两六钱；中举人贺仪一百圆，平六十六两。进士贺仪一百二十圆。

一、乡试卷资四十圆，平二十六两四钱。

一、值年监院轿仪四圆，平二两六钱四分。

一、分县礼房笔资六圆，平三两九钱六分。道礼房笔资四圆，平二两六钱四分。

## 石刻捐资姓名

儒林郎吴献卿捐银四千圆，内交现银二千圆，又二千圆交缴典买店屋十六坎存账。

州同吴学元捐修学舍、建置器具，共银四百圆。

金门总镇府郭继青、阳江总镇府文应举、监生许德彝各捐银一百圆。

署闽安协总府林廷福、林仁风、童双兴、丘源发、薛德裕、童金兴、李恒升，董林乡、后水头乡各捐银六十圆。

礼部员外郎郑用锡捐银五十圆。

古宁头乡捐银四十七圆。

珠浦丛青轩许氏、薛德成、董和胜各捐银四十圆。

又监生欧阳世长、黄光士各捐银三十圆。

洪崇宪、颜日观各捐银二十四圆。

盘山乡上保捐银二十二圆，下保捐银十八圆。

监生蔡行猷、魏崇文、林贞烈、许允登、傅梓生各捐银二十圆。

许源成捐银十四圆。

乡宾刘希胜、庄从观、许文斌、洪尔祖各捐银十二圆。

生员黄道衡、监生丘希功、黄鹤算，河图许萃轩、许源兴、薛允华各捐银十圆。

监生许成凤、许振成、蔡简观、许广兴、林冰忠各捐银八圆。

黄次观、陈汉观、协茂号、方燕享、傅夏老各捐银六圆。

监生黄箴爵、集兴号、陈成兴、黄振源、周岱老、黄梧观、振泰号、郭利丰、林秋香、林阵观、吴正乾、郭一壶、叶合兴、郭尚锦，林荫观、叶合顺各捐银四圆。

平林聚奎社续捐银二十圆，徐家续献浦边园四丘、田一丘。

## 附　录

### 洪受《兴复浯洲书院议》

浯洲在胜国为弟子员者，不知其几。然有书院而又有赡士之租，亦见有司者之加意也。闻之故老，当时书院有学官一员，以主其事。今址尚在，宜讲而兴之。

盖浯在今时充员于黉宫者百有余人，而地瘠业薄，贫寒者多，鲜有能造学而肄业者。加以风波之险，出入之际，往往难之。故有一年一至学者，亦有二三年而一至者。苟于县学分教请得一员，常在书院，群一洲之书生而时授之业，则耳提面命之下，自有日就月将之益矣。且古者县令之于民，犹父兄之于子弟，循行劝课，皆常事也。至于读书而亲正句读，陈伦行而亲至其门，皆以其地之便故耳。今浯洲隔海，令长任满而去者，未尝一托足焉。而民风恬退，不喜华竞，虽有乡宾之请，亦无有应其礼以至县庭者。如得学官于书院，则可以代行其典礼，而孝子、悌弟、贞妇、烈女，皆可得而祭也。且古所谓“乡先生殁则祭于社”者，浯洲固有其人焉，但未之举耳。有书院，则立祠有其地；有学官，则主祭有其人。岁时之间，率子弟以行礼，则人自知敬学，而兴高山仰止之思。其于风化之助，岂小也哉！幸留意焉。

## 巡道倪琇《浯江书院碑记》

金门，人文薮也。其地为紫阳过化，历代显宦、名儒先后接踵，科目尤甲一邑。国朝登巍科、隶仕版者，更不乏人。斯地灵之独钟乎？抑亦庠序之培植风厉有以基之耳？

考志乘，雍正二年设金门所社学，其书院之权舆，顾故址湮没。乾隆四十五年，始建浯江书院，监生徐行健董其成。复有职员黄汝试捐膏伙二千金，惜殁于晋江令。是以堂构虽新，膏伙缺如。会立斋杨公权总兵事，与绅衿林文湘、许鸣镳、林寅、文成章、林如镛、许飞雄、许作义、黄廷珪、林焜熿、陈省三、王星华、许朝英议劝捐。乡彦吴献卿者，承父琳公志，捐洋银四千圆，为膏伙资，计现银二千，店屋估抵二千。其子学元又捐银四百修院舍，诸绅衿续捐银一千五百余元。事闻于余，余喜，以为前此虽有社学而未有课赏之规也，虽有书院而未有膏伙之设也。成兹举者，良足嘉矣。因奉大宪章酌配典商，按季收息，并令绅衿议定章程，通详报部，为经久计。

是役也，非余之振兴，乃杨公之怂恿与吴家之乐输。然非诸绅衿之踊跃从事，亦不能相与有成也。因绅士之请，欲寿贞珉，为记其颠末。至捐题芳名，另勒一石。

## 巡道周凯《浯江书院碑记》

金门书院，宋有燕南，元有浯洲，明无考。今日浯江，因国朝乾隆四十六年前移通判驻马家巷，虚其署，岛中士黄汝试购为书院，祀朱子先儒。后设县丞，县丞欧阳懋德至，谋于众，仍前署，就署西义学改建焉。徐行健董其成。汝试愿捐银二千为膏伙，寻卒，其子如杜以海澄田充之。讼于府，断如数，输银存晋江库。久之被没，田亦失。嘉庆间，县丞李振青捐银为祭祀资。道光元年，兴泉永道倪公琇以文劝，众绅士鸠賨钱一千算，吴献卿捐賨钱四千算，子学元又捐四十算，膏伙始具。牒大府，由道延师课艺。

书院在后浦乡，前为大门、仪门，中为讲堂，后为朱子祠，祀先儒。东西廊凡十有八斋，中厨皆备。余继倪公任督课亦六年矣，为记其原始，并书前后捐输姓氏于他石。

道光十六年五月□□日记

## 社　学

**湖山社学**　在十七都。

**平林社学**　在十八都。

**丹砂社学**　在十九都。府县志云："国朝定鼎后，久废。《沧浯琐录》以为宋时设。"

**后浦社学**　在东门。名上学。

**浦边社学**　名下学。雍正二年奉文设立，今废。

## 育婴堂

金门育婴堂，在后浦县丞署西。道光二十八年八月，金门县丞李湘洲、金门镇右营游击钟宝三与绅士林焜熿、薛师弼，蔡涟清等倡建。至同治元年落成。前后两进，堂中祀子孙娘娘（附祀李公禄位）。所有章程，皆效泉州规条而损益之。官绅各捐项置业，以充经费。后以婴多费少，几乎不继，幸有布政衔叶文澜肩其事，筹项接济。又将女婴陆续拨入厦门育婴堂乳养，以分其力，皆绅士薛师弼经办。兹将堂中规条、经费开列于左［下］。

## 金门育婴堂规条

一、凡抱来婴女，须报姓氏、里居，登簿存查。如不欲著名置婴路旁者，当书明姓氏、八字系于婴侧，俾路人并字抬交。其旁人救来送局，在十里内者赏钱六十文，二十里外赏钱一百文，本街抱来者赏钱二十文。本生父母抱来，自无受钱之理；冒领者，查出究惩。

一、女婴寄养乳妇之家，不雇入堂内，以杜弊端而省费。

一、乳妇工资另给钱一千文，分作初一、十五二期按号发给，不得借支。领钱时，将婴抱验。如不用心乳哺致面黄肌瘦者，罚扣工资百文；下月如能复原，赏还。

一、堂右有转斗一个，若奸生子女畏人知者，由此抱送。

一、婴孩有疾，乳妇家当速报明局中，请医调治。不幸夭亡，亦即到局报知，以便董事亲验，取埋扣账。如有违延不报而擅收埋、冒领月资者，禀官拘夫男究惩。

一、远近居家，愿领为义女、苗媳者，准具领字，托端正有家身之人及殷实店铺取保，亲到育婴堂报明里居、姓氏。若欲为媳，声名配合伊男某名、年几岁，登账存查。堂中给公照付执，以当婚帖。不取身价，并给随身衣裙。领去后，如有转卖及作婢者，查出禀究。

一、领去女婴养为苗媳者，配合诸事有本堂分照为凭，本生父母不得干预争执，以杜串诈诸弊。惟婴女长成，本生母子要相认者，许其到局查明姓氏、里居。

一、生女之家，苟不能割爱仍愿领回自养者，听之。若已被人领作义女、童媳，不允给还。

一、媒婆人等能将局养女孩说合与人领作女、媳者，每一口赏钱一百文。

一、乳妇一人准育一婴，不得兼收并育，以致抚养不周。

一、婴孩初收时，给予布帽一顶、布衫二件、布裙二件，寒天加棉袄一件。四个月后加裤二条，周岁后加鞋、袜各一双。由堂制买发给，不准乳母领买。

一、婴女如有未经领去者，限至八岁，即为央媒择配。

一、仿泉州育婴堂募捐之法，分作总捐、日积、抽厘各款。如有力之家，可以成数交明，则用总捐之法。其大小铺户，本街计有二百余间。其中亦有殷实，听其量力总捐外，每间生理各给竹筒一个，权作按日施舍，或定每日积贮一二文、三五文不等。每至月底，由堂中发单，该堂工人持单走取，此用日积之法也。其典商，除总捐外，每月仍如各铺户先题定月捐若干，亦于每月底持单走取。又厦门、同安二处渡船，亦先题定月捐若干，亦由堂工于月底持单走取，此用月捐之法也。其客商行郊，就货出入，酌抽丝毫，应由该行郊劝收，交局中董事，随时给予收单，发账拨用。又南门出入口岸挂验商、渔船只，于铺保持牌挂验时，南北船只每只劝捐钱二百文，台、澎船只每只捐钱三百文，由铺保随牌缴局，给与收单，则用抽厘之法也。

一、文武衙门，除各总捐外，各于本署立案，每月月捐钱若干，预于捐簿题定数目，每月底由董事送单请发。

一、总捐如有存贮，应将银行利一分寄典商生息，立借字手折，逐月董事赍折收利，或置买店屋园地收租。

一、堂中银钱，除成数另行生息置产外，其月收、日支现存银钱，应做木柜一个存贮封锁，寄放当店，以便随时开发取用。每月底，由董事交接时核账盘查。

一、捐助不拘何人何物，不论银钱些少，听其到局投柜。或一布一棉、故衣旧被、五谷药材，有可为婴儿之用，均可施济，以及妇人发心乳哺、医生疗病、裁缝成衣不受工资，均系阴德，听从其便。

一、局中账目，月终用原、收、出、存，日查月结，由董事核对明白，即责成专管账目之人，照造四柱清折，呈送分县衙门，通报上宪察核。房书不准花用笔费。

一、堂中事务，由董事公请老成明白、字算清楚之人，日夜在局中专管诸事，并书笔墨登记账目，月给工食二千二百文，纸札钱八百文。又雇诚实可靠佣工一人，日夜在局，专司看堂洒扫、神前香烛，差取捐资及一切杂差，月给工钱二千四百文。又雇诚实老妇一人，司验乳汁、抱婴付养、领婴付人，月给工食一千文。又神前油烛香火，董事到局稽核账目；又茶水柴炭，准管账人开销钱一百文。以上各人，务必常川在堂，倘有疏懒作弊，查出公辞另请，以专责成。

一、公选医生一人，专医女婴。每年三节送礼，共银三圆。

一、嗣后若生女故意扼溺，定按《故杀子孙律》，查出闻官究办。如系初生自死者，应投局报明，免地保诈索。

一、应救女婴，以初生为准。如生养多日始抱来者，不受。

一、尼姑、娼优一切杂流，不许混冒领养。其生疏难凭者，须有引进中引。倘数年后鬻入娼家，查出送官究治。

一、如有人求名、求寿、求嗣，发愿买救命若干，听其到神前贴白，愿救几命，将所费陆续交缴。候愿满之日，将白勾完存局，榜示闻众。可两人共行，可一人独举，可量力而止，可计时而为。较之刻文印送，其行事尤为着实，获福更靡涯矣。

一、查福州育婴堂，废疾拨入普济堂，给与孤贫日粮。现金门并无此堂，俟临时由董事酌议，不得令其失所。

一、每月朔、望两日，董事赴堂核查，分任其事，俱系自己发心行善，不取堂中分毫之利，以杜旁挠谤毁之端。倘有应议事务，须会同斟酌，不得专擅。

一、在堂家司什物，充置后登明底册。日久损坏，注销另备。不得任意作践，私自借用。倘有遗失，管堂者赔偿。

## 附 录

### 李湘洲任金门县丞时与绅董林焜熿共勒《育婴堂碑记》

天地之大德曰生，生机盎满磅礴，不可以有窒也。溺女，盖窒之甚！闽南风气，生女溺者多，金门尤夥。余下车，心恻焉！思有以拯之。会游戎新迁参戎鉴堂钟公得泉州育婴堂条规，持谓曰："君得毋意乎？"阅之，法良善，喜剧，亟捐廉，议建置。白镇帅施公，亦捐廉倡。牒大府，集绅士，择署西隙地，规创基址，召匠选材。经始于道光二十九年春，中间以资费不继，旋辍。迄咸丰纪元春日落成。中辟厅事，上下房四，东西夹室二；中为露庭，入外门一小厅。东偏耳房之外，有窄壤可作爨所。厅之后，旷地宽广，仍可架室，力未暇也。縻金钱若干贯，首尾三年始成，可不谓难哉！

虽然堂成矣，经费告绌将奈何？余又捐制钱百二十贯，贡生蔡涟清，监生林可远、周茂川亦各捐百贯，诸生又散捐若干，市山园、购瓦屋、配生息，月收税供用。仿泉州规条少变通之，自文武官暨商家、船户，月捐有差。以四月二十一日迓神入祀，雇乳母，始收婴，诸供役人及一切器皿俱备。向使畏难中止，谁相诘责？顾心不自安。屈指三年中，韶光荏苒，余之苦心区处者，盖梦寐以之矣。暇时尝谓诸生曰："使堂未克成，余或有迁调，亦必驻蒇事然后行。乃幸以同志诸生力，相与有成。"成不数日，适大府奏迁知同安县事。或虑其竟去，余又语之曰："老夫宦迹苟不离闽疆，即远亦得顾及，况同、金隔衣带水，朝发夕至，忍令功败垂成哉？"此又余眷注诚心，庶几共相鉴谅耳。夫知为之难，则所以力保而善其后者，宜何如其矜重恳至。余不敏，其必有什倍余者拓而充焉，经而久焉。继继绳绳，生生不已。无窒天地生机，是在董其事之善为经理，而又深致望于后之君子云。爰记其颠末如此。捐题姓名，别刊诸石。

## 林焜熿《劝建金门育婴堂疏》

昔子舆夫子有云："禹思天下有溺者，由己溺之也。"又曰："天下溺，援之以道。"盖值战国时，人心陷溺，故为危言悚论以拯救之，而岂料后世竟实有是境耶？又以呱呱者而遭是境，挤之者即在所生之人耶！噫！世风不可问矣！而闽以南为尤炽。

迩来列宪劝捐育婴之费，募建育婴之堂，各处乡先生以及富而好礼、勇于为义者，莫不实心实事以共成兹善举。自省城至泉、漳诸府，下及厦门、安海等处皆有之，而金门独缺如焉，实绅士家之羞，抑亦官斯土者之责也！夫金俗昔称醇朴，家诵户弦。近虽渐习刁悍，而一经官绅化导，莫不烝烝然革薄从忠。独溺女之风犹存，而救婴之事未举，窃心焉戚之！适二尹李公与右佐戎钟公皆仁心为质者，以此事商焜熿，随集诸绅耆、廪生许朝英、许瑞瑛，生员许春奎、许察、吴漪澜、黄道衡、许国华，职员蔡镇邦、林韶华、薛师弼议劝捐募建事。

初或疑其费浩大，其地褊小，恐难以告成。既而思之，不然也。夫地既不广，则婴必不多；既不多，则费亦有限。但令以实心行善事，或总捐，或岁捐，或日积月捐，或抽厘之捐，或许愿之捐，能得数百金以盖造房屋，能每日得一千制钱出息以佣乳妇，以给稳婆，以赏媒人，以酬管局之劳及局中应用之费。依上年泉郡育婴堂规条斟酌而损益之，便可不日成而久远行焉。其条规附填于左，俾捐题者览之，知善心易遂、善事易举而无难以喜舍乐施。且夫施舍者，大抵出其余资，向冥冥中买些福泽而已。如令相率捐题以襄兹盛举，其视畀丐乞、给优伶所买福泽何如也？其视塑神像、修庙宇所买福泽又何如也？所望随分而施，勉力而舍，勿错过此善缘，以自丧其福泽。至于埋溺之可怜，遗弃之可悯，士君子目击其状，未有不心知其惨。而若报应之速，载在往籍，可无烦以言赘也。是为之序。

# 金门志卷之五

## 兵防志

金门一岛，屹立外洋，与厦门镏五店桴鼓相应，声势联络，为漳、泉二府海口要地。东接台、澎，呼吸可通。其有系于东南沿海大局，正匪浅矣。前人相度要害，特于料罗重集兵船，以资防守。国初当事诸公，几经筹画，以为后浦地势包藏，港道深稳，可以进战退守，并设三营，而以总兵莅之，与游、守分哨梭巡，俾顾外洋全局。今值海不扬波，无庸虚糜正帑，于是或移或撤，仅存一营。然而山川如故，基址犹新，倘不笔之于书，何以备后人因时制宜之用。爰考旧章、稽营册，参以各家之说，为《兵防志》若干篇，而以《沿海略》附焉。

### 明兵制

明金门守御千户所差操、屯种旗军，旧额一千五百三十名。万历时，存操海军六百十八名，（万历四十年《县志》载：现食粮六百二十六名。）屯种军七十四名。（《闽书》）

屯田三十五顷三十亩，在龙溪县南二十一等都。旗军一百三十名。（《府志》）

教场在所城北门外，营房八百六十间，在所城内。军器一千七百四十二件。今无存。（《沧海纪遗》）

军储仓大使一员，攒典一人，管收支米。斗级额编三名，万历间裁一名。应役二名，其一名扣银充兵饷。除本县原派折色米银一千三百二十七两九钱六分四厘零，内解府给军银八百二十七两九钱六分四厘零，又解司备饷仓剩银四百七十两、协济昌平州马价银三十两外，该本色米二千四百五十石，每石改折银五钱五分，其五钱解府给军银一千二百二十五两，其五分解司备饷银一百二十二两五钱。浯洲场盐课折米银七百四十八两八钱四分零，解府支给本所官军俸饷。弘治十三年，以浔、洒二场盐引折米分纳金门等所仓，给官军月粮。嗣又奏准以晋、同二县盐场将米折银，分充金门等仓军储，本所自征屯田本色米三百七十八石。今仓废，员役俱裁。纲银杂辨银七十三两一钱六分四厘，于官军年米五千六百二十八石，内每石扣银一分三厘供应。（《沧海纪遗》）

洪武二十年，周德兴置官澳、峰上、田浦、陈坑、烈屿巡检司。每巡检司从九品巡检一员，司吏一名。每司原编弓兵一百名，工食兵名皆七两二钱。嘉靖三十九年，以兵兴裁减三十名，扣银改布政司充饷。嗣又裁减五十名。四十二年，各司只留十二名，以备哨探盘诘。万历九年，陈坑、田浦并司裁革，峰上存三十八名，官澳存三十二名，烈屿存一十九名。（《府志》、《沧海纪遗》合参）

洪武初，立保障法，盐、灶户丁率十丁为一户。九年抽军，全户抽一充留守卫军。军亡，勾取灶丁继补。二十年，置守御所。抽入户三丁取一，大约以千一百二十名为千户所，一百一十名为百户所。每一百户，设总旗二名，小旗十名，大小相维，编成队伍。其巡检司点丁粮，相应为防倭弓兵。后池显方议转冲锋之师以守金门，革冲锋之领以归钦总。每汛拨二捕船于澎，以侦贼出；拨一哨船于金，以御贼入。嗣又议以左游出汛，巡浯洲等处，右游出汛巡金山、官澳等处。嘉靖、万历间，以料罗为海中冲要汛地，浙兵、浯屿兵、泉州水寨兵皆哨汛屯札焉。此以他部兵哨防本所者也。明季设水澎标，分金门兵哨汛澎湖，驻防瓦硐港铳城。此以本所兵哨防他部者也。（《沧浯琐录》、《晃岩集》，隆、万间《府志》、《台湾志》合参）

# 附　　录

## 节池显方《与蔡体国书》

近欲周梓里，窃抱杞忧。如澎湖之不必多兵，先人曾与许敬庵中丞言之；鹭门之当设钦总，先人曾与黄中丞言之。今欲加路将，裁浯澎。游将之巡既暂，名邑之权不尊。泉绅爱其门户，既假浯屿于石湖，复借路将于郡内。泉视同为唇齿，同视鹭为咽喉，奈何以春秋半驻之将、名色一枝之师而支吾牖户者？

愚以为路将可设，钦总不可裁。漳有二，泉惟一可乎？澎湖可移冲锋，不必另总。昔辖二，今无一可乎？则惟转冲锋之师以守金门，革冲锋之领以归钦总，则钦总之寄仍重，鹭岛之枕可安，路将之丁健有出。二钦并峙，两翼互应，每汛拨二捕船于澎，以侦贼出；发一哨船于金，以捍贼入。头目遮固，臂指运闲，策之最上者。浯澎陈君莅任以来，汛海不波。今惜地则不可裁，惜人则不可调。冲锋既为旧部，则合并固非蛇添；金门既属原辖，则统摄又非马腹。如以柳易播，则不如仍旧职之便；如舍湜求白，则不如仍旧人之便。或加闽司而为路将，裁可也；或并冲锋而归浯澎，勿裁亦可也。

## 节池显方《与阙褐公书》

浯、铜旧一总，近以地远难驭，分为二游。左游辖自旧浯屿至镇海、崎尾，右游辖自刘五店至官澳、围头。上达泉界，下抵漳封，犄角互牙，最为善法。第舟一日不在汛，则起萑苻之窥；总一日不在舟，则生哨捕之玩。今二游、总皆驻中左，逢汛暂出，虽历难周。若寇过洋，既乏狼烟之报。及舟驰救，徒为马腹之鞭。合无令左游收汛驻旧浯屿，出汛巡浯洲等处；右游收汛驻刘五店，出汛巡金山、官澳等处。游击住中左，带泉标游一枝，稽察两路，庶外洋之声息易通，内地之藩篱益固矣。

又同安田窄烟稠，贫民以粤籴之通闭为丰歉，富人以米价之高下权奇赢。当炊玉之时，而富者之悭甚于惠、潮。故谷值日腾，乃储糈独少。县仓有谷而未盈，高浦、金门二所有仓而无谷，中左所无谷并无仓。古者三年收有一年之蓄，今者数年蓄不足支一年[①]之饥，况无蓄乎？合无于实者增之，虚者补之，谷艘常通，长纳如坻之粟。丰年必积，永存不涸之仓。此足食之先几，救荒之上策也。

## 国朝原设水师镇标营制

原设援剿右镇总兵官，康熙十九年改为金门镇总兵官。标下中、左、右三营，兼辖铜山、枫岭、云霄、诏安、海澄五营。后将铜山、枫岭二营改归福宁镇管辖，云霄、诏安、海澄三营改归漳州镇管辖，本镇只领标下三营。康熙二十七年，裁去中营。嗣又兼辖闽安、铜山。嘉庆间，闽安改归海坛镇，铜山改归南澳镇，仍专辖左、右二营。(《会典营册》)

总兵官一员，驻扎后浦。

中军游击兼管左营事一员，驻防后浦。守备一员，驻防后浦。(康熙二十二年裁，二十七年复设。)千总二员，把总四员，(原三员，康熙五十七年增设一员。)外委千把总九员，额外外委四员。

右营游击一员，驻防后浦。守备一员，驻防后浦。千总二员，把总四员，外委千把总九员，额外外委四员。

左、右营现存实额步战兵各四百零五名，守兵各五百零五名。左、右营现存新添水战兵各五十六名。(原一千名，陆续裁，存今额。道光年间，议以奉裁未尽者，合厦门五营，凑足二百名，作为金门额兵，驻防嵵口。)

---

① 一年，原作“数年”，据台湾文献丛刊本改。

# 附　录

## 林氏《浯洲见闻录》

康熙十九年间，提督万正色克复金、厦，筹善后策，奏自料罗乌山头至金门港须兵三千。于是设中、左、右三营，每营战、守兵各五百名。二十三年，每营抽出战、守兵各五十名，拨归澎湖。明年，每营又裁战、守兵各五十名。二十七年，裁去中营。所遗兵匀归左、右两营，每营战兵各六百名，除舵工、炊粮十五名，每营守兵各五百八十五名。三十五年，每营裁去战兵四十八名。雍正五年，每营添设外委九员。乾隆二十七年，每营添设额外四员，俱食步、战兵粮，实在战兵五百三十九名。四十七年，武职议给养廉，其随粮改募实兵，奉裁战兵八十八名。又公粮改为公费，奉裁守兵各三十四名。五十四年，各裁战、守兵五十名，拔戍台湾。嘉庆四年，左营裁守粮三十份，右营裁守粮二十八份，改为加给舵工炊粮。八年，各抽出战、守兵十五名，舵炊三名，拨归三沙。十六年，各裁战兵十一名，守兵十三名，拔戍台湾之艋舺。两营共存战、守兵一千七百三十八名，内弓箭兵各一百七十二名，鸟枪兵各五百一十二名，藤牌兵各八十七名，大炮兵三十六名。舵工各二十三名，字识各三十六名。此现存之兵额也。先，嘉庆十一年以剿海盗蔡牵、朱濆，两营添募新战兵一千名。二十二年，即裁二百二十八名，拨归天津。嗣又陆续裁汰。道光年间，回疆用兵，又复裁减两营，现存百十二名。䃅口改隶金门，议就金门两营及厦门奉裁未尽者凑足二百名，作为金门右营额设，驻防䃅口。窃以金门孤悬海岛，东达澎湖，北至湄洲菜子屿，与海坛连界。南至将军澳，与铜山营连界。上下四百余里，洋面辽阔，港汊纡回，汛防布列，在在需兵堵御。如遇戍台班政之年，每起每营换兵一百十四名，拨往之兵已经起程，换回之兵尚未内渡，重洋往返，动需时日，存营兵实为无几。凡出洋缉捕、护饷、载班，水陆各汛巡防差遣派拨，不无掣肘。察度洋面地方情形，实有难再行裁汰之势也。

## 官兵俸饷

总兵官：年俸银六十七两五钱七分五厘有奇，薪银一百四十四两，蔬菜烛炭银一百四十两，心红纸张银一百六十两，马干银一百九十二两，养廉银一千五百两。（乾隆三十八年，各官空额随丁改作养廉。）

游击：年俸银三十九两三钱三分九厘有奇，薪银一百二十两，心蔬七十二两，马干七十二两，养廉四百两。

守备：年饷银一十八两七钱五厘有奇，薪银四十八两，心蔬二十四两，马干四十八两，养廉银二百两。

千总：年俸银一十四两九钱六分五厘有奇，薪银三十三两三分四厘有奇，马干二十四两，养廉银一百二十两。

把总：年俸一十二两四钱七分一厘有奇，薪银二十三两五钱二分八厘有奇，马干二十四两，养廉九十两。

外委千把总：各食步战粮，年加廉一十八两。

额外外委：食步战粮。

步战兵、新战兵，每名月支银一两五钱。守兵，每名月支银一两。不论战、守新兵，每名月支米折银一钱五分，本色米一斗五升。惟左营拨防崇武、祥芝、深沪、黄崎等汛之兵二百八名，月支本色米三斗；右营拨防围头汛兵三十五名，月支本色米亦三斗。年共需米五千四百八十八石四斗。左营月支厦防厅米百十四石一斗五升，支马港厅米二十石一斗，支惠安县米四十二石三斗，月支省城道库米折银一十四两一钱五分；右营月支厦防厅米百四十石一斗，支马巷厅米十石五斗，月支省城道库米折银百四十两一钱。又有恩颁生息银，每遇营兵丁丧，支银四两，名白事；嫁聚支银三两，名红事。惟新战兵旧未有红、白赏银，遇本兵丁丧，就新兵饷内摊捐佽助。道光年间，新兵移驻嵡口，照例议给红、白银。所有粮饷，俱由金门县丞监放。至换班戍台者，分为头、二、三、四等起，三年更番轮换。共外委额外十三员，共兵一千一百名，每名月支眷银二钱二分七厘四毫，眷米一斗折银二钱，按季赴司库承领。

左、右营赏号银年二百两，役食银百八十六两。

左、右营原领存谷价银二千一百五十两。

## 战船马匹

**左营战船**（乾隆间，原赶缯七只，小赶缯一只，双篷艍八只。嘉庆五年，添造“胜”字米艇船五只。道光二年裁。）“金”字号同安梭船七只，“捷”字号米艇船一只。（嘉庆十一年添造二只，道光二年裁，存今额。）“集”字号大横洋船一只，大小八桨船二只。

**右营战船**（乾隆间，原赶缯七只，双篷艍九只。）　“汤”字号同安梭船七只，“成”字号大横洋船一只，“胜”字号米船艇二只，（原五只，道光二年裁，存今额。），“捷”字号米艇船一只，（原二只，道光二年裁，存今额。）大小艕船二只。

左营各官自备坐马三十八匹。

右营各官自备坐马二十二匹。

## 较场军局

**大较场**　在后浦东南社外（即外较场）。

**小较场**　在后浦东门内（俗号观德堂，即内较场）。

**内箭道**　在总兵署内东偏。

**左、右营军器火药局**　在后浦西门。花素铁盔甲九百九十六顶副，弓箭二百八十副，鸟枪一千五十二杆，藤牌一百八十二面，牌刀三百一十二口，腰刀一千七百零八口，双刀带手八十四把，大踢刀三十八把，长枪片刀七十枝，割潦刀一百三十四枝，竹篙錍五百零三枝，斧锹镰镢四百把，战箭万四千九百二十条，大旗四十四面副，布头布顶十四架，布战被二十四领，布夹帐房百架，号褂六百身，号帽八百顶，号褂字补千五百六十八副，滚衣二百身，火攻衣百六十身，铜锣锅百十八口，火药万三百四十余斤，铅子七千八百十六斤余，大小鉎铁子万五千七百七粒百九十六斤余，中小鉎铁子万一千九百七十八粒，铁母子炮二十门，铁百子炮九十一门，鉎铁炮三十七位，铁熕炮四十八位，行营炮十五门。

**左营水陆汛**　本营所辖水汛，南至晋江石圳，与本标右营水汛分界；北至香炉屿，与海坛镇湄洲水汛分界。陆汛在金门，西南临海，北至欧厝，与本标右营陆汛交界。又东北渡海至董水，与陆路提标石井汛交界。

**驻防金门汛**　配兵三百七十七名，安战船二只，桨船二只。配兵一百零八名，巡防诸汛。

**金龟尾炮台汛**　烟墩三座，大炮六位。外委一员，配兵三十七名。

**许坑汛**　配兵七名。

**平林汛**　配兵三名。

**欧厝汛**　烟墩三座，配兵六名。

**古宁汛**　外委一员，配兵十四名。

**双乳山汛**　烟墩三座，配兵八名。

**湖下汛**　配兵五名。

**烈屿水陆汛**　烟墩三座，外委一员，战船二只，配兵八十八名。

**大嶝汛**　外委一员，配兵十五名。

**小嶝汛**　配兵五名。

**董水汛**　配兵五名。

**分防晋江深沪水汛**　所辖有乌浔、永宁、东店等小汛。外委一员，战船一只，配兵三十五名。

**分防晋江祥芝水汛**　所辖日湖、蚶江、后渚、径边等小汛。千把总一员，战船一只，配兵三十五名。

**分防惠安崇武水汛**　所辖大岞、獭窟、臭涂、下垵等小汛。千把总一员，战船二只，配兵七十名。

**分防惠安黄崎水汛**　所辖小岞、辋川、峰尾、沙格等小汛。

外委一员，战船一只，配兵三十五名。

**右营水陆汛**　本营所辖水汛，北自晋江石圳，与本标左营水汛分界；南至南碇以外，系本营所辖漳州地方。陆汛在金门，北至陈坑，与本标左营分界。东、西、南三面临海。

**驻防金门汛**　配兵三百六十三名，战船二只，澎船二只。配兵一百四十八名。

**料罗官澳水汛**　千把总一员，战船二只，配兵八十五名，巡防诸汛。

**料罗炮台汛**　烟墩三座，配兵三十三名。

**陈坑汛**　烟墩三座，配兵八名。

**峰上汛**　烟墩三座，配兵八名。

**田浦汛**　烟墩三座，配兵十三名。

**西岑汛**　配兵五名。

**青屿汛**　配兵五名。

**官澳汛**　烟墩三座，配兵十名。

**西黄汛**　配兵五名。

**金山港汛**　配兵五名。

**刘澳汛**　配兵五名。

**分防晋江围头水汛**　外委一员，战船一只，配兵三十五名。

**分防海澄镇海水汛**　千把总一员，战船二只，配兵八十五名。

**分防漳浦井尾水汛**　外委一员，战船二只，配兵七十名。

**分防漳浦将军澳水汛**　外委一员，战船一只，配兵三十五名。

**分防漳浦箬口汛**　汛在漳州赤湖东南，原属漳镇左营积美汛管辖。距漳浦县城百余里，负山面海，左窥镇海，右望陆鳌；外瞰金门大洋，内通佛昙桥港，袤长十里许。村社稠密，地僻俗悍，结附近村为奸，捕急则入海，最称险要。道光年间，漳州道、府请调水师守备一员，建设兵房、衙署、墩台、望楼驻防其处。总督孙尔准檄下水师议覆，提督刘起龙、金门总兵陈化成议，守备有兵马钱粮专责，势有未便，请照巡洋例，以金门右营游、守分班轮驻，上半年游击，下半年守备。就金、厦奉裁未尽水战兵凑足二百名，作为金门右营额，设驻防，不轮换，听其携眷。遇有兵缺，即由金门右营募补，不募嵜口土著之人。拨千把总一员为专防，外委一员为协防。哨船二只，多桨快船二只，不足，就金门左营调拨。界以潮港中间为定，仍于嵜口、镇海适中地添建小汛一，曰山边汛。南距嵜口十一里，北距镇海九里。复于镇海、岛美适中地添建小汛一，曰髻山汛。南距镇海八里，北距岛美十二里。汛各安兵四名，就移驻兵调拨。

## 哨　　期

每年总兵官于二月初一日，就两营各汛拨出战船六只，配随官各一员，出洋总巡。例于四月初一日，北至涵江，与海坛镇会哨，督粮道到处监视。六月十五日，南至铜山大澳，与南澳镇会哨，汀漳龙道到处监视。八月初一日，再往北洋，与海坛镇会哨，兴泉永道到处监视。九月三十日，撤回。其十月、十一月，应左营游击出洋总巡。十二月、正月，应右营游击出洋总巡。

左、右营游击，每年二月起至五月止，带战船三只出洋分巡；左、右营守备，六月起至九月止，带战船三只出洋分巡。每月初六日驾赴围头，与水师提标会哨，石狮县丞到处监视。十九日驾赴湄洲菜子屿，与海坛镇标会哨。二月起至五月止，平海县丞到处监视。六月起至九月止，凌厝巡检到处监视。其右营每月十九日系驾赴陆鳌将军澳，与铜山会哨，盘陀巡检到处监视。每年十月至正月，左、右营将备照单、双月轮班出洋巡哨，单月游击，双月守备。

## 更　　堆

**北门堆**　一在真武庙前，一在丞署边，一在观德堂顶，一在围后。

**东门堆**
**南门堆**
**西门堆**　二。
**水门堆**

## 附　录

### 《啸云文钞》

闽地濒海，港汊丛杂，故水师以巡哨为急务。谨案功令，会哨岁有定期。水师提督抽拨十船，听南洋总兵调度者六，听北洋总兵调度者四。期满撤回，名为“跟巡”。而海坛、福宁二镇会哨于北竿塘，又与金门镇会于涵头港，金门镇与南澳镇会于铜山。至期，责成该管各巡道预赴会哨处所会印通报，并令各镇会哨事毕，仍回所辖洋面，为总巡。其各协营将弁，每月轮班出洋为分巡，仍于上下接界会哨，由各镇取结通报，法至善也。

然闽洋上通江浙，下达广东，其间又有南北之分。如南澳镇之云盖寺以上，谓之南洋。每岁夏秋，匪船多乘南风，自粤来闽；闽之匪船，必乘冬、春往粤。宜于南澳、铜山、悬钟、镇海、浯屿、大担诸汛内外防巡，遏其趋捷。至金门镇之料罗、乌沙、官澳、安海、围头、峰上，皆为商渔停泊避风、汲水之门户，奸匪易于潜踪。再上，则永宁、深沪、祥芝、獭窟、崇武、湄洲、平海、南日诸港澳，向为奸匪勾引之区，尤巡缉之不可缓者。至海坛以上，谓之北洋。值秋、冬时多西北风，船之自南而北，必寄碇于所辖之鼓屿、磁澳间，俟风稍转，方能驶过南茭。春夏之时多东南风，船之自北而南，亦当寄碇东沙、白犬各洋面，以俟风顺再行。故磁澳、东沙等处，实为南北咽喉。又自白犬而上，则竿塘、定海、黄崎、北茭、罗湖，俱为闽安协所辖洋汛，皆有停泊避风、接济水米之处。再上，则福宁镇管辖之大金、三沙、俞山、烽火，至北关，为闽、浙界洋。每岁秋冬，匪船多自浙而趋闽；闽之往浙，多在春夏。苟能确按风信，实力巡防，则闽、浙相通之路，匪船不易往来，事半而功且倍之。

凡海汉之所分，各有内港。大者巨航可入，小者支分屈曲，非可遽窜。与其一一防守，不若审择要害，兵不费而寇可遏。近时土盗窃发，往往取间道突至为患。则所宜防堵，又不仅多巡要害乃可无虞，矧盗船初出，必且伪为商、渔，请给牌照。洋遇孤商，则劫货掳人，占坐其船；遇巡哨，则隐匿刀枪，呈验牌照。何从辨其为盗？然亦有人船两地，舵手异名，私藏禁物，载货不符，篷无书字，艕无刻号，牌照逾期，不换水手，但载十余人乃多至三四十人，询之指为搭客；违禁器械无所不有，诘之称为御盗。且船只给照，必先书写县号、船户姓名于风篷之上，及刻两艕以凭查验。若以布席遮掩其字，必将为盗，恐被认识指告耳。凡此形迹可疑，在在留心盘诘，无难弋获。今兵船出洋巡哨，盛为威仪，是先驱盗贼而使知避也。先君子常易服藏兵，假商船以为饵，或于风雨晦冥并舷偕泊，乘贼不意擒之。久之，贼将自疑其党，亦兵家用间之机也。后之有事巡哨者，宜留意焉。

## 《满汉名臣传》

雍正十三年，总督郝玉麟奏称南澳洋面岛屿歧杂，归海坛、金门两镇分巡，鞭长莫及，请以南澳右营、铜山洋汛俱改归南澳镇巡查，并拨金门镇巡船二归南澳。如所请行。

## 总兵林孙《营制议》

职闻鞭长不及马腹，绠短不汲龙渊。嘉庆十五年春，得王提军采咨，闽安、铜山营营伍向隶水提督，今新颁《中枢政考》载金门镇总兵驻札同安县，管辖本标左右营、闽安协铜山营。于是该协营改隶金门镇。惟查旧管营制册，内康熙十九年设立金门镇，管辖中、左、右三营。嗣于二十七年裁拨戍守台、澎，改为左、右二营，亦无载“管闽铜协营”字样。窃思管辖各营，必须界壤联络控制，方能得宜。今闽安相距金门六百余里，中间海坛镇隔断，其铜山距金门，亦有四百余里。水驿山程，往返维艰，不独遇有紧要文报迟误，且一切地方营伍事宜，询访难周，实多窒碍难行之势。似应如前镇所请，将该协营就近改归海坛、南澳两镇，庶控制得宜，不至贻误。事关营制，不得不冒昧披陈也。

## 国朝新改营制

同治六年，总督左宗棠奏请裁兵加饷。新定水陆营制，移金门右营官兵驻湄洲，移厦门提标前营官兵驻谿口。所有金门前辖水汛，酌量分拨提标湄洲兼辖。并将金门总兵暨左营游、守裁汰，改设副将、都司二员。其千总以下弁兵，亦裁去大半。兹将现额备列如左［下］：

金门协镇副将一员，驻札后浦，月支俸廉等银一百一十两一钱二分一厘零。中军都司一员，驻扎后浦，月支俸廉等银三十七两四钱四分九厘零。千总一员，月支俸廉等银一十六两。把总三员，每员月支俸廉等银一十二两五钱。经制外委六员，各支步、战兵粮，每月加支廉银一两五钱。额外外委四员，各支步战兵粮。

步战兵二百二十二名，每名月支饷银二两五钱五分。守兵三百一十五名，每名饷银二两四钱。舵、炊、稿字识、号令手六十五名，每名月支饷银一两。外额战、守兵暨舵、炊、稿字识、号令手，每月各领米三斗，折银六钱有差。

### 现配巡洋哨船

“刚”字一号艇船一只，“刚”字二号艇船一只。

“健”字一号艇船一只，“健”字二号艇船一只。

“捷”字一号小艇船一只，“普”字龙艚船一只。

### 分防汛地

祥芝水汛，官一员，兵十名。

深沪水汛，官一员，兵十名。

围头水汛，官一员，兵十名。

大嶝水汛，官一员，兵十名。

后浦汛，官一员，兵十六名。

金龟尾炮台、水头等汛，兵六名。

许坑、欧厝等汛，兵五名。

刘澳汛，兼辖西黄、青屿、官澳、金山宫等汛，兵五名。

料罗炮台汛，兼辖陈坑、峰上、田浦，兵五名。

古宁头汛，兵五名。

双乳山汛，兵五名。

烈屿上林兼湖下等汛，兵五名。

烈屿墓仔口汛，兼辖烟墩、青崎，兵五名。

### 哨 期

金门协副将所辖洋面，北至大坠南止，南至东碇北止。每岁上半年副将总巡，于五月十五日统带师船赴镕口，会同汀漳龙道监视铜山参将、厦门前营游击会哨。下半年都司总巡，系马巷通判提标后营游击监视，于八月十五日都司驾坐师船与提标后营守备会哨。

## 附 录

### 《诵清堂文集》

金门四面环海，所辖洋面七百余里，属汛亦多，在在需兵防守。乾隆间，裁去左营弁兵，以中营游击兼管左营事。盖一时权宜之计，尚存其名，将为后来议复地也。自同治五年制府以湄洲为贼艘出没之处，奏请将金门右营弁兵移设湄洲，并改金门总兵为副将，左营将备俱裁，但设中军都司一员、兵五百而已。夫湄洲地僻民稀，既为贼薮，则设营防守，非尽无益。然金门沿海要地，不无孤虚之患矣。

查金门之料罗，与台湾之鹿耳门呼吸相通，盗船时常寄泊，其为扼要之区，尤甚于湄洲。若额兵稀少，难资防范。愚以为宜就前裁之弁兵千余名中复留三百名，守备、千把总各一员，外委二员以守料罗；留兵一百名，千把总、外委各一员以守金门城。稽查海船出入，以顾海疆大局。于近时裁兵就饷、增饷练兵之计，固无甚损。若谓兵已奉裁，不便议复，则于中、左二营中已移之兵各拨回三四十名，又即所裁金门两营余剩月米折为兵饷，可设兵二百零名，共得兵四百名，统归协镇管辖调遣。无縻饷之虚而有守险之益，此两全之策也。且金门一隅，又不但关乎沿海大局，正以密迩厦门，互为犄角也。即如咸丰三年海澄会匪踞厦门，贼艘七十余只直犯金门，幸官绅协力，水陆夹击，摧败其锋。后官军收复厦门，实恃金门为进兵之路。况金、厦水师原为控制台、澎，不得不布置严密。诚以台地民情浮动，郡城与金门对渡，舟师可闻警立赴，彼五百兵何足应援！又查福建水陆各协标未有仅设专营者，如安平协与台镇毗连而设三营，澎湖小于金门、闽安，僻在内港，而各设左、右两营，额兵均不下千余名。乃金门孤悬外洋，尤为重地，而但设专营。倘副将带兵巡洋，都司一员留兵无几，安能内外兼顾而无疏虞之患哉？再四图维，唯望下采刍荛者，择前二说而酌剂行之，于洋防大计或者不无少裨乎！

闽之汛地，俱近外洋，非同安梭式赶缯船不可以攻大敌。盖赶缯之制，其蜂房、舨墙即古之楼船巨舰。敌舟之小者相遇，或冲犁之，横压之，敌既难于仰攻，我则易于俯击。然利于深水，若风潮阻难，不便回翔，亦不能泊岸，须假小船接渡。是以水师各营分配战舰，大小相资，其名曰“大横洋”，曰“大赶缯”，曰“艍船”。大赶缯之制，长十丈，广二丈，首昂而口张。两旁为舨，护以板墙，人倚之以攻敌。左右设闸，曰水仙门，人所由处；左曰路屏，右曰帆屏（泊船即架帆于此）。中官厅，祀天后。厅左右小屋各三间，曰麻篱。厅外，总为一大门。出官厅，为水舱。左旁设厨灶，置大水柜。水舱以前，格舱为六，迄大桅根格堵，乃兵士寝息所。下实米石沙土，以防轻飘。口如井，版盖之。桅高十丈，篾帆、律索、插花皆备。别有小舱二格，乃水手所居。头桅亦挂小帆，短于大桅。头桅前即鹢首，安碇三个。碇用铁梨木，重千斤；棕缅百数十丈，有铁钩曰碇齿，以泊船者。厅中格曰圣人龛，安罗盘（即指南针），以定方向。后曰舵楼，左右二小屋。舵楼右小桅挂帆，曰尾送。另备小艇一，曰杉板，以便内港往来，大船行则收置船上（船小即佩带杉板于船旁）。船中辑众者，曰管驾弁目（商船即主出海）；主操舟者，曰舵工；司爨，曰炊丁（商船即用总铺）；上桅理帆绳，司瞭望，曰亚班（亦曰斗手）；修整船器，曰押工；分司舵缭、板碇者，曰头目；佐事者，通曰水手；专任攻击，曰战兵；能出没水中，曰水兵。此同安梭式大赶罾制也。艇船之式，有单帆、双帆制，较赶罾差小。又有八桨小哨，以供里海哨探巡报之用，曰草鸟船。能狎风涛，行驶便捷。

按例，战舰三年一小修，五年一大修，十二年应拆造，俾海上冲涛激浪可恃无虞。届期，饬目兵驾赴各本营兵备道厂承收修造。工竣，移营结领。未及工限而损坏（修造之后，阁岸日多，浮水日少，以之守港则可，不任出洋追捕），则营员赔修。天灾风飓，准报补随修，经费皆有定例。各营战舰编号，“海、国、万、年、清、金、汤、永、固、纪”等字；其最大者，有集成字号，以备稽核。大要造船在主者留心，工匠遵法，尺寸合度，方可适用。其龙骨，每丈配大风檀，各有等差。然因时变通，又在乎人。船之承帆与否，在于八尺之宽窄；船之宜水深浅，在于起底之平或尖；船之冲浪与否，在于鸡胸之肥瘦；船之利水与否，在于收尾之或高或低。船身配长，则舵叶用窄；船身配短，则舵叶用宽。桅照水，则上缭宜松；桅钩后，则上缭宜紧。所谓分缭寸舵也。遇碇地澜泥，碇绳须垫草鞋，以防拖脱。风浪大时，缆须生根，以防断找。潮退时，须将船底翻起半面，焚干草，再以蛎灰涂之。战船月一燂洗，方无蛀患。至厂中修造，估价太廉，则板薄钉稀。况丁胥刻减，工匠取赢，工既不精，事何由济？故欲船坚，须加工料。监督之员必委勤慎，使工匠无敢串通，丁胥无从高下其手，则战舰得资实用矣。

## 沿海略

金门四面皆海，以后浦为文武驻札，距泉州府水程一百五十里，距福州府五百八十里。

**金龟尾炮台**　在金门镇西南。距后浦七里，距许坑三里，烈屿则唇齿相依，大担亦声援必及，与浯屿隔水相对，均为后浦辅车。贼泊浯屿，不得厦门，必由此而掠金门，哨守极要。

**许　坑**　距后浦八里，距欧厝三里。

**欧　厝**　距后浦七里，距双乳十里。

**双乳山**　距后浦七里，平林三里。劫盗出没要冲。

**平　林**　距后浦十里，古宁十里。

**古　宁**　左平林，右后浦。距后浦十里，湖下五里。与大嶝遥对，水途四十里。

**湖　下**　距后浦五里，距烈屿水途十里。

**烈屿水陆汛**　在金门镇西南海中。距后浦水途十五里，距小嶝水途三十里。屿周二十余里，大小山数十。唐时尝置牧马监于此（《方舆纪要》），与金门隔潮并峙。海上有警，则烈屿先受其锋。（《闽书》）

**小　嶝**　距后浦水途三十里，距大嶝五里。澳甲一名。

**大　嶝**　在金门镇西北海中。距董水十里。屿广六七里，东有小嶝，亦海中要地。（《方舆纪要》）

**董　水**　距后浦水途五十里，与泉州陆路城守营西港社交界，距西港十五里。

**刘　澳**　在金门西北海边。与大嶝隔水相对不过三里，距金山港六里，距后浦二十里。

**金山港**　距西黄二里，距后浦二十六里。

**西　黄**　距官澳二里，距后浦二十八里。

**官　澳**　在金门镇北，去峰上二十里。距后浦三十里，距青屿里许。峰上民勇战斗，置精兵其处，贼来必不越而及官澳。然非官澳，则峰上之守亦孤，唇齿相依也。（《闽书》）

**青　屿**　距西岑二里，距后浦三十里。

**西　岑**　距田浦六里，距后浦三十里。

**田　浦**　在金门城东。距后浦三十里，距峰上五里。其外皆大洋，与东碇遥相望。

**峰　上**　在金门镇东。距后浦二十五里，距陈坑三里。汛居浯洲屿最东，其澳曰料罗。（《闽书》）峰上与福全、深沪、围头诸处，并为番舶停泊之门户，哨守最要。（《海防考》）

**陈　坑**　在金门城东南，面大海。距后浦二十里。澳甲一名。

**料罗炮台汛**　在金门镇东大海中。距后浦陆路二十里，水途十五里，距峰上五里。北距围头水汛一百里，南距镇北水汛一百一十里。料罗在金门极东，船只往来必须之所，为漳、泉门户。（《闽书》）

## 附　录

### 节洪受《浯屿水寨移设料罗议》

泉之沿边，既有永宁卫、金门诸所矣，又于浯屿之地特设水寨，选指挥之勇略者一员以为把总，仍令各卫指挥一员，及千百户轮领其军。又设战船，以时习战法。南日以下、铜山以上悉资之，其责任可谓专且重矣。以此重镇而必设于浯屿者，盖其地突起于海中，为同安、漳州交会要区，而隔峙于烈屿、大小担之间，最称冲险。贼之自东南外洋来者，此可以捍其入；自海沧、月港而中起者，此可以遏其出。稍有声息，指顾可知。江夏侯之相择于此者，盖有深意焉。

其移于厦门也，则在腹里之地矣。夫惟水寨移于腹里，则把总得以纵欲偷安，军官亦效尤而废弛。贼寇猖獗于外洋，而内不及知。逮知而哨捕焉，贼已盈僟去矣。甚至官军假哨捕以行劫，而把总概莫之闻焉。使或闻之，则亦掩饰罔上，以自救过。故水寨不复于浯屿，其乱不可已也。

然欲复之，或又执孤危掩袭之说以惑上听。愚窃谓不若移之料罗之为便也。盖料罗、浯屿均为贼之巢穴，其势不甚相远，而据此亦可以制彼也。庚申之变，官澳之陷恔矣！使料罗而有水寨，贼其敢尔乎？万全之策，无过于是。有经世之志者，此地宜留意焉。

## 节洪受《建中军镇料罗以励寨游议》

浯洲、澎湖，均海岛也，而大小不同。澎湖去漳、泉四百余里，而礁澳险隘，海波汹涌，彼贼亦何利而乐蹈不测之渊以几幸乎？浯洲则系漳、泉门户，地辟民聚，鸡犬相闻。无事而游手游食之辈，已窥伺而有觊心，多难则云合景从之众，遂剽掠而为巢穴。先，庚申四月被倭抄劫，然后由此攻泉州、陷兴化，全省因之骚动。则权以远近难易之势，计以去驻得失之形，当时主议者不备内而备外，虽甚远谋而亦觉过计矣。沿洲数年来海寇频犯，居民惊扰，即所陈状牍历历可考，又何舍内藏、赍盗粮而戍不可耕之地哉？

故就防守论，则澎难于浯；就要害论，则浯急于澎。而就浯、澎相为犄角论，则莫若以澎之总哨守澎，而抽各寨游贴驾兵船汛浯。澎无贼，则中军督哨汛守料罗以防内地；澎有贼，则中军率兵会剿夹击。置一中军，无有于虚耗，而沿海之民阴受其利；少一中军，无以励寨游，而全闽之邑密受其害。无增兵、增饷之烦，而有不测、不克之威，则建中军以镇料罗，实今日鼓舞之先策也。而其要归之得人道，又在善将将耳。

## 节蔡献臣《浯洲建料罗城及二铳台议》

同安海屿，地大而山高者，惟浯洲、嘉禾为最。嘉禾之南，中左之所城也，而洪济为之镇；浯洲东北，四巡检之所棋置，而南则金门之所城也，而太武为之镇。嘉禾去邑五十里，一潮可至；而浯洲之西，则缘溪入海，行六十里出澳头，而淼乎不见水端矣。其澳最平深，于北风尤稳，而登岸尤便者，曰料罗。故设汛以来，派兵戍守，承平久而戍撤，仅仅浯、铜游兵春秋汛及之，然亦寄空名耳。癸亥冬，红夷登岸，把总丁赞死之。于是抚、镇出二标以戍，而一民居寓兵八九人，大为民苦。未几，复撤去，而分金门营兵守焉。

本澳有官厅，有妈宫。妈宫之前营房对列，兵居之。近左起一小阜，其下二盘石并入海，大各四五丈。又左一石山如虹，直亘海中。甲子夏，议置铳台于盘石上。予谓三山横亘海外，澎湖，闽南之界石；浯洲、嘉禾，泉南之捍门也。曩时诸夷风帆，犹在旬月之外。自倭奴潜贩东山，而红夷城台湾，寇贼奸宄渊薮往来，其指同安、海澄间信宿耳。嘉禾、澎湖设将宿兵，贼或未敢遽窥，独浯易而无备，实启戎心。急而图之，不已晚乎！则料罗之城，讵非百年硕画哉！

泉郡滨海，绵亘三百里。其最险要当其之地有三：一曰崇武，在惠安之东北。海寇入犯，首宜防冲。一曰料罗，在金门极东，突出海外。上控围头，下瞰镇海，内捍金门，可通同安、高浦、漳州、广潮等处。其澳宽大，可容千艘。凡接济萑苻之徒，皆识其地以为标准。嘉靖间，倭寇由此登岸，流毒最惨。一曰旧浯屿，在同安极南，孤悬大海之中。左连金门，右临岐尾，水道四通，乃漳州海澄、同安门户。国初设寨于此，至为远虑。料罗而上有围头，旧浯屿之北有担屿、烈屿，南有卓岐、镇海，皆海寇出入之路。抑其次也，今汛兵屯料罗、围头分哨，则洒洲、安海、官澳、田浦、峰上、陈坑一带有赖；游兵屯旧浯屿、担屿巡哨，则镇海、岐尾、乌港一带有赖。乃若选将校，核卒伍，修艨舰，明赏罚，使水军狎风涛而不敢偷安内澳，则在人而不在地。故曰："地利要矣，人和急焉。"（万历间《府志》）

三、四月东南风汛，番船多自粤趋闽而入于海。南澳、云盖寺、走马溪，乃番船始发之处，惯徒交接之所也。附海有铜山、元钟等哨守之兵，若分兵先守此，则有以遏其冲而不敢泊矣，势必抛于外浯屿。外浯屿乃五澳地方，番人之窠窟。附海有浯屿、安海、径边等哨守之兵，若先会兵守此，仍拨小哨守把紧要港门，则必不敢泊此矣，势必窜入料罗、乌沙。料罗、乌沙乃番船等候接济之所也，有官澳、金门等哨守之兵，若先会兵守此，则又不敢泊矣，其势必蚁集于围头、峰上。围头、峰上乃番船停留避风之门户也，附海有深沪、福全等哨守之兵，若先会兵守此，则又不敢泊此矣，其势必趋于福兴。若越福兴，计其所经之地，南日则有岱坠、湄洲等处，在小埕则有海坛、连盘等处，在烽火门则官井、流江、九澳等处。此贼船之所必泊者，若先会兵守此，则又不敢泊矣。来不敢停泊，去不敢接济，船中柴米有限，人力易疲，将有不攻而自遁者。况乘其疲而合力攻之，岂有不胜者哉！（《筹海图篇》）

三、四月东南风汛，澳中奸民哨聚驾驶，从南澳入闽，截劫商船，内外浯屿、料罗、乌沙而上，出烽火流江而入于浙。八、九月西风起，则卷帆顺溜，剽掠而下。（《鹿洲集》）

泉州洛阳桥之西南为围头。其内港所入，为晋江县安海桥；其西，为马巷厅澳头。（围头泊船防礁，内洋有大小嶝二屿。）其北岸，为金门镇，属同安县，并属马巷厅。其要口为料罗、官澳、乌沙头、塔仔脚，皆有暗礁沙汕之险。东北外洋东碇屿，远船以为准。西有烈屿，其澳名城仔角。东有沙汕。又西有大、小担门，二屿崎立，船从中过，皆炮台。澳头西为埭头，其内港入于同安县。又其西南为后溪港，为关浔港，皆内入于同安。又其西为灌口港，渡水曰鹭岛（即厦门），为水陆之会。盖北自乍浦、锦州、天津，南自安南，东至日本、琉球、吕宋、红毛、噶喇巴，洋船之所通往。自隋、唐以来，其放洋针路皆准诸此，四方商贾云集也。（《啸云文钞》）

# 岛屿礁汕[1]

**夹　屿**　周围五里。在大、小嶝之间。

**变　山**　亦海岛也，在金门城前。天将雨，则见，顷刻变幻，如车如盖、如宫室、如城郭。晴则隐。落潮返照，时露马迹。（《县志》）

**草　屿**　为金门北枕，距青屿不远。

**董　屿**　一名珠屿，亦名鳌屿。在后浦港口，为后浦水门罗星。潮退，则连属浯山，褰裳可涉其巅。

**覆　鼎**　以形似名。与大小担、烈屿错峙海中。

**虎仔屿**　以形似名。在金、厦分界处。东金门左营，南金门右营，西厦门右营。舟渡赴厦所必经。

**槟榔屿**　在烈屿南。

**鸡冠屿**　在金门港南。

**鸡冠屿**　在小嶝屿前，与石井山峰遥对。

**角　屿**　在金门西北，与石井对峙。为金门两营及同安、南安界地。

**大泊、小泊**　在金门西北海中。东北属晋江，西属南安，东南属同安，归右营围头水汛管辖。屿团结皆石，为金门过脉处。附近村民，恒至此凿石，亏损地气，屡经文武勒碑永禁。

**漳口礁**　在金山港外。

**狮礁、乌屎礁、淡礁、中礁**　错峙董屿、金龟尾间。

**印　礁**　在湖下前。

**乌嘴礁**　在古坑南。

**瓮　礁**　在欧厝南。

**罗汉礁**　在烈屿北。

**马鞍礁**　在烈屿北。谚云："顺风驶大担，怕风驶马鞍。"

---

① 礁汕，原目录作"沙汕"。

**蛏仔汕**　在大嶝前。

**海割亦沙**　在大嶝、澳头间。为厦门后营、金门左营分界之处。界道望鸿渐山峰，遥对南太武山峰为准。西北属厦门，东南属金门。

**三脚礁**　在塔仔脚。东属金门，西北属厦门。

**九节礁**　在浯屿后。左属金门，隶同安；右属厦门，隶海澄。

**东　碇**　在料罗东南。

**南　碇**　在金门城南。

**乌沙汕**　在古宁头，罗星港西偏北，古宁东湖下。湖下可泊舟避风。

**海翁汕**　在金龟尾南。汕甚迤长。

## 附　录

### 《诵清堂文集》

金门主山曰北太武，海船所望为标准者。其山脉自南安属之鸿渐、欶髻山发祖，由大小泊、鸡屿、角屿、草屿穿脉渡海而来，为官澳、青屿，错缀如列星焉。由官澳递南，接海中之大嶝、小嶝，复南为金山港盐场大使所驻。港口有白碣、潭口等礁。对面为董水汛，其西可达马家巷。由金山港稍南为刘澳汛，海中浮汕，曰海割，曰赤礁。对面为澳头，其地西通镏五店，入同安之水道也。由刘澳汛稍南，为鸡髻头，为平林汛，为古宁头汛，为湖下汛。海中有小屿，曰井仔坡；有汕，曰乌沙。康熙间，我军与郑氏将周全斌鏖战处。自湖下折而东南，为后浦中港，协镇、县丞所治也，有文武口海关在焉。港内有董屿，甚小，后浦之罗星也。稍东，为金龟尾汛，后浦之下臂也。对面之山为烈屿，周三里许。烈屿东北有罗汉礁、乌礁。由罗汉礁折而东南，为西湖。下则有城仔角、覆鼎等礁。由乌礁转而西南，则有草屿、马鞍、槟榔屿。又南，有三脚礁、虎仔屿、九节礁。由是而东南为浯屿汛、大小礁，再西南为狮球、大担、小担，为入厦水道，则属提标管辖矣。凡海船渡厦门者，由烈屿西北过乌礁、草屿，转而西南入白石头、曾厝垵，以至玉沙坡，直抵厦门港。若由烈屿东南出覆鼎、虎仔屿，经大小担以入厦门，则系外洋水道。自金龟尾、塔仔脚折而东，为金门旧城。海中有汕，曰海翁汕。昔日，汕浮起如平地，故港口包藏，可以泊舟。今则汕已沉没。其东海中小屿曰东碇，相去较远。碇南系提标管辖，皆汪洋外海矣。自金门城而东北为古坑汛、欧厝汛。港口有小礁，曰乌嘴尾，曰瓮仔礁，曰小姐礁。自欧厝汛而北，为料罗炮台汛。道光间，总兵窦振彪、巡道周凯所造以防海者。其水程尤近澎湖，故明设水澎游击于此。自是而北为峰上汛、田浦汛，以至隔海之小米盾、大米盾。又东北远屿为北碇，又北为围头水汛、深沪水汛、祥芝水汛，暨所属之石圳、永宁及海中小坠、大坠等处，为晋江县辖而属金门协防守汛地，皆外洋也。自田浦折而西南，接西岑汛以至青屿，金门沿海四围已转一周矣。自大坠而北，为崇武，为大岞，为小岞，为黄崎，皆湄洲管辖，陆则惠安属地。

以上水陆汛地，皆金门所辖。自右营移驻湄洲，始定大坠北为湄洲辖，大坠南为金门辖。要之，自大坠以至浯屿，内海港道回环，沙汕错杂；外海以东，风浪兼天，烟波无际。协镇一营，未免鞭长莫及。绸缪未雨，是在留心洋政者。

# 金门志卷之六

# 职官表

## 明职官

### 武　秩

### 金门守御千户所

正千户
副千户
百户
试百户
镇抚

### 正千户

**王　斌**　永乐间，袭升永宁卫指挥同知。

**陈　旺**　正统九年，增筑城楼。

**俞大猷**　有传。

**刘福寿**　黄陂人。二人嘉靖间。

**刘成钺**　福寿子。

**刘　茂**　广陵人。见《闽书》。

**刘良卿**　茂子。

**刘捷原**　良卿子，俱万历间袭。中式武进士，升本卫指挥同知。

## 副千户

**李　敞**　永乐间任，升卫指挥佥事。
**姚　崇**　威县人，景泰间。
**杨　雄**
**陈　暹**　昌黎人，天顺间。
**王　嶷**　成化间。
**成继颇**
**王　桂**
**俞定远**　江都人。
**杨弘举**　生员，援例。以功，历升守备都司。
**刘　茂**　原任正千户，以罪降。
**陈　机**　以上嘉靖间。
**俞定养**　定远弟。
**陈文炳**　机子。
**俞国勋**　定养弟。
**姚　权**
**姚　燧**　权子。
**姚崇培**　燧子。
**成康侯**　继颇子。由惠安所舍人，中式武举。
**成　鹏**　康侯子。
**成　龙**　鹏弟。以上万历间。

## 百　户

**陈　继**
**孟　荣**　升永宁卫左所正千户。
**张关住**
**范　云**　二人升本卫前所正千户。以上永乐间。
**陈　雄**　天顺间。
**钱　桓**　绩溪人。

**周　海**

**卢元浚**　怀安人，《闽书》作卢元。

**黄　胜**　夏县人。

**陈　桀**

**陈　清**　以上成化间。

**卢　莹**

**周文郁**　隆庆间，以所百户中武解元，登万历进士。历广东都司佥事。

**钱大有**

**陈尧祖**　连江人。

**黄　鼐**

**陈　栋**　定远人。

**王　武**

**王朝举**　武子。

**钱国珍**　大有子。

**陈　辉**　栋子，镌字所城塔。

**卢　坤**　莹子。

**陈　镆**　尧祖子，中万历武举。

**黄　瑜**　鼐子。

**钱国典**　国珍堂弟，府志作国琠。

**陈　鍊**　辉子。

**卢　铉**　坤子。

**陈　泽**　镆子。

**黄学宪**　瑜子。

**陈居仁**　以功升授。

**陈　忠**　以功升授。以上年代无考。

**黄国仪**　世袭。见卢若腾《留庵文集》。

## 试百户

**陈　炜**　福安人，嘉靖间。

**杨 瑄** 安福人。
**陈 墀** 炜子。
**陈于庭** 忠子。
**杨 贵** 瑄子。
**王可兴** 福安人，以功升授。
**陈 忠** 同安人。《闽书》。以上万历间。

### 镇抚司

**解一经** 卢江人。
**杨 樾**
**解梦缨** 一经子。
**庄渭阳** 升授，同安祥露人，武进士。历升参将。
**杨 武** 樾子。俱万历间。

# 国朝职官

## 文 秩

### 通 判

乾隆三十一年，移县丞驻灌口，移晋江安海通判驻此。四十年，再移马家巷。

乾隆朝

**王 忻** 直隶肃宁人，三十一年署。
**梁运埠** 会同贡生，三十二年任。
**胡邦翰** 余姚举人，三十五年任。四十五年改驻马家巷。以下不录。

## 县　丞

雍正十二年，移同安县丞驻此。乾隆三十年一年移灌口。四十五年复置。

乾隆朝

**卢国泰**　黄安监生，府县志俱作乾隆二年任。《县志》志学校，又作泰国，于雍正已未建浯洲义学。考雍正纪年，无己未，己未为乾隆四年。

**虞荫南**　仁和人，监生，三年署。

**王锦官**　镶旗汉军人，四年署。

**潘绍显**　大兴人，吏员，七年任。

**王华赍**　荆门州贡生，七年任。

**鲁元鼎**　会稽人，监生，八年署。

**张　乾**　秀水人，监生，十年署。

**王　阳**　山阳人，监生，十年任。

**沈光都**　临海人，生员，十三年署。

**陆调元**　十三年任。

**刘寿朋**　拔贡，十六年署。

**李敦元**　生员，十七年署。

**陈　铭**　生员，十七年任。

**胡以泰**　二十四年署。

**陈　澐**　二十五年任。

**蔡昌识**　二十八年署。

**周　丰**　三十一年署。

**王廷熙**　睢州人，附贡生，三十一年任。以后改设通判。

**黄国泰**　监生，四十五年任。以后仍设县丞。

**欧阳懋德**　彭县人，四十五年任。

**卢光燮**　嵊县人，四十七年署。

**龙思见**　攸县人，四十八年署。

**陆昌会** 吴县人，四十九年署。

**欧阳懋德** 五十年回任。

**邹茂烈** 麻城人，五十二年署。

**李维瀛** 乐陵人，五十三年署。

**褚廷瑚** 长洲人，五十四年任。

**翟 灏** 泾县人。

**翟觐扬** 满洲人，并五十五年署。

**郭 遇** 如皋人，五十六年任。

**郭 遇** 五十七年回任。

**陈 仪** 江宁人，六十年署。清勤治事，体恤民艰难，岛人谈治绩者，以仪及汪炳南并称。

嘉庆朝

**李飞鹏** 新宁人，元年署。有传。

**金忠洺** 休宁人，二年任。

**张明远** 四年七月署。

**陈 仪** 四年十一月署。

**汪炳南** 六年署。有传。

**陈 仪** 七年二月署。

**金忠洺** 七年四月回任。

**田应元** 八年署。

**金忠洺** 九年回任。

**周 翰** 十年三月署。

**金忠洺** 十年闰六月回任。

**刘尧年** 十一年十一月署。

**李振青** 十二月署。有传。

**赵 瑄** 十三年署。

**金忠洺** 十四年回任。

**张寿崧** 十六年四月代理。

**金忠洺** 十七年回任。

**仇惠忠**　十七年四月代理。

**张学仁**　十七年五月署。

**金忠洺**　十八年七月回任。

**吕志恒**　十二月署。

**李大锷**　巴陵监生，十九年任。

**吴家修**　二十年署。以暴民被诉解任。

**胡启思**　二十一年二月代理。

**池有桂**　生员，二十一年三月署。洁己爱民，敬礼文士。在官未久，人惜之。

**李大锷**　二十一年十一月回任。

**丁在中**　二十四年任。

**李大锷**　二十五年正月任。

**顾　堉**　二十五年九月代理。

**李大锷**　二十五年十二月回任。

道光朝

**孙　治**　二年任。

**方遵辑**　二年署。

**黄　中**　四年八月代理。

**胡国荣**　四年九月署。

**萧　重**　静海人，廪生，五年署。

**张秀景**　七年任。

**萧　重**　九年再署。

**张秀景**　十年回任。

**周　廉**　五月代理。

**张秀景**　十一年七月回任。

**边锡龄**　十一年七月代理。

**沈应清**　十一月署，并十二年。

**王　江**　会稽人，十三年补。

**杨时春**　江宁人，十四年署。

**王　江**　十五年九月任。
**王廷瑞**　十月署。
**刘凤翔**　十六年四月署。
**曹廷昭**　十七年二月代理。
**梁　和**　四月署。
**汪　均**　九月代理。
**吕　照**　十年七月署。
**靳　镇**　二十年四月署。
**胡　咸**　二十二年九月署。
**戴一夔**　二十二年三月署。
**胡　咸**　五月署。
**宋　镶**　二十四年三月署。
**沈宝梓**　二十五年十月署。
**吴廷枫**　二十六年闰五月署。
**李湘洲**　二十七年四月任。传见《名宦》。

咸丰朝

**陈凤音**　元年七月署。
**冯贯音**　十二月署。
**郭学堜**　二年三月任。
**俞蓉镜**　四年三月署。
**钱燕昌**　五年十二月署。
**汪　籛**　七年四月署。
**沈兴文**　八年十一月署。
**杨　孜**　五年五月任。

同治朝

**马永寿**　二年十一月署。
**温应棠**　四年正月署。
**马永寿**　四年十一月署。

**程瑞龄**　七年四月任。
**郭炳章**　四川人，八年三月任。
**恒　锐**　十二年十一月任。
**朱元逵**　浙江人，十三年五月任。

## 踏石司巡检

原在官澳。康熙十九年，改踏石司，驻金山宫。乾隆十三年，移马家巷。

康熙朝

**江合文**　青杨人，吏员，十九年任。
**林开颜**　抚宁人，吏员，二十九年任。
**陈隆遇**　真定人，吏员，三十六年任。
**徐鸿业**　宛平人，吏员，四十九年任。
**张士纯**　颍川人，吏员，五十年任。
**丁　嘉**　丰县人，吏员，五十四年任。
**王廷杰**　慈溪人，吏员，五十七年任。
**胡仕根**　壶关人，吏员，元年任。
**王国梁**　大兴人，供事，八年任。

乾隆朝

**陈国栋**　大兴人，供事，二年任。
**景　璠**
**胡　瀚**　上元人，内阁供事，十一年任。十三年移马家巷。以下不录。

## 浯洲场盐大使

雍正元年置。

雍正朝

**丘光建**　府通判，元年奉委到场开帮。
**江景祚**　候官。
**刘　慈**　巴县人，举人，八年任。
**刘弘略**　监生，夏邑人，十二年任。
**成　泰**　兴化府同知，十三年摄。

乾隆朝

**刘弘略**　元年再任。
**景　璠**　云梦人，举人，二年任。
**李　乾**　武进人，举人，四年任。
**蔡　林**　萧山人，举人，六年任。
**曹显庚**　泉州通判。
**熊辅相**　福州府照磨，并六年任。
**许廷训**　上元人，拔贡，七年任。
**杜文玢**　吴县人，举人，八年任。
**章文瑗**　崇仁人，拔贡，八年任。
**庄　成**　湖阳人，举人，九年任。
**王定国**　江宁人，举人，十二年任。
**曹　佩**　兰溪人，举人，十五年。
**韩　琮**　顺天通州人，举人，十六年任。
**张天德**　贵筑人，拔贡，十七年任。
**吴　伸**　正黄旗人，举人，十八年任。
**姚日新**　仁和人，举人，二十二年任。
**张世禄**　镶黄旗人，监生，二十四年任。
**黄元帱**　大兴人，举人，二十五年任。
**华汝绅**　金匮人，俊秀，二十六年任。
**陈　澐**　二十七年任。
**周　仁**　娄县人，贡生。

**沈文凤**　山阳人，贡生，并二十八年任。
**严榕照**　常熟人，监生，二十九年任。
**杨良弼**　阳湖人，贡生，三十年任。
**洪　智**　江宁人，监生。
**谢廷枢**　上虞人，贡生，并三十一年任。
**周大纶**　天津人，贡生，三卜二年任。
**萧　准**　四十七年正月任。
**张　均**　四十七年正月任。
**韩　荟**　四十八年任。
**巴阳阿**　举人，五十年任。
**施奕深**　内务府举人，五十五年任。
**张廷琛**　五十九年任。

嘉庆朝

**王　权**　举人，元年任。
**岳守恬**　二年二月任。
**丁国华**　处州缙云人，拔贡，二年九月任。
**四　格**　举人，三年任。
**周相爰**　五年七月任。
**李　安**　夔州府巫山人，举人，五年十一月任。
**施奕深**　六年再任。
**李　安**　八年再任。
**黄　栻**　连平州监生，十二年任。
**王敬蒲**　青州府诸城人，十四年任。
**黄　栻**　十九年复任。
**王登淇**　衢州府西安人，二十年任。
**黄　栻**　二十一年复任。
**王兆英**　湖北人，二十一年七月任。
**马书仓**　山西介休人，生员，二十二年任。
**朱德增**　钱塘人，二十五年任。

道光朝

**马书仓**　元年六月复任。
**延　年**　镶蓝旗汉军人，元年九月任。
**钱光谦**　黄冈人，三年任。
**张先钰**　汉阳人，四年任。
**金　嶟**　正白旗汉军人，七年四月任。
**郑　柬**　直银丰润人，七年十一月任。
**保　泰**　汉军镶白旗人，十年闰四月任。
**刘本越**　浙江人，道光二十一年任，至二十四年卸事。
**董　寅**　广东人，道光二十四五年任。
**黄琨望**　浙江绍兴人，二十六年任。
**周　鼐**　二十七年署。
**黄伯颖**　二十八年署，冬卸事。
**黄琨望**　二十九年回任，咸丰元年卸事。

咸丰朝

**傅　均**　浙江，咸丰元年任，至二年五月卸事。
**陆费干**　浙江嘉兴人，二年五月任，十二月卸事。
**薛启文**　二年十二月任，四年二月卸事。
**陆费干**　四年二月回任，五年七月卸事。
**陈汝枚**　浙江绍兴人，五年七月任。
**纪树霨**　顺天人，六年三月任。
**郑秉机**　浙江嘉兴县人，七年三月任。
**钱利用**　浙江上虞人，八年三月任，同治二年卸事。

同治朝

**杨树仪**　钱塘人，二年九月任。
**吴其康**　浙江绍兴人，三年五月任。
**伊保衡**　浙江平和人，四年任。

**郑懋熙**　广东广州人，五年任。
**邓承章**　广东惠州人，六年任，九年卸事。
**赵长荫**　河南固始人，十年任，兼启局抽收监厘。
**杨懋功**　山西霍州府灵石县人，十一年任。
**张　雯**　平阳浙江温州人，十二年署。
**程起瀛**　浙江绍兴府山阴县人，十三年任。
**罗金诰**　江西人，十三年十一月任。

## 烈屿盐场大使

雍正元年置，嘉庆七年并入浯洲场。

## 烈屿巡检司

明洪武间置，国初因之。康熙十九年，改驻石浔司。

## 烈屿巡检

雍正朝

## 盐场大使

**王　乞**　金门镇左营外委把总，元年奉委到帮。
**胡仕根**　踏石巡检，七年任。
**胡启鹏**　漳州盘陀巡检，八年任。
**刘万绪**　候补州同，十一年任。

乾隆朝

**沈鸿业**　州同，元年任。
**卞　伟**　晋江县丞，三年任。
**卢士吉**　仁和人，吏员，四年任。
**陆调元**　吴县人，监生，十年以县丞兼理。
**刘寿朋**　宣城人，拔贡，十六年以署县丞兼理。

**李敦元**　宛平人，生员，十七年以署县丞兼理。

**余志鳌**　陆丰人，举人，十七年任。

**孙维德**　仙游枫亭巡检，十八年任。

**单履萃**　高密人，举人，十八年任。

**金汝祥**　桐梓人，举人，十九年任。

**卜羲明**　桐乡人，举人，二十一年任。

**陈家修**　温江人，举人，二十二年任。

**陈　铭**　昌邑人，二十二年以县丞兼理。

**胡以泰**　桃源人，生员，二十五年任。

**陈　澐**　石门人，监生，二十五年以县丞兼理。

**蔡昌识**　上犹人，拔贡，二十九年以署县丞兼理。

**周　丰**　宜兴人，监生，三十一年以署县丞兼理。

**彭永和**　高安人，举人，三十一年任。嘉庆七年奉裁，改归浯洲场兼管。

道光朝

**徐庆咸**　二十八年冬护理数月。

# 国朝职官

## 武　秩

### 金门镇水师总兵官

康熙十九年置，驻后浦。同治七年裁。

康熙朝

**陈　龙**　十九年任。有传。

**蓝　瑗**　彰浦人，三十五年任。

**崔士英**　辽东人，四十三年任。

**朱光祖**　莆田人，四十六年任。
**黄　英**　罗源人，五十三年任。

雍正朝

**聂国翰**　山西人。
**徐日升**　惠安人，并元年任。
**谢希贤**　龙溪人，二年任。
**林　芳**　漳州人。
**冉起凤**　江南人，五年任。
**许良彬**　海澄人。
**陈祖训**　海澄人，并六年任。
**张起云**　大宁人，七年任。
**康　陵**　龙溪人，八年任。
**李之栋**　宁夏人。
**吕瑞麟**　莆田人，十一年任。
**朱　文**　晋江人，卒于任。兵弁缟素，列肆哭奠。
**许国腾**　龙溪人，十三年任。

乾隆朝

**魏国泰**　同安人，二年任。
**林君升**　同安人，六年任。值岁饥，筹画接济，军民赖之。
**孟伍进**　江宁人，八年任。
**陈谢勇**　诏安人，十一年任。
**冯　汇**　宁夏人，十七年任。
**杨天柱**　江南通州人，十八年任。
**游金辂**　辰溪人，二十一年任。
**谈　秀**　新会人，二十六年任。
**杨元超**　吴州人，三十年任。
**黄　凤**　三十二年署。
**杨元超**　三十三年回任。

**龚　宣**　通州人，武进士，三十五年任。

**林　俊**　三十六年二月署。

**龚　宣**　三十六年七月回任。

**颜鸣皋**　嘉应州人，武进士，三十八年八月任。

**伍十太**　三十八年十一月署。

**蓝元枚**　漳浦人，世职，三十九年二月任。

**傅　德**　四十年六月署。

**金蟾桂**　华亭人，武进士，四十年八月任。

**招成万**　高州人，四十二年二月署。

**金蟾桂**　四十二年六月回任。

**魏太斌**　嘉应州，武进士，四十七年六月任。

**罗英笈**　沙县人，四十七年七月任。

**何　俊**　钱塘人，武进士，四十八年四月署。

**张　潮**　鄞县人，世职，四十八年十一月署。

**罗英笈**　四十八年九月回任。

**李文鉴**　郓城人，武进士，四十九年十一月署。

**罗英笈**　五十年回任。

**马　龙**　五十四年五月署。

**李芳园**　海阳人，武进士，五十四年九月任。

**许廷桂**　归善籍，住厦门，五十八年七月护理。

**李芳园**　五十八年十二月回任，六十年卒于官。有传。

**富森布**　满洲人，侍卫，六十年任。

嘉庆朝

**李南馨**　嘉应州人，武进士，二年任。

**冯建功**　江南宝山人，五年二月任。

**李得胜**　闽县籍，五年九月护理。

**何定江**　香山人，武进士，五年十二月任。

**罗江泰**　八年署。

**吴奇贵**　海澄人，九年任。

**许松手**　瑞安人，武举人，十年任。
**陈　琴**　惠安人，十五年正月护理。
**许梦熊**　侯官人，十五年五月护理。
**朱天奇**　黄岩人，十五年七月任。
**陈梦熊**　十六年署。
**朱天奇**　十六年回任。
**陈梦熊**　十七年署。
**林　孙**　海澄人，十七年五月任。
**吴定邦**　二十二年署。
**陈元标**　长汀人，二十三年护理。
**郭继青**　定海人，三年四月任。

道光朝

**熊定扬**　黄岩人，元年五月署。
**杨继勋**　闽县籍，元年十一月护理。
**藩汝渭**　吴州人，武举人，三年五月护理。
**明　保**　正白旗汉军人，三年六月任。
**陈化成**　同安人，四年任。
**潘汝渭**
**邵永福**　江阴人，并六年署。
**陈化成**　七年回任。
**武定太**　定海人，武生，八年署。
**陈化成**　九年回任。
**杨继勋**　十年护理。
**窦振彪**　吴州人，十一年三月任。
**陈步云**　瑞安人，十五年六月，以福宁镇调署。
**沈河清**　广东人，二十一年三月代办。
**江继芸**　福清人，二十一年五月任。
**沈河清**　二十一年七月护理。
**詹功显**　福清人，二十三年十一月任。

**陈显生** 同安人，二十一年正月护理。
**施得高** 福清人，二十五年正月任。
**沈河清** 二十六年十一月署。
**施得高** 二十七年七月回任。
**沈河清** 三十年二月调任。
**施得高** 三十年七月回任。

咸丰朝

**林建猷** 同安人，元年三月署。
**施得高** 元年闰八月回任。
**孙鼎鳌** 浙江人，三年三月护理。
**蔡润泽** 同安人，四年七月护理。
**陈国泰** 广州人，四年六月补授，未到任。
**陈世章** 南澳人，九年十一月护理。
**赖　荣** 漳州人，十年八月代理。
**薛师仪** 金门人，十一年正月护理。
**陈宗凯** 厦门人，十一年十月代办。
**赖　荣** 十一年十二月护理。

同治朝

**许扬洲** 金门人，元年十二月护理。
**郭定猷** 广东人，四年六月署。

## 中营游击、守备

并康熙十九年置，二十七年裁。

康熙朝

## 中营游击

**许应麟** 十九年任。从征澎湖，加左都督。见《太武山纪功碑》。后裁。

## 守　备

**陈　才**　德州人，十九年任。见《岛上纪功碑》。后裁。

## 中军左营游击、守备

并康熙十九年置，游击以中军兼管，守备专镇左营。同治六年裁，改置金门营都司。

## 中军左营、右营游击

雍正朝

**陈　雄**　同安人，七年任。
**蔡　功**　海澄人，九年任。

乾隆朝

**陈林每**　莆田人，元年任。
**蔡　功**　七年再任。
**吴　昭**　吴川人，八年任。省志作同安人。
**施凤侎**　晋江人，十年任。
**梁国助**　同安人，十一年任。
**蓝国庭**　福清人，十三年任。省志作同安人。
**黄　瑞**　同安金门人，十六年任。
**许光禄**　莆田人，二十年任。
**朱廷谟**　漳浦人，二十一年任。
**颜鸣皋**　二十九年任。
**江永泰**　海澄人，住金门，三十年护理。
**叶　凯**　闽县人，三十二年任。
**许友胜**　三十三年正月护理。
**蔡国骐**　海澄人，三十年七月任。

**黄　胜**　诏安人，三十五年六月任。
**方廷魁**　闽县人，三十五年八月护理。
**沈国柱**　诏安人，三十五年六月任。
**柴大纪**　江山人，武进士，三十七年四月署。
**林　意**　罗源人，三十六年七月任。
**林国良**　海澄人，世职，三十八年署。
**汪成均**　福清人，三十九年兼署。
**林朝绅**　闽县籍，住厦门，四十年任。
**魏国忠**　同安人，住厦门，四十二年护理。
**赵　勇**　诏安人，四十三年任。
**丘朝英**　晋江人，四十四年四月护理。
**赵　勇**　四十四年四月二十九日回任。
**洪　福**　福鼎人，四十四年十月护理。
**沙耀宗**　福清人，四十五年十月任。
**刘联标**　长汀人，四十五年十月护理。
**陈大鹏**　惠安人，四十八年五月署。
**蔡攀龙**　金门人，四十八年十月护理。
**杨　森**　同安人，武进士，四十九年九月护理。
**罗定国**　黄岩人，世职，四十九年十一月署。
**陈名魁**　漳浦人，武进士，四十九年十二月署。
**巴颜泰**　蒙古正蓝旗人，五十三年九月署。
**曾绍龙**　长汀人，武举，五十三年十二月任。
**陈名魁**　五十三年再署。
**魏成名**　闽县人，五十六年任。

嘉庆朝

**魏成德**　成名弟，二年四月护理。
**周自超**　安溪人，武探花，二年十二月任。
**王国宝**　同安厦门人，四年署。
**陈瑞芳**　龙溪人，武进士，五年三月署。

**李汉升**　晋江籍，住厦门，五年闰四月署。
**苏明登**　晋江人，六年护理。
**王得禄**　台湾人，江西籍，武生，七年任。
**黄仁勇**　潮阳人，武状元，九年八月署。
**庄秉元**　同安人，九年十二月护理。
**陈飞凤**　龙溪人，世职，十四年三月护理。
**陈玉龙**　福安人，十四年九月任。
**文应举**　同安金门人，十五年署。
**吴安邦**　同安人，武进士，十七年四月任。
**张　保**　新会人，十七年十月护理。
**林鸣冈**　诏安人，十九年护理。
**曾恩贵**　平和人，世职，二十一年署。
**杨继勋**　二十三年任。

道光朝

**蒲立勋**　侯官人，住厦门，元年任。
**林成全**　同安金门人，四年护理。
**谢得彰**　诏安人，七年八月任。
**张朝发**　福鼎人，七年十二月护理。
**萧兴邦**　闽县籍，金门人，世职，十年护理。
**陈显生**　十二年八月署。
**江继芸**　十二年十二月任。
**萧兴邦**　十三年署。
**胥贞咸**　世职，十五年署。
**沈河清**　十九年十二月任。
**林　棋**　二十年五月署。
**沈河清**　二十年十月回任。
**吴金魁**　同安人，二十一年三月护理。
**沈河清**　二十一年五月回任。
**施得高**　二十一年七月调任。

**陈洸潮** 金门人，二十二年二月护理。
**施得高** 二十一年三月调任。
**陈洸潮** 二十三年正月护理。
**钟宝三** 汀州人，二十三年十月护理。
**孙思庭** 厦门人，二十六年十月护理。
**郑连登** 漳州人，二十七年三月署。
**林朝瑞** 福州人，二十九年三月署。

咸丰朝

**游硕云** 福州人，元年四月任。
**汤殿鳌** 浙江人，三年二月护理。
**黄绍基** 金门人，四年六月代理。
**薛师仪** 四年六月护理。
**吴鸿源** 同安人，六年十二月护理。
**蔡朝阳** 金门人，七年三月代理。
**黄礼鈖** 福州人，八年三月署。
**陈世英** 厦门人，八年三月代理。
**曾逢春** 厦门人，八年四月护理。
**彭夺超** 金门人，九年六月护理。
**陈宗凯** 十年八月署。

同治朝

**许鹏飞** 金门人，元年十月护。
**杨绍宗** 厦门人，二年八月任。
**周余庆** 厦门人，三年二月任。
**许鹏飞** 三年五月署。
**黄炳南** 金门人，三年八月署。
**周余庆** 四年五月护。
**陈登三** 马巷人，五年十一月任。

## 中军左营游击、守备

并康熙十九年置，游击以中军兼管，守备专镇左营。同治六年裁，改置金门营都司。

### 中军左营游击

康熙朝

**曾　荣**　十九年任。
**陈　才**　二十三年任。二十七年以后，以中军兼管左营事。
**张　正**　同安大嶝人，三十四年任。
**陈　敬**　澄海人，三十九年任。
**曾维勋**　惠安人，四十二年任。
**蓝　禧**　彰浦人，四十七年任。
**张鹍翼**　直隶人，五十七年任。
**陈定邦**　兴化人，六十年任。

### 左营守备

**刘金斗**　兖州人，二十六年任。

### 右营游击

雍正朝

**蔡　勇**　晋江人，元年任。
**游全兴**　莆田人，四年任。
**胡增茂**　福州人。
**张天骏**　杭州人。二名见《通志》。
**方伟男**　龙溪人，八年任。

乾隆朝

**高　地**　同安人，元年任。府志作晋江人。
**施必功**　晋江人，三年任。
**刘　使**　同安人，五年任。
**施凤倈**　八年任。
**薛存忠**　莆田人，八年任。
**王　养**　海澄人，十一年任。
**陈　壎**　同安人，十四年任。
**陈吴灿**　闽县人，十七年任。
**莫邝纬**　番禺人，武进士，二十年任。
**许光禄**　二十五年任。
**尤　用**　罗源人，二十七年任。
**蔡国棋**　三十一年署。
**游　辅**　莆田人，三十二年二月署。
**林　云**　屏南人，三十二年四月署。
**陈茂勋**　福清人，世职，三十三年任。
**魏　宗**　闽县人，三十五年十一月任。
**陈大鹏**　惠安人，三十六年四月署。
**张芹芥**　惠安人，三十六年十月护理。
**林海蟾**　平和人，三十六年任。
**黄必成**　晋江人，三十七年五月署。
**魏太斌**　三十七年八月任。
**金　荣**　永嘉人，三十八年兼署。
**黄　胜**　三十九年任。
**洪　福**　四十二年护理。
**薛廷江**　南澳人，四十二年护理。
**郭履楷**　龙溪人，武进士，四十四年二月署。
**林　滉**　安溪人，世职，四十四年三月署。
**胡　瑞**　闽县人，四十五年二月任。

**李　隆**　龙岩人，四十六年任。
**佟　镠**　镶红旗汉军人，四十六年十二月署。
**廖光宇**　汀州人，四十八年任。
**施如宪**　福鼎人，武举，四十九年五月护理。
**黄　乔**　龙溪人，世职，四十九年八月护理。
**林　球**　汀州人，武举，五十一年三月护理。
**曾绍龙**　五十一年九月护理。
**徐景超**　镇平人，武举，五十二年五月任。
**蔡必成**　诏安人，五十二年十月护理。
**徐　璋**　如皋人，武进士，五十三年护理。
**许廷桂**　五十六年任。
**巴颜泰**　五十六年任。
**陈得元**　福清人，五十六年任。
**程毓龙**　常山人，武进士，五十七年护理。
**陈名魁**　五十八年兼护理。

嘉庆朝

**卢庆长**　霞浦籍，住厦门，二年五月护理。
**李汉升**　二年闰六月署。
**魏成德**　三年三月护理。
**王万年**　建阳人，武举人，三年十月任。
**吴安邦**　五年护理。
**王国宝**　六年署。
**曾文华**　闽县人，七年护理。
**陈登捷**　同安厦门人，九年二月护理。
**蔡世华**　闽县人，九年七月护理。
**郑恒健**　霞浦人，世职，十一年护理。
**陈光求**　同安金门人，十四年署。
**林化凤**　福清人，十五年护理。
**文应举**　十七年署。

**孙得发**　闽县人，世职，二十一年护理。

**王　水**　晋江人，二十二年任。

**庄芳机**　平和籍，住厦门，二十三年护理。

**吴安邦**　二十三年升署。

**蒲立勋**　二十四年署。

**陈士标**　闽县人，二十五年护理。

**吴安邦**　二十五年回任。

道光朝

**江　鹤**　诏安籍，元年护理。

**许远生**　同安金门人，四年署。

**陈国荣**　四年护理。

**王刚乘**　闽县人，七年护理。

**林　松**　侯官人，武生，八年任。

**张朝发**　十年护理。

**孙云鸿**　龙溪籍，世职，十二年署。

**刘时勇**　十五年署。

咸丰朝

**陈乔柏**　元年闰八月护。

**黄礼鉁**　三年二月护。

**颜青云**　同安人，四年十月护。

**王长春**　五年十二月署。

**曾　涛**　厦门人，六年二月署。

**彭夺超**　六年十月代。

**曾　涛**　七年九月署。

**黄绍基**　八年二月护。

**余定邦**　厦门人，护。

**赖　荣**　九年五月护。

**陈宗祥**　海坛人，十年八月护。

同治朝

**卢成金**　金门人，元年八月护。
**邓　元**　天津人，元年十月任。
**李懋德**　厦门人，元年十二月护。
**刘有功**　二年八月护。
**李懋德**　厦门人，四年三月护。
**谢国忠**　四年八月护。
**李廷芳**　五年六月护。
**薛师仪**　六年正月护。

## 右营游击、守备

并康熙十九年置，同治五年移驻湄洲。

## 右营游击

康熙朝

**陈　忠**　十九年任。
**胡　恺**　宛平人，二十一年任。
**刘金斗**　二十七年任。
**阮性浩**　济宁人，三十三年任。
**罗汝贤**　京卫人，四十年任。
**林　秀**　四十年任。
**冯士进**　泉州人，五十年任。
**陈国星**　同安人，五十七年任。
**薄有成**　武陵人，五十八年任。

## 守　备

康熙朝

**林　芳**　海澄人。二十二年与征台澎，见施琅奏疏及《岛上纪功碑》。

## 左营守备

雍正朝

**雷起鳞**　闽县人，三年任。
**金文龙**　崇明人，十一年任。
**沈廷耀**　诏安人，十三年任。

乾隆朝

**林兴耀**　晋江人，元年任。
**吴　昭**　二年任。
**郑开玺**　闽县人，三年任。
**黄耀华**　潮阳人，六年任。
**林金勇**　莆田人，七年任。
**林　贵**　晋江人，八年任。
**裴　镜**　武陵人，十四年任。
**许光禄**　十七年任。
**傅天祐**　同安人，二十年任。
**陶　恺**　福鼎人，二十四年任。
**陈　恩**　闽县人，三十年任。
**罗声烈**　嘉应州人，武进士，三十一年任。
**黄　胜**　三十二年任。
**王　祥**　寿宁人，三十四年署。
**魏太斌**　三十五年任。

**金攀龙**　同安人，武举，三十六年署。
**许邦贤**　同安人，三十七年署。
**金　荣**　三十八年任。
**吴　奎**　长江人，四十年署。
**洪　福**　四十一年任。
**曾翼成**　晋江人，四十二年署。
**陈廷明**　同安人，四十四年署。
**詹振龙**　漳浦人，四十七年二月署。
**彭三达**　武举，四十七年八月任。
**胥献珪**　晋江籍，住金门，四十九年署。
**吴　登**　侯官人，五十年任。
**吴得生**　同安金门人，五十一年署。
**谢元斌**　龙岩人，武举，五十二年四月署。
**徐　章**　如皋人，武进士，五十二年九月署。
**许廷桂**　五十三年八月任。
**黄耀武**　潮阳人，五十三年十二月署。
**王定邦**　同安金门人，五十四年署。
**陈庆鳌**　连江人，五十五年任。
**谢徽安**　诏安人，武举，五十七年署。
**谢恩诏**　永春籍。
**蔡朝恩**　闽县人。

嘉庆朝

**陈振元**　漳浦人，二年署。
**曾文华**　五年七月任。
**陈登捷**　五年十月署。
**颜国华**　同安人，七年署。
**许　晃**　八年署。
**陈玉龙**　九年任。
**戴书绅**　南靖人，武举人，十年署。

**黄定国**　诏安人，十四年七月署。
**林化凤**　福清人，十四年九月任。
**蒲立勋**　十五年署。
**林廷福**　同安金门人，十九年署。
**李汉升**　二十一年署。
**谢得彰**　二十二年署。
**黄　亮**　常熟人，二十四年署。
**杨茂清**　闽县籍，厦门人，二十四年署。
**江　鹤**　二十五年任。

道光朝

**周承恩**　同安人，住厦门，元年署。
**陈国荣**　同安人，武进士，二年署。
**黄世雄**　同安人，四年署。
**毛翼展**　侯官人，武举人，六年三月任。
**张朝发**　六年八月署。
**杨得良**　同安金门人，八年署。
**萧兴邦**　九年任。
**许寿山**　同安金门人，十年二月署。
**许光良**　同安金门人，十年闰四月署。
**刘时勇**　诏安人，武进士，十三年署。
**萧兴邦**　十三年任。
**黄金络**　同安金门人，十四年署。
**萧廷霖**　十七年八月任。
**陈芗春**　十七年十一月署。
**张进发**　十八年闰四月代理。
**黄挺秀**　厦门人，十八年七月署。
**方高升**　金门人，十九年十月署。
**黄金络**　二十年八月署。
**方高升**　二十一年七月署。

**刘建勋**　二十三年三月任。
**钟宝三**　二十三年十一月回任。
**刘建勋**　二十三年十一月回任。
**许亦盛**　金门人，二十四年正月署。
**黄炳南**　二十六年二月代。
**林忠超**　海坛人，二十六年四月署。
**薛师仪**　二十六年十一月护。
**游硕坊**　福州人，二十六年十一月任。
**蒲昌忠**　厦门人，二十九年十一月署。
**吴清华**　厦门人，三十年八月署。

咸丰朝

**汤殿鳌**　二年十二月任。
**蒲昌忠**　三年二月署。
**邓　元**　天津人，三年七月代。
**蔡朝阳**　三年十一月署。
**邓　元**　五年八月署。
**黄炳南**　九年正月署。
**林茂生**　金门人，十年五月代。
**黄炳南**　十一年四月署。

同治朝

**黄天瑞**　金门人，元年八月代办。
**林荣邦**　金门人，二年二月代。
**陈宗祥**　二年六月署。
**蔡国华**　厦门人，三年十一月代办。
**高德彰**　厦门人，五年正月任。

## 右营守备

雍正朝

**吴　昭**　八年任。
**郭世兴**　晋江人，十年任。
**聂国贤**　莆田人，十二年任。

乾隆朝

**薛存忠**　莆田人，四年任。
**官　玉**　黄岩人，八年任。
**刘　聪**　同安人，十三年任。
**俞林时**　莆田人，十五年任。
**林吕韬**　诏安人，十八年任。
**魏国忠**　二十一年署。
**许廷佐**　同安金门人，二十二年任。
**童文叶**　同安人，二十四年任。
**蓝家祥**　漳浦人，二十五年任。
**金蟾桂**　华亭人，二十七年任。
**江永泰**　海澄人，三十年任。
**梁士富**　同安人，三十二年署。
**陈茂勋**　三十三年兼理。
**金　荣**　三十四年任。
**文　雄**　同安金门人，三十四年三月署。
**魏太斌**　三十四年六月署。
**王开明**　福清人，三十五年署。
**魏文斌**　三十五年任。
**吴必兴**　闽县人，三十六年署。
**金攀龙**　三十六年署。
**戴云龙**　龙溪人，三十七年四月任。

**汪成均**　三十七年五月任。
**许邦贤**　三十七年署。
**彭　喜**　诏安人，四十年闰十月署。
**曾翼成**　晋江人，四十年十一月兼理。
**林士辉**　同安人，四十二年署。
**余日升**　饶平人，四十二年六月任。
**庄长清**　同安人，武举，四十二年八月署。
**郭复楷**　龙溪人，武进士，四十四年二月署。
**林　荣**　潮州人，四十四年七月任。
**施如宪**　四十四年任。
**陈　元**　福清人，四十五年署。
**汤世璜**　闽县籍，住厦门，四十六年署。
**陈　淮**　湖北人，武举，四十七年署。
**李思高**　同安金门人，四十七年署。
**许廷瑞**　同安人，四十九年署。
**李得恩**　闽县人，四十九年十月署。
**陈名魁**　五十年任。
**何国祯**　福清人，五十三年署。
**李光宽**　同安金门人，五十五年署。
**吴得生**　五十六年二月署。
**陈名魁**　五十七年回任。
**曾攀鹤**　潮州人，五十八年署。

嘉庆朝

**陈阶升**　仙游人，元年四月署。
**戴书绅**　二年署。
**黄耀武**　三年署。
**陈报捷**　同安人，六年署。
**蔡世恩**　八年任。
**陈光求**　九年署。

**陈鹏飞**　同安厦门人，十三年署。
**郑恒健**　十四年任。
**黄　亮**　十五年署。
**谢建雍**　铜山人，十九年署。
**谢允中**　嘉义人，住厦门，二十二年署。
**李尚华**　厦门人，二十五年任。

道光朝

**黄　亮**　元年再署。
**林成全**　二年任。
**刘洪清**　闽安人，世职，二年署。
**赖启泰**　铜山人，四年署。
**许光良**　四年署。
**林成全**　七年任。
**许光良**　九年署。
**张朝发**　十年任。
**林瑞凤**　福清人，十年署。
**苏斐然**　同安人，十一年署。
**马元超**　同安金门人，十四年署。
**李登隆**　同安人，十五年署。

## 金门协副将

同治七年，裁金门镇改置。

同治朝

**郭定猷**　七年六月，卸署金门镇总兵事，仍署金门协副将。
**刘松亭**　湖南人，七年八月任。
**夏光胜**　湖南人，八年九月护。
**刘松亭**　九年三月回任。
**刘兴邦**　同安人，十三年任。

**刘光明**　湖南人，十三年十二月任。

### 中军都司

同治朝

同治六年，裁左营游击，改置金门协副将。

**陈宗凯**　厦门人，六年八月署。

**陈捷升**　厦门人，九年二月署。

**黄定邦**　广东人，九年八月任。

**周余庆**　厦门人，十年十二月署。

**陈世英**　厦门人，十二年任。

**陈振家**　厦门人，十三年署。

## 历代职官

唐

### 浯洲场牧马监

**陈　渊**　贞元十九年置。有传。

元

### 浯洲盐场司令

**林　震**　厦门塔头人，见《林登州文集》。

**马司令**　名阙，建书院，置租赡士。见《沧海纪遗》。

明

## 金门游击

**卢毓英** 启祯间，召守金门。有传。

**郭芝英** 同安人，明末以功授。见《县志·武功传》。

国朝

## 守 备

**李 燕** 漳浦人，康熙六十年任金门守备，未详隶何营，从征朱一贵。见《东征集》。

**李 瀚** 海澄人，任金门守备，未详隶何营。见《通志·列女传》。

# 金门志卷之七

## 名宦列传

### 武　功

**俞大猷**　字志辅，号虚江，晋江人。学于赵建郁，以《易》推衍兵法。由武进士除千户，守御金门。军民嚣讼，导以礼让。暇则与士大夫讲学吟诗，磊落自豪。尤好接引后进，如邵应魁卒建奇功。知林希元有志当世，从问学，希元酷喜之。交趾之役，希元归，募兵漳、泉，大猷以金门千户从。发谋出虑，动合机宜。累擢福建总兵官，与戚继光共破海倭于闽、广间。调广西总兵官，予平蛮将军印。旋移镇福建。万历元年乞归，年七十余，访道论学。卒赠左都督，谥武襄。著有《剑经》等书。（参《明史》、《名山藏》、《府志》）

**卢毓英**　字能侯，山东卫荫袭百户。随总兵戚继光剿倭入闽，有功，补金门游击。天启间，郑芝龙辈肆为患，毓英整兵出战于陆鳌，以轻敌被诱获。芝龙意在受抚，礼遣之归，遂被劾。因诣省白诸当道，泉州知府王猷上其议，巡抚熊文灿檄出海招之，果就抚。令监其师，遂歼李魁奇，收褚彩老，杨六、杨七、刘香等以次芟夷。余氛悉靖，毓英与有劳焉。未几卒。（《台湾外志》）

**陈　龙**　号鳞长，漳州龙溪人。初在海上，康熙间仗剑来归，从平金、厦两岛，为金门总兵官。残破之余，用意拊循，外肃备御，内集流逋，封内来者如归。复从征澎、台，拜喇哈勒哈番世职，入觐赐宴。

回镇，益务休养。念此邦夙敦诗礼，立书院，延里中士黄颢为诸生师。公暇，与士人分期校文，第其高下。比督学试，则所识拔者皆裒然居首，一时称名将儒雅。浦民许贞没官糖，负缧绁，其叔许开鬻儿女以释其系。龙闻，捐金代赎所鬻，复使完聚。帅金十余年，奸宄遁迹，里门夜开，民和岁稔，岛人为勒碑于太武山。（《皋轩文集》参《浯岛颂功碑》）

**魏国泰** 翔风炉前人，住刘五店。以从征朱一贵功，历洞庭副将。乾隆元年，以协剿贵州逆苗功，迁金门镇总兵。在任五载，裁罢陋规，岁不下千金。后补广东右翼镇，未任，卒。子文伟，荫生，官顺德协副将。（《县志》）

**李芳园** 广东海阳人，武进士，侍卫。乾隆五十二年，以参将从征台寇林爽文功，赏花翎，授金门镇总兵。标营多积弊，疏剔殆尽，一切陋规毫勿受。金门兵米由厦防厅仓领运散给，差弁从中舞弊，湿水掺糠秕，甚或甬斛欠平满，至月饷亏短零头。芳园履任，风清弊绝，犹时令亲信遇给领米饷期，中途错召至署，为秤量弗如式，立予弹革。尤严盗贼，密防弋获，民户不夜闭。故事，武职不得与民事。芳园巡洋归，攀舆牒讼者立移县丞，到署庭鞫，曲直随判，吏不能为高下手。浦有孀妇舍后忽一卧尸，甲保将私索贿，芳园廉知，立给槥发瘗。诸多善政，不可殚述。

后卒于官，宦囊萧然。丧归，百姓遮道焚香追送。有老媪哭之哀，问其故，曰："吾夫为舵工，操船击碎，中军责赔，公曰：'风涛非人力所施。'吾两子从戎，中军并召戍台，公曰：'一子留养。'一子犯法，中军汰退名籍，公薄鞭而宥之。吾尝私祝公长生，不意竟死，是以恸。"众为坠泪。

芳园刚直廉正，具文武才。在镇七年，军民皆受其福。迄今口碑载道，佥谓"镇金第一"云。

**蒲立勋** 字树亭，厦门人，署金门左营守备。嘉庆十六年，巡哨至平海外洋，击沉盗船一只，获盗十二，擢福宁左营守备。寻署金门左营游击。及去任，送者为之语曰："给饷裕兵糈，三年鼓腹；逻巡警雪夜，万户安眠。"记实也。尝出资修义冢，乡

里善举，无不与焉。历官温州镇总兵。乞养，卒于家。（节《内自讼斋文集》）

**陈化成**　号莲峰，同安丙洲人。父为邑名诸生。化成以家贫充伍，历官金门总兵。勤于巡缉，杜绝私谒。部曲有受其栽培，以重礼为寿者，必正色拒之。一时风裁凛凛。道光间，总督孙尔准以漳州所属浯口地为海寇出没之区，欲移金门右营守备驻守其地。化成议覆，大略谓守备有钱粮之责，难以久驻，应增兵二百名，每年以游击、守备驾船轮流巡哨，而发千把总一员为专防，外额一员为协防，常川防守。朝议报可，一时称便。洊擢江南水陆提督。

二十二年五月，防守宝山，死于海氛之难。赐祭葬，有加礼，予谥"忠愍"，建专祠，入祀京师昭忠祠。赐其子廷芳袭骑都尉，廷棻举人，当时荣之。

子五：廷芳，官山东游击，署总兵；廷棻，刑部员外郎；廷芸，壬戌举人，工部都水司员外郎；廷蔚，六品军功，以通判用；廷荃，闽安左营都司。

**窦振彪**　号升堂，广东花县人。由行伍，历官金门总兵。日夜在洋巡哨，先后获洋盗以千计。与文员和衷共济，不设城府。台湾嘉义张丙作乱，与陆路提督马济胜讨平之，赏戴花翎。旋会同巡道周凯、同安营参将双喜等搜捕沿海潘涂、杏林、柏头诸乡，焚其巢，又搜捕晋江之莲埭、白崎，惠安之獭窟诸贼。行至南安大盈驿，闻朴兜吕姓尤犷悍，屡劫掠滨海，即偕马济胜帅师围之，获巨盗吕石、大讼棍李惠元等八十余名。复渡海至大坠山之曾营乡，获奸匪无数。时海贼江扁雀、陈双喜屡为振彪所窘，势促乞降，许之。道光十七八年，闻海氛告警，振彪属诸绅士团练乡勇，防守沿海要害，布置严密，人情大安。前后镇金门十年，缉盗安民，擢福建水师提督，驻札厦门。以海氛之役，革职留任，卒。予开复，晋赠太子太保，谥"武襄"，赐祭葬如典礼。

振彪平生以造人材为先，知人善任。如林建猷、林向荣皆至提督，韩嘉谟、陈胜元、薛师仪皆至总兵，陈显生、吴菁华、彭夺超、许鹏飞至参将、游击，均水师能员，以武功显。而向荣、嘉谟、胜元、菁华、夺超等先后以死勤事，皆振彪所识拔也。

子熙，分发福建知县，署泉州府马巷通判；壮龄，候补水师游击。

**钟宝三** 号鉴堂，汀州上杭人。道光间，由世袭云骑尉，历官金门右营游击。巡缉勤慎，获洋匪最多，积功至福建水师提督。缘事罢任。

宝三自少读书，尝应童子试。性风雅而岂弟，喜与文士倡和。咸丰元年间，尝会同金门县丞李湘洲建育婴堂，割俸倡捐经费，至今赖之。

**周承恩** 字君然，号碧峰，夏门人。历官金门守备。爱恤士卒，而勤于巡缉，所部洋面肃然。以获盗功，调升台湾安平中营游击，护安平副将。道光二年，张丙作乱，随总兵刘廷斌援嘉义，战殁于鹿仔草。事闻，以参将例，赐恤袭如例。

子向辰，袭云骑尉。尝官金门，能举其职。后以游击带兵赴仙游县剿贼，死于阵。赐恤袭如例。子余庆袭。

## 循　吏

**李飞鹏** 新宁人。嘉庆元年，署金门县丞。会地方将采籴米谷补仓，飞鹏以金门四面环海，地瘠人贫，率以渔盐为命，岁出惟薯、豆，不产禾米，无从购市，捧檄踌躇。而绅士林文湘辈已具呈至，极陈岛上艰厄状。飞鹏即据情牒请大吏，得免。浯民无采买，自此始。

**汪炳南** 苏州人。嘉庆间，署金门县丞。廉洁惠民，至典衣自给，百姓时以薪米馈之。

**李振青** 号松吟，兴义人，监生。历署长泰知县、永春州知州。嘉庆间，为金门县丞。综核精敏，善钩距，能知民间利病。有要犯，大吏索急，奉檄往捕，舍其村之家祠。其村素悍，或言曰："今夜一炬，足可了事。"初不知振青故能操闽音，从容令将薪至，绕其祠曰："吾无德以发若，可焚；若祖无灵以化若，宜焚。今且与若祖并烬。"村老惧，即日缚犯出。海寇方炽，同守备陈光求驾快艇击获盗许包、刘添辈，再捦方溪辈于草屿，盗自是稍戢。浯江书院久无膏伙，割俸分期课文，修学舍，置祭费。举卓异升去，旋为同安知县。调台，卒。岛人祠之浯江书院。

**萧　重**　号远村，直隶静海人。博学工诗。嘉庆间，补兴化莆田巡检，自号三十六湾梅花主人。迁金门县丞，为宽厚爱人。金门地硗确，常苦旱。重赋诗祷城隍，是夕大雨，复依韵谢焉。诗学韩、杜，与诸生林文湘为莫逆交，倡和文，燕无虚日。书院课士，手自评阅，文士翕然称之。既去任，寓浯江书院，署曰"客燕"，日吟咏其中。贫不能办装，岛人或进薪米，始供朝夕。著有《剖瓠存稿》、《左传乐府》若干卷，门下士为之刊行。

**李湘洲**　号松岑。道光间，由吏员官金门县丞。性明敏，精习吏事，案无留牍。尝以金门溺女风炽，与右营游击钟宝三，绅士林焜熿、薛师弼、蔡涟清、许瑞瑛辈谋为拯救之法。而地瘠民贫，难充经费，乃先筹款数百，于署西隙地起盖育婴堂。复百计鸠资而成之，始终三年不倦。后升任同安知县，犹与绅士邮书往来，以蒇其事。卒后，岛人为位，祠于堂中，春秋祀焉。

## 殉　难 附

**吴瑞兴**　同安人。屡从提督陈化成巡洋，以捕盗勇敢，累迁金门右营把总、署千总，为后浦汛防官。咸丰五年十一月初七夜，巡至中港海滨，见匪徒数十乘龙艚小舟登岸，偷挖地瓜。直前捕之，中贼炮伤颈卒。时护总兵蔡润泽、护右营游击陈宗祥以贼匪无踪，欲捏报别情。而瑞兴长女日号哭于镇署前，当道不获已，以死事闻，赐恤袭如例。

# 金门志卷之八

## 选举表

自乡举里选之典废，而士始以制科为重矣。岂科名果足以重士哉，亦士之重科名耳！金门当启、祯之代，科名为盛，颖黉舍者至百余人，要其可为制科重者不过数人。而其初以经学气节显者，莫如宋之丘氏，则非出制科者也。夫汉之举孝弟力田，魏之设大中正，皆乡举里选遗意，使人人束脩自重，以为荣进之阶，其风犹为近古。兹编自五贡而上，至文武乙科录之，而皆列于荐辟之次，义各有取。其他如封荫、军功至勋阶、武职，以原稿所有、耳目所及者，姑存编末。其不自行举报者，则无从录焉。为选举表。

### 进　士（宋至国朝）

宋

**淳化三年壬辰科**

**陈　纲**　有传。

**大中祥符五年壬子科**

**陈　统**　纲弟。《县志》俱作邑令洪济子，《纲传》作龚丘令元恺子。

**庆历二年壬午科**

**陈　棫**

**皇祐元年己丑科**

**陈昌侯**　统子，见《闽书》。

**重和元年戊戌科**

**陈良才**　楷从弟。《八闽通志》作才良。

**庆元二年丙辰科**

**陈　槱**　《通志》：阳翟人，洪济六世孙。著《言行实录》。《府志》：良才孙。

明

**弘治三年庚戌科钱福榜**

**张　定**　十七都青屿人。山东布政司参议，居官清谨。

**正德九年甲戌科唐皋榜**

**黄　伟**　有传。

**嘉靖五年丙戌科龚用卿榜**

**陈　健**　有传。

**嘉靖十四年乙未科韩应龙榜**

**许　福**　有传。

**嘉靖二十年辛丑科沈坤榜**

**许廷用**　有传。

**嘉靖四十四年乙丑科范应期榜**

**张凤征**　有传。

**萧复阳**　沙美人，号见心。江西金溪令，擢户部员外郎。

**隆庆二年戊辰科罗万化榜**

**蔡贵易**　有传。

**万历十四年丙戌科**

**蔡守愚**　有传。

**李　玑**　十七都田墩人，号耀台。高安知县，升都察院经历。

**万历十七年己丑科**

**蔡献臣**　有传。

**蔡懋贤**　有传。

**蒋孟育**　有传。

**陈基虞**　有传。

**黄华秀**　有传。

**万历二十三年乙未科**

**张继桂**　有传。

**蔡复一**　有传。

**万历二十九年辛丑科**

**许　獬**　有传。

**张廷拱**　有传。

**万历三十八年庚戌科**

**刘行义**　刘澳人，号依仁。合浦令、文选司员外、广东左布政。

**万历四十四年丙辰科**

**林　釬**　有传。

**张朝纲**　有传。

**天启二年壬戌科**

**陈昌文**　有传。

**崇祯七年甲戌科**

**蔡国光**　有传。

**崇祯十年丁丑科**

**龚天池**　十七都何厝人，号亨明。庶吉士，改浙江鄞县令。

**崇祯十三年庚辰科**

**卢若腾**　有传。

**张朝綖**　有传。

国朝

**康熙六年丁未科**

**陈睿思**　观泰子，住松田。户部主事。按：前朝士夫宦后多邑居，又经迁界转徙，《县志》有“非浯产，以其祖居浯洲，仍列为浯人”，兹亦仍之。新收者不在此例。

**康熙六十年辛丑科**

**张对墀**　有传。

**雍正五年乙未科**

**许　炎**　有传。

**雍正癸卯年恩科**

**许履坦**　号基浦，十九都后浦人。河南密县令，改汀州府教授。见《沧海纪遗》。此条续补。

**道光三年癸未科会试杜受田榜、廷试林召棠榜**

**郑用锡**　附见《义行传》。

## 荐　辟 附

**宋元丰二年己未**

**陈　楷**　棫从弟，特奏名。《府志》作晋江人。

**明洪武间**

**颜辟雍**　十九都贤聚人，以明经举，授两浙盐运使司同知。

**陈德辉**　十七都阳翟人，以明经举，任安溪教谕，升徽州通判。

**彭用乾**　有传。

**洪三友**　十八都西洪人。十八年，以经明行修举，任武昌府通判，迁北平理问。

**颜　嗣**　十九都贤聚人，以明经举，任严州府经历。

**陈　熙**　十七都阳翟人，字靖之。邑令以明经举，任漳州龙岩[①]学训导。

**宋　文**　十八都人，邑令以通经举，任国子监助教。《府志》作国子学正。

**周　祐**　有传。

---

① 龙岩县，明代隶属漳州府。

**明嘉靖间**

**颜　弘**　有传。

**国朝顺治间**

**许元庸**　有传。

**道光元年**

**陈荣瑞**　附见《孝友传》。

**同治元年**

**郑用鉴**　移居淡水，以拔贡举孝廉方正。

**附录**

**丘　葵**　不就币[①]聘，见《隐逸传》。

## 武进士

明

**嘉靖二十六年丁未科**

**邵应魁**　有传。

**万历十七年己丑科**

**周文郁**　金门所人，百户。以解元历南京游兵把总、广东都司佥事。

**万历二十八年庚戌科**

**刘　捷**　金门所正千户，升本卫指挥同知。

---

① 币，原作“弊”，据台湾文献丛刊本改。

# 举　　人（明至国朝）

明

**洪武五年壬子科**

**陈　显**　有传。

**正统十二年丁卯科**

**吴大宜**　沙美人。直隶涿州判官。

**正统四年癸酉科**

**林　玘**　烈屿上林人。寿州同知。一作纪。

**正统十九年癸卯科**

**洪　敏**　十八都西洪人。南京国子监助教。

**张　定**

**弘治五年壬子科**

**陈兴仁**　十七都东埔人。由安溪学，乌程教谕。

**弘治八年乙卯科**

**吕　川**　十八都西仓人，字以济。浙江太平令。

**弘治十四年辛酉科**

**张　宜**　定弟。恩赐入监，顺天中式。沈丘令。

**弘治十七年甲子科**

**李　煌**　前水头人。山东峄县教谕。正德间，分修《县志》。

**正德二年丁卯科**

**吴　蕴**　慎子。

**正德五年庚午科**

**黄　泰**　伟从兄。工部主事。

**萧冠玉**　沙美人。南京盱眙教谕。

**黄　伟**

**正德八年癸酉科**

**陈　回**　十七都斗门人。

**黄时懋**　十七都东店人，字慎轩。江西太和令。

**正德十四年己卯科**

**陈　健**

**嘉靖元年壬午科**

**王　佐**　有传。

**嘉靖七年戊子科**

**许　福**

**吴德范**　有传。

**张　明**　沙美人。浙江瑞安教谕。

**陈　温**　阳翟人。江西新城令，以清廉忤权贵，弃官归。

**张文录**　青屿人。由府学，江西万载令。

**嘉靖十年辛卯科**

**许大来**　福侄，光卿祖。万州牧，有便民之政。

**蔡宗德**　有传。

**王　臣**　十七都吕厝人。广东新宁令。

**黄　源**　汶水头人。伟族。

**吕文纬**　有传。《县志》吕误作吴。

**许以明**　后浦人，字英实，号见海，一作汝明。广西兴业令。

**许　贽**　后浦人，字惟敬，号次浦。湖广城步令。

**嘉靖十三年甲子科**

**林可栋**　烈屿东林人。历沔阳牧、太平知府、伊府左长史。余俸置田，遂以惠族。晚年应宾筵。

**嘉靖十六年丁酉科**

**卢天祐**　有传。

**嘉靖十九年庚子科**

**杨师颜**　十七都官澳人。

**王时拱**　有传。

**许廷用**

**嘉靖二十二年癸卯科**

**蔡　焕**　有传。

**嘉靖二十八年己酉科**

**陈思诚**　十七都东埔人。

**阳汝蕃**　十八都田央人。浙江常山教谕。

**嘉靖四十年辛卯科**

**萧复阳**

**洪鸣阳**　烈屿青岐人。

**张凤征**

**嘉靖四十三年甲子科**

**陈荣祖**　有传。

**蔡贵易**

**隆庆元年丁卯科**

**李明忠**　十九都李厝人，号恐叟。江西建昌令，国子监助教，九江府知府。

**万历四年丙子科**

**陈荣选**　有传。

**万历七年己卯科**

**蔡用明**　有传。

**张廷相**　十七都埔头人。汀州永定教谕。

**万历十年壬午科**

**张日益**　有传。

**万历十三年乙酉科**

**蔡守愚**

**李　玑**　一作“机”。

**蔡懋贤**

**陈廷梁**　斗门人。由漳浦学①，上杭教谕。能诗。

① 漳浦学，台湾文献丛刊本作“漳州学”。

**万历十六年戊子科**

**蔡献臣**

**陈基虞**

**蒋孟育**

**黄华秀**

**张继桂**

**黄华瑞** 华秀兄，榜名芝瑞，号育吾。由南安学，宁洋教谕，升南京国子监助教。

**赵维藩** 浦边人，号斗南。由漳州学，官清流令。

**吕大楠** 十八都林兜人，号乔轩。磁州教谕，广西洛阳令。是科有“八鲤渡江”之目。

**万历二十二年甲午科**

**张懋华** 田墩人，改名懋。由龙溪学。

**蔡复一**

**蔡有麟** 琼林人。由龙溪学，山东蒙阴教谕。

**许光卿** 有传。

**万历二十五年丁酉科**

**张廷拱**

**许　獬**

**万历二十八年庚子科**

**陈士铨** 有传。

**刘行义**

**万历三十一年癸卯科**

**李　雍** 明忠侄，榜名许晏。宿迁令。

**万历三十四年丙午科**

**张朝纲**

**陈士英** 十八都新堠人。安仁令，擢五城兵马司主事。

**万历四十年壬子科**

**林　釬**

**苏寅宾**

**吕天畀**　十七都吕厝人，徙震崎。有文名。

**陈如松**　有传。

**万历四十三年乙卯科**

**陈昌文**

**徐　绵**　十七都东埔人。广东惠来令。

**万历四十六年戊午科**

**董文衡**　十九都古坑人。由儒士。

**张若纲**　有传。《台湾府志·流寓传》作由进士，官兵部侍郎。

**天启元年辛酉科**

**刘廷宪**　有传。

**李敷明**　十七都南安乡人。严州府同知。《县志》作南安寄籍。按：金门原有南安乡。

**许逵翼**　有传。

**许　焕**　后浦人。由安溪学。

**天启七年丁卯科**

**蔡国光**

**张　瀚**　大嶝人，廷拱侄。

**辛一鹭**　十九都后垵人。宝庆府推官。

**崇祯三年庚午科**

**龚天池**

**杨期演**　有传。

**崇祯六年癸酉科**

**陈观泰**　有传。

**陈守臣**　十七都营山人。中浙江试。

**崇祯九年丙子科**

**卢若腾**

**崇祯十二年己卯科**

**颜应奎**　贤聚人。由安溪学。

**张朝綖**

**崇祯十五年壬午科**

**黄　策**　汶水头人。崇安教谕，一作闽县教谕。

**张汝瑚**　青屿人。由府学，湖广安陆府通判。

国朝

**顺治八年辛卯科**

**张逢震**　青屿人，住府城。由府学。

**顺治十一年甲午科**

**龚卿佐**　十七都吕厝人。

**康熙五年丙午科**

**陈睿思**

**康熙八年己酉科**

**蔡登龙**　十七都蔡厝人。台湾府教授。南京金坛令，将赴任，舟飘殁。

**倪周旦**　金门所人，榜姓孙。由龙溪学，清流、仙游教谕。

**陈有庆**　十八都赤后人。由南靖学，初任东明县，改直隶东光县，致仕。

**康熙十一年壬子科**

**陈士节**　榜姓郭，荣选曾孙。

**康熙二十年辛酉科**

**吕二酉**　西仓人，榜姓武，公望子。由南靖学，山西石楼令。内艰，起补溧阳令。

**黄　晄**　有传。

**刘夔龙**　刘澳人，行义孙，入籍漳浦。南宫令。

**康熙二十三年甲子科**

**龚之辅**　十七都何厝人。

**康熙二十九年庚午科**

**陈骝先**　士铨侄孙，住石澳。由府学。

**康熙三十五年丙子科**

**洪心澄**　有传。

**康熙四十一年壬午科**

**史大范** 《县志》：翔风后王人，本姓陈，住府城。由晋江学，淳安令；未任卒。

**康熙四十四年乙酉科**

**王孔彰** 有传。

**康熙五十三年甲午科**

**张对墀**

**洪淳瑛** 有传。

**康熙五十六年丁酉科**

**张星徽** 榜姓金，德溥子。辛丑进士，以磨勘革。

**康熙五十九年庚子科**

**许观海** 后浦人，诏安教谕。

**雍正元年癸卯科**

**王飞龙** 大嶝人。

**雍正二年甲辰科**

**许 炎**

**卢家椿** 贤聚人。

**雍正四年丙午科**

**张宪三** 《县志》：青屿人。由晋江学，南平教谕。

**雍正十年壬子科**

**张德溥** 《县志》：十七都青屿人。由拔贡。

**乾隆三年戊午科**

**陈元章** 观泰孙。

**乾隆六年辛酉科**

**陈应瑞** 十八都下坑人，住西浦。

**乾隆九年甲子科**

**张时霖** 青屿人，璇光曾孙。由南安学。

**乾隆十二年丁卯科**

**许我生** 后浦人，字克昂。

**乾隆二十四年己卯科**

**许崇楷**　总兵盛曾孙。由侯官学，署绛州分州，补翼城令。

**嘉庆二十三年戊寅科**

**郑用锡**　随父移住淡水。子如松，举人。以后不录。

**道光二年壬午科**

**吕世宜**　有传。

**咸丰九年己未恩科（补行戊午正科周庆丰榜）**

**林　豪**　字卓人，岁贡生焜熿子。

**光绪元年乙亥恩科**

**林资熙**

**光绪八年壬午科郑孝胥榜**

**洪作舟**　后浦人，号晴川。

## 贡　生（明至国朝）

明

**洪武三十七年戊寅**

**吕益宗**　十八都西仓人。直隶来安令。

**正统五年庚申**

**陈　善**　十八都陈坑人。

**成化六年庚寅**

**蔡　瑾**　十八都琼林人。由安溪学。

**成化十年甲午**

**吴　慎**　烈屿人。《县志》作填，《府志》作滇。浔州府同知。

**弘治七年甲寅**

**陈　忱**　十八都东坑人。云南镇远令。

**正德三年戊辰**

**陈　珪**　十八都田央人。

**弘治八年癸酉**

**陈秉中**　十七都东埔人。

**弘治十年乙亥**

**陈　祯**　阳翟人。广东长乐训导。

**弘治十二年丁丑**

**陈光彻**　阳翟人。

**弘治十四年己卯**

**蔡　森**　十八都琼林人。广东乳源训导。

**杨　昂**　赤庭人。

**张　鹄**　青屿人。二人正德间，《府志》未载科年，《县志》入例贡。

**嘉靖四年乙酉**

**陈　山**　阳翟人。诏安训导。

**嘉靖九年庚寅**

**陈天泽**　十七都湖山人。浙江江山教谕。

**嘉靖十一年壬辰**

**陈　伦**　十七都斗门人。湖广潜江教谕。

**嘉靖十二年癸巳**

**许廷用**

**嘉靖十四年乙未**

**蔡　焕**

**黄　杰**　有传。

**嘉靖十六年丁酉**

**张　埙**　青屿人。山东平阴教谕。

**嘉靖十八年己亥**

**杨　复**　十七都赤埕人。怀宁教谕。

**嘉靖二十年辛丑**

**黄　政**　十七都东店人。东阳令。

**嘉靖二十三年甲辰**

**黄　仪**　十七都汶水人。

**嘉靖二十年己巳**

**陈纪名**　十七都湖山人。广东文昌教谕。

**嘉靖二十六年丁未**

**梁乔峻**　十七都山后人。徐州训导。《府志》作俊，《县志》作湖边人。

**蔡志道**　瑾侄。由安溪学，德州训导。

**嘉靖三十年辛亥**

**黄　江**　有传。

**嘉靖三十二年癸丑**

**陈甫吉**　健子。

**嘉靖三十四年乙卯**

**洪　度**　二十都烈屿人。

**嘉靖三十七年戊午**

**张应星**　埙弟。有传。

**嘉靖三十八年己未**

**黄　耀**　汶水头人。钦州训导。《府志》作曜。

**蔡志学**　琼林人。平乡王府教授。

**嘉靖四十年辛酉**

**蔡环碧**　十七都山兜蔡厝人。高尚不仕，寿九十二。孙用明。

**黄弘德**　东店人，榜姓陈。浙江慈溪教谕。

**蔡志孝**　琼林人。由安溪学，湖州府训导。家谱及祖庙匾额作“志祥”。士游志。

**嘉靖四十二年癸亥**

**卢广业**　贤聚人。国子监助教，卒于官。

**嘉靖四十四年乙丑**

**洪　受**　有传。

**隆庆六年壬申**

**蔡惟中**　琼林人。莆田训导。

**王一龙**　十七都山后人。广东琼州教谕。未详科年。《县志》

作丙寅，误，隆庆纪年无丙寅。

**万历四年丙子**

**颜　山**　贤厝人。山东沂州判官。

**万历六年戊寅**

**蔡果东**　志学子，选贡。由安溪学，古田训导。

**万历八年庚辰**

**黄懋鼎**　汶水头人。四川乌蒙府通判、清江府长史。

**万历九年辛巳**

**陈懋翔**　斗门人。漳州府训导、浦城教谕。

**万历二十五年丁酉**

**蔡日芳**　田墩人。象山训导、广东灵山教谕。

**万历三十年壬寅**

**黄云鹄**　懋鼎弟。宁德训导、仙游教谕。

**万历三十一年癸卯**

**陈　俊**　甫吉子。福州训导，不赴。

**万历三十三年乙巳**

**萧映奎**　沙美人，选贡。由宁洋学，尤溪训导。

**周　言**　十七都刘澳人。由漳浦学，武强训导。

**万历三十五年丁未**

**董任卿**　十七都南安乡人。

**万历三十九年辛亥**

**陈士龙**　荣选子。

**陈凤举**　阳翟人。由府学。

**万历四十三年乙卯**

**许明廷**　后浦人。延平教谕。

**光宗元年庚申**

**陈懋时**　阳翟人。漳浦训导，升教谕。

**天启元年辛酉**

**蔡　甘**　有传。《县志》作崇祯壬午，《蔡氏家乘》作甘光。

**龚天池**

**崇祯二年己巳**

**吴大光**　德范曾孙。

**崇祯十二年己卯**

**王重臣**　十七都山后人，副贡。

**崇祯十五年壬午**

**陈世忠**　十七都阳翟人。

**蔡大壮**　十八都琼林人，副贡。

**许天申**　后浦人。崇祯间，中式三科副榜。

## 附载贡生

《县志》云：其中有庠生，有荫生，非尽俊秀所捐。其类不一，或年分无考。未敢遽削，附载于此。

明

**张廷极**　有传。

**蔡　龢**　献臣子，恩贡。

**陈　绶**　斗门人，寄籍平和。两登副榜。

**谢　岳**　十八都人。

**陈甫佐**

**陈甫文**　俱健子。

**陈荣选**　健孙。

**许成材**　后浦人。光禄寺署正，凤阳通判。俱嘉靖间。

**陈子阶**　金门所人。陕西凤翔主簿。

**许国祯**　兵马司副指挥。

**许国光**　俱后浦人。

**许国炳**　成材子。

**陈荣相**　吉甫子。

**陈荣怀**　甫文子。

**陈士经**　荣祖子。光禄寺署丞。

**陈士鼋**

**陈士鸾**　俱荣选子。

**陈如松**

**蔡鼎臣**　琼林人。

**陈元镳**　基虞子。俱万历间。

国朝

**顺治四年丁亥**

**张开震**　青屿人。广东南雄府教授。

**顺治八年辛卯**

**许　岳**　光卿子。拔贡副榜。

**陈帝范**　《邑志》：陈坑人，住西浦。

**顺治十一年甲午**

**张汝进**　青屿人。贡元。

**顺治十四年丁酉**

**陈昌汝**　陈坑人。

**顺治十七年庚子**

**黄茂荣**　汶水头人。副榜。

**康熙十年辛亥**

**张　霞**　青屿人。廷元。

**康熙十一年壬子**

**张际盛**　青屿人，副榜。由晋江学。

**康熙十二年癸丑**

**林道行**　古坑人。

**康熙二十四年乙丑**

**陈继鼎**　《邑志》：翔风阳翟人，住松田。

**康熙二十六年丁卯**

**陈肇俊**　拔贡，睿思子。中乙酉乡试。

**康熙三十二年癸酉**

**陈　逸**　古区人。由台湾学，福安训导。

**康熙三十四年乙亥**

**郑萼达**　《邑志》：金门人。由台湾学，永福训导。

**许汝舟**　后浦人。由诸罗学，寿宁训导。

**康熙三十六年丁丑**

**陈绍美**　《邑志》：浯洲人。由台湾学。

**卢　贤**　贤聚人。由台湾学。

**康熙四十年辛巳**

**许士骥**　后浦人。由台湾府学。

**康熙四十二年癸未**

**方宗伟**　烈屿人。由诸罗学。

**康熙五十一年壬辰**

**许　冈**　后浦人。由台湾府学。《县志》作光。泰宁训导。

**康熙五十二年癸巳**

**蔡振声**　《邑志》：翔风琼林人，住社坛。长乐训导。

**蔡缵烈**　振声弟。由诸罗学，长乐训导。

**康熙五十九年庚子**

**陈丹书**　《邑志》：十七都阳翟人。副榜。

《县志》载，又有陈妫孕、陈晋明、陈丰美、陈丰缵、陈道南、陈尚勖、陈辉祖，皆注阳翟人。按：同安有三阳翟：浯洲、县西、灌口。在浯洲者，隶翔风里。数人志不载为何处阳翟。又张朱佐、张如璋及明贡生张可传、张洓，皆注东埔人。考积善里亦有东埔，志亦未载为浯洲之东埔。附志于此，以待知者。

**年分无考**

**谢正华**　大嶝人。由南靖学。《府志》作康熙间。

**许国钦**　十九都人。

**黄必弟**　十九都前水头人。

**许成材**　十九都人。南京凤阳府通判。按：《县志》明捐贡，亦载有许成材，里居、仕宦皆同。或误，或名偶符，姑并存之。

**雍正二年甲辰**

**许秉文**　后浦人，逵翼孙。副榜。

**雍正六年戊申**

**张德溥**　拔贡。

**雍正十三年乙卯**

**倪能滺**　恩贡，金门城人。由南安学。

**蔡梦兰**　山兜人。

**林良弼**　烈屿人。二人由府学。

**陈起凤**　副榜。下坑人，住西塘。

**乾隆二年丁巳**

**张逢春**　大嶝人。上杭训导。

**乾隆三年戊午**

**蔡蹈云**　副榜。振声子。

**乾隆四年己未**

**许元珪**　后浦人。由台湾府学。善诗赋、楷法。

**乾隆九年甲子**

**陈　法**　起凤父。

**乾隆十二年丁卯**

**许振声**　后浦人，移晋江。副榜。

**乾隆二十七年壬午**

**颜　嘉**　贤聚人。副榜。

**乾隆三十一年丙戌**

**陈射策**　元章子。由府学。

**道光元年辛巳**

**文成章**　后浦人，把总应祥子。

**道光十七年丁酉**

**林焜熿**　后浦人。

**咸丰三年癸丑**

**杨秉均**　官澳人。恩贡。

**许瑞瑛**　后浦人。

**同治十二年癸酉科**

**林资熙**　拔贡生。由长泰学。

# 武　　举（明至国朝）

明

**嘉靖二十五年丙午科**

**邵应魁**

**嘉靖三十一年壬子科**

**黄伯需**　金门所军余。

**嘉靖三十四年乙卯科**

**木邦和**　金门所余丁。乙卯再中，甲子三中。

**嘉靖三十七年戊午科**

**杨文时**　金门所舍人。甲子再中第一名。

**嘉靖四十三年甲子科**

**陈履逊**

**叶本资**　并金门所余军。

**隆庆元年丁卯科**

**张逢辰**　金门所武生。

**隆庆四年庚午科**

**周文郁**

**万历元年癸酉科**

**陈　镆**　金门所百户。

**许　均**　后浦人。广西柳州钦依把总。

**万历十年壬午科**

**翁学周**　金门所舍人。丁酉再中。

**万历二十五年丁酉科**

**陈安居**　金门所舍人。癸卯再中。

**刘　捷**

**万历四十年壬子科**　此条续补

**黄一环**　汶水头人。官怀远副总兵。

**崇祯三年庚午科**

**陈　煌**　阳翟人。

**崇祯六年癸酉科**

**许光宙**　后浦人。

国朝

**乾隆十七年壬申科**

**彭三达**　马巷人，迁居后浦。闽安守备。子兆俊，外委把总。

## 汇报老生

**蔡　苑**　琼林人。嘉庆六年辛酉乡试，以老生汇报，例给副榜；十二年丁卯科会试后，汇报礼部，例给举人。卒年七十九。按《蔡氏家乘》，尚有蔡其焕、蔡启章，俱以老生给举人。然移住同安多年，故不敢混载。余仿此例。

**宋恩来**　董林人，原名飞来，自号典贤。道光间，由抚宪汇报老生，例给副榜。再乡试汇报礼部，例给举人。

**颜　綮**　同安人，流寓金门，侨住后浦街。同治间乡试榜后，由抚宪汇报老生，例给副榜。

## 国朝武职

### 封　　爵

**周全斌**　有传。按：《通志》入漳州，全斌尝为吏于漳，又在漳州归诚。今考《留庵文集》，乃金门产也。

**丘良功**　有传。

**丘联恩**　有传。

**丘炳忠**　联恩子，龚男爵。

## 提　　督

**蔡攀龙**　有传。

**李光显**　有传。

**吴建勋**　有传。

## 总　　兵

**许　盛**　有传。

**李耀先**　有传。

**杨　华**　有传。

**陈光求**　有传。

**文应举**　有传。

## 副　　将

**许国柱**　后沙人，康熙间功加左都督，广东琼州协副将。

**李　仁**　山西乡人，康熙间功加左都督，以副将管荆门州游击事。

**张　正**　大嶝人，康熙间以平台湾功，加左都督云骑尉，世袭琼州副将。历署金门镇中军，兼署总兵官。见《县志》。

**黄振玉**　有传。

**谢　云**　大嶝人，乾隆间广东龙门协副将。

**杨康灵**　有传。

**丘镇功**　提督良功弟，道光间安平协副将。

**郭扬声**　有传。

**许扬洲**　后浦人。咸丰间，补澎湖协副将。同治间，署金门镇总兵，罢归。

## 参　　将

**许　泽**　有传。

**李耀国**　有传。

**蔡文升**　琼林人，雍正间广东海门参将。

**文际高**　后浦人，乾隆间福建督标水师营参将，署闽安协副将。

**林廷福**　有传。

**郭良安**　后浦人，嘉庆间烽火门参将。

**彭夺超**　有传。

**薛师仪**　山仔兜人，咸丰间提标中军参将，护理金门镇总兵。

**卢成金**　后浦人，同治间督标水师协参将，护理浙江黄岩镇总兵。

**萧邦佑**　后浦人，福宁中营游击，署闽安协副将，预保参将。

## 游　　击

**许　华**　后浦人，康熙间都督佥书水提后营游击。

**陈良弼**　前墩人，康熙间左都督陕西兴武营游击。

**蔡文郁**　琼林人，雍正间广东电白游击。

**蔡　习**　后浦人，乾隆间安平游击。

**许　绩**　后浦人，乾隆间江西抚标游击。

**杨　天**　董林人，乾隆间水师提标前营游击。

**洪　就**

**黄　瑞**　董林人，乾隆间水师提标左营游击。

**许廷佐**　后浦人，乾隆间澎湖右营游击。

**许朝耀**　后浦人，乾隆间水师提标右营游击。

**刘宗宪**　后浦人，乾隆间广东虎门游击。致仕。

**黄志辉**　有传。

**文成才**　有传。

**许允青**　后浦人，道光间南澳游击。

**黄金络**　前水头人，道光间预保游击，署金门游击。

**许鹏飞**　后浦人，题海坛右营游击，裁缺侯补。

**许瑞声**　有传。

## 都　　司

**文　忠**　后浦人，乾隆间闽安都司。

**张日高**　庵前人。乾隆间，以征台湾林爽文功，历艋舺都司。

**陈邦光**　有传。

**胡满荣**　古宁人，嘉庆间淡水都司。

**许远生**　后浦人，道光间闽安右营都司，署水师提标中军参将。

**杨武镇**　总兵华子，道光间闽安左营都司。历署水师提标左右营游击，护理澎湖副将。

**陈光福**　后浦人，道光间闽安右营都司。历署金门，再署闽安协右营，安平左营游击。

**黄炳南**　前水头人，金门左营守备、尽先都司，署金门右营游击。

**黄安标**　后浦人，都司衔水师提标，后营守备。历署前营游击。

**黄进升**　后浦人，尽先都司，署水师提标中营守备。

## 守　　备

**许　壬**　后浦人，康熙间苏松右营守备。

**蔡廷隆**　琼林人，康熙间浙江平阳守备。

**蔡宗耀**　琼林人，雍正间水提中营守备。

**江永泰**　有传。

**曾翼成**　后浦人，武生，乾隆间铜山守备。

**李思高**　耀先子，乾隆间闽安右营守备。

**李光辉**　光显兄，乾隆间安平中营守备。

**许　成**　董林人，乾隆间澎湖守备。

**文　雄**　参将际高子，题升守备。

**谢　恩**　后浦人，乾隆间铜山守备。

**文　英**　后浦人，乾隆间铜山守备。

**陈腾蛟**　后浦人。乾隆间，以平台湾寇林爽文功，历铜山守备。

**吴得生**　后浦人，以平台湾林爽文功，历广东守备。

**文应宝**　雄子，把总应祥弟，嘉庆间安平协标守备。

**张其祥**　沙美人，嘉庆间海坛左营守备，署提标左营游击。子占魁，千总，署安平协标守备。

**翁　及**　湖尾人，嘉庆间台湾沪尾守备。

**陈元成**　有传。

**林成全**　后浦人，道光八年金门右营守备，署游击事。

**李鸣皋**　光辉子，烽火守备。

**陈云蛟**　腾蛟堂弟，道光十年澎湖右营守备。

**方高升**　后浦人，督标水师营守备。

**吴朝成**　后浦人，咸丰间安平右营守备，署安平左营游击。

**萧南枢**　有传。

# 明选举

## 吏　员

**李　度**　十七都东埔人，景陵卫经历。

**李　挥**　十九都山前人。由吏员，任琼州府同知。

**张　宣**　沙美人，蕲州判官。《纪遗》作瑄，任州同，当道重其学问。

**吕　宋**　东平州判官。

**王应时**　兰厝人，云中卫经历。

**张　平**　东埔人，舒成典史。

**陈　荩**　宿迁县丞。

**蔡　赐**　广西典史。

**曾养元** 河南获嘉县丞。

**曾德偃** 山东典史。

**陈敦厚** 云南州同知。

**黄　政** 溧阳县丞。

**林　满** 典史。

**施　玟** 江西巡检。

**吕应钟** 义乌县丞。

**翁奇粹** 审县典史。

**王　敷** 溧水典史。

**薛育英** 河东运司知事。

**陈　怀** 后山人，长沙卫经历。

**许鸿岗** 后浦人，两浙盐运司知事，除杭州钱塘二尹，迁湖广楚府长史。

**陈应谨** 永州府知事。

**陈　孙** 河源典史。

**陈　逵** 钱塘典史。

**张廷柱** 县丞。

**陈昭叔** 青浦县丞。

**蔡一敬** 琼林人，台州府司狱，丹徒巡检。

**蔡　德** 汶水典史。

**卢　检** 贤聚人，莱芜县典史。

**张志超** 青屿人，瑞金县典史。以廉闻，题补县事。

**陈振奇** 斗门人。事母以孝闻，由三考任河南县典史。见《岛上节烈传》。府县志作经历。

**蔡富明** 广东按察司司狱。

**蔡潜明** 俱琼林人。丹徒巡检。

## 封　赠

**黄梁甫** 伟父，封南京刑部主事。

**陈　祯** 健父，岁贡，封刑部员外郎。

**王存瑶**　佐父，赠南京户部员外郎。

**蔡宜勋**　贵易祖，赠贵州左参政。

**蔡宗德**　贵易父，举人，赠贵州左参政。复以孙献臣，加赠湖广右参政。

**陈甫吉**　荣祖、荣选父，岁贡，赠永安知县、儋州知府。

**陈甫烈**　荣选父，邑诸生，赠广东儋州知州。

**蔡用明**　有传。

**蔡宗道**　有传。

**蔡希旦**　有传。

**李养介**　玑父，邑诸生，赠江西高安知县。

**蒋　相**　孟育父，赠翰林检讨。

**陈廷佐**　有传。

**黄思孝**　华秀父，生员，赠广东韶州府推官。

**许钟会**　有传。

**许振之**　有传。

**蔡潜毓**　国光父，赠浙江高安知县。

**卢道炳**　若腾父，赠浙江宁波道。

**洪　澄**　受父，封北京国子监学正。

**张开南**　朝綖父，赠中宪大夫都察院右佥都御史。《府志》作志瑞。

**张汝远**　廷拱祖，赠中宪大夫。

**张宜美**　廷拱父，赠中宪大夫。

**林崇禄**　釪祖。

**林继盛**　釪父，并赠东阁大学士。

**许　川**　以明父，封兴业知县。

**许　祥**　贽父，封城步知县。

**许　羽**　成材父，封光禄寺署丞，赠丞德郎。

**黄仕进**　祥父，封振武将军。

**蔡　弘**　森父，赠乳源训导。

**蔡　音**　惟中父，赠莆田训导。

**蔡　樾**　焕父，赠临安知府。

**蔡天德**　有麟父，赠蒙阴教谕。

## 封赠异恩

**张益初**　苗祖，赠嘉议大夫、南京通政使。《府志》作复养。

**张太常**　质父，赠锦衣卫指挥同知。

**张太齐**　晖父，封太常寺丞。

## 荫　　袭 军功附

**蔡复心**　复一弟，以兄荫，入国子监。

**蔡邦基**　复一嗣子，以荫授都察院都事。

**蔡谦光**　献臣子，邑诸生，荫南京国子监。

**蔡学光**　献臣子，邑诸生，荫北京国子监。

**蔡家驹**　焕子，生员，荫淮安府知事。

**林天溥**　鈺子，尚宝司丞。

**卢饶研**　有传。

## 荫袭异恩

**张　苗**　有传。

**张　质**　太监敏侄，授锦衣卫百户，升世袭正千户、指挥同知。

**张　晖**　太监庆侄，授鸿胪寺序班，历光禄寺少卿。

**张　鹏**

**张　臻**　并锦衣千户。

**张　弘**　百户。

## 军　　功

**洪公抡**　有传。

**黄　祥**　前水头人，崇祯间南澳副总兵，加左都督致仕。

**许文起**　后浦人，水澎游击。

许　溥　后浦人，左都督。

洪　曦　都督同知。

洪　旭　后丰港人，明末太子太师、忠振伯，官中提督。

洪　暄　水澎游击，并公抡子。

洪　恩　后丰港人，都督佥事，署正总兵。

卢若骧　贤聚人，若腾弟，总兵。

卢若骥　有传。

戴　捷　金门人，官水师都司。见《留庵文集》。

# 国朝选举

## 封　赠

许隆义　盛曾祖。

许　亮　盛祖。

许魁春　盛父，并赠荣禄大夫。

张宜美　正曾祖。

张廷极　有传。

张　湖　正父，并赠荣禄大夫。

吕光望　唐王丙戌乡荐，赠文林郎。

许其录　承澎父，封知县。

洪家玉　心澄父，郡生员，封文林郎、偃师知县。

许　溥　绩父，封荣禄大夫。

林应春　有传。

苏元英　振声父，赠长荣训导。复以次子缵烈，赠光泽训导。

蔡廷隆　文升父，守备，赠武义都尉、海门训导。

蔡　四　攀龙曾祖。

蔡　凤　攀龙祖。

蔡　会　攀龙父。

**蔡　旦**　攀龙兄，并赠武显将军、狼山总兵。

**黄汝试**　如棻父，封中宪大夫。

**李　赞**　耀先祖。

**李伯阳**　耀先父，并赠武显将军、雷琼总兵。

**杨　己**　华祖。

**杨　通**　华父。

**杨　权**　华兄，并赠武显将军、苏松总兵。

**丘赉臣**　良功曾祖。

**丘心易**　良功祖。

**丘志仁**　良功父，并赠建威将军、浙江提督。

**文际高**　应举祖，参将。

**文　雄**　应举父，把总，并赠武显将军、阳江总兵。

**林嘉龙**　廷福祖。

**林瑞懿**　廷福父，并赠武翼都尉、烽火参将。

**吴琳公**　学元祖。

**吴献卿**　有传。

**薛炯坦**　以子师仪贵，赠武功将军。

**薛师言**　貤赠武功将军、水师参将。

**薛师弼**　并参将师仪兄，布政司照磨职衔，貤封武功将军。

**许　进**　副将扬洲曾祖。

**许克福**　扬洲祖，并赠振威将军。

**许荣耀**　扬洲父。

**许光元**　扬洲兄，并赠昭勇将军。

## 荫　袭

**李达机**　以父耀国难，荫都骑尉。

**蔡朝辉**　以父攀龙，荫通判。

**胥德恩**　以父献珪阵亡，世袭云骑尉。子贞咸继袭。道光十五年，厦门前营守备，署金门左营游击。

**余世恩**　以父寿阵亡，世袭云骑尉。弟世辉继袭，任金门右营守备。

**萧国华**　有传。

**孙天祺**　以父文元阵亡，世袭云骑尉。历署台湾镇右营游击。

**陈夺扬**　以父邦材阵亡，世袭云骑尉。任闽安守备。子瑞麟继袭。

**黄忠贞**　以父志辉阵亡，世袭云骑尉。道光十五年，升乍浦参将。子绍基继袭，历署金门游击。孙宗标袭恩骑尉。

**李秋香**　以父合咸阵亡，世袭云骑尉，任同安千总。

**刘绍勋**　以父高山阵亡，世袭云骑尉、水师提标、后营游击。

**陈上国**　以嗣父必高阵亡，世袭云骑尉、安平副将。

**丘炳乾**　联恩侄，六品荫生。

**彭连登**　以父夺超阵亡，世袭云骑尉。

**丘炳信**　以父联恩殉难，世袭骑都尉兼一云骑尉。

**丘振豹**　以父成勋阵亡，世袭云骑尉。

**蔡扬庭**　琼林人，以同族蔡金城阵亡，恤袭云骑尉。扬庭以嗣子袭。

**许国恩**　以父朝阳阵亡，世袭云骑尉。

**李承勋**　以父震龙阵亡，世袭云骑尉。

## 例　　仕 军功附

**许廷瑞**　商丘知县。

**许廷瑶**　常德知府。

**许廷瑜**　南康通判，俱后沙人总兵盛子。

**黄如棻**　水头人，河东丰济厅通判。

**丘联芳**　后浦人，永福训导。

## 军　　功

**许承澎**　有传。

**许永忠**　有传。

**许乐三**　有传。

**林树梅**　有传。

**郭扬华**　副将扬声弟，台湾庠生。咸丰四年，以平会匪军功，补湖南武陵县丞。

**许侯熊**

**郑纪南**　内洋人，以平戴逆，按内由廪生准用训导。能诗工楷。

**王钟秀**　后浦人，以平台湾戴逆军功，奖五品顶戴，赏戴蓝翎。

# 金门志卷之九

## 人物列传（一）

浯洲，海外一沤，地不足三十里。当有明隆、万、启、祯间，名流辈出，宏才硕学、经济气节，史不绝书。近复以武功显，搴节钺、膺五等者比闾相望，皆足为温陵之文献增光。是用搜采旧闻，取其最著者，各为立传，冠以孝友、义行，继以文学及隐逸，而宦绩与殉难次之。他如或居五福之首，或以一技见称，或侪二氏之列，足见山川钟奇，无乎不有，于是耆寿、方技、仙释又次之。明鼎革时，故老遗臣流寓岛上者相属也，其芳躅亦有可传。至若节烈、名媛，别为一门，无庸混焉。浯之英流硕彦，德行道艺，于是靡遗。奋兴踵武，是在有志之士。兹为列传，凡四卷，分类十一。每卷各分小目，著于编首。

### 列传一目录

薛师仪

**义　行**

明

张益胄　陈朴轩　陈廷佐　许钟会　许　福
陈希铨　吕诚源　陈　俊　蔡绍英

国朝

辛辉英　陈御飞　洪家玉　许乐三
吴献卿（子学元附）　林斐章　蔡德成（子芳林附）
林俊元　傅　栾（子国麟附）　郑崇和　薛炯垣

**隐　逸**

宋

丘　葵　魏秀才　陈必敬

明

周　祐　许逵翼　杨期演（子秉机附）　张　灏（弟瀛附）

国朝

卢饶研（子勖吾附）　林应春

# 孝　友

**颜应祐**　字孝先，贤聚人。元末，以兵难迁徙，失母许氏所在，访求二十六年，足迹几遍海内。行至云南蜻蛉岭，始得焉，遂迎以归。士大夫咸歌诗以嘉其孝，上官民望赠诗曰："闽泉南诏各一隅，道途相去万里余。巴巫水急过于剪，关索岭峻能摧车。颜生远来忧且喜，视之不啻如平砥。客中见母迎母归，此生始信堪为子。吁嗟世俗日已漓，为枭为獍不自知。事父母能竭其力，颜氏之子其庶几。"后人以应祐比朱寿昌，祀乡贤及孝悌祠。（《通志》、府县志）

**吴德范**　《闽书》作德范。初名潜，烈屿人，嘉靖戊子举人。与父蕴，俱以《毛诗》起家，两同计偕。后罢公交车归，父即世[1]，柩中有污水流出，德范恸哭，舐食之。授西安知县，清操自励，竟以肮脏不折腰于咸台亲属，得调归。卒祀孝悌祠。（《闽书》、府县志）

**颜　弘**　字笃任，小径人，唐鲁公后。豁达笃孝友。尝赴秋闱，临场适母病，奔归。朝夕奉汤药，衣不解带者旬日。以兄殁、子幼、二亲老，佣书代耕，上事下育，所得学资分散从弟侄之贫者。二亲忌日，哀哭如初丧。教子弟及乡里，必先孝弟忠信。遇穷乏者，辄赒助之。食无重味，人称一盂先生。方伯傅镇、进士许福辈咸出其门。

嘉靖初，有荐辟之诏。林希元丞南大理，与王宣同疏荐，有"孝友型家，廉介绝俗"之语。卒无子，希元为收殡，志其墓。（《闽书》、府县志、《林次崖文集》。万历间《县志》入《隐逸》）

**颜敦祥**　字笃祯，与弘同族。天性孝友，饬躬励行，博通经史，尤长诗章。甘贫守道，教授乡里，生徒出其门者，咸知礼让。居父母丧，枕苫寝块者三年。贫不克葬，衰绖弗解。家居金门所，郡倅闻其名，求见之，以衰绖辞；固请，遂以衰绖见。县官屡聘宾筵，辄辞不就。（《闽书》、府县志、《林次崖文集》）

**张凤征**　字舜夫，号治庭，青屿人。生而颖敏，襁褓中辄能识壁上字，九岁通五经大义。嘉靖辛酉举人，乙丑进士，观政御史台。素善病，力疾视事，辰入申归，不少懈。病剧给假，行至张家湾而卒。凤征性笃实，嗜善若渴，见不善，谨避而已。

岁己未，里中倭，凤征与弟凤表皆将缧去，乃出金求免其一，凤征曰："吾弟幸有子，其负若子出，营金赎我。即不能办，幸毋以我为念。"凤表曰："兄善事父母，且未有子，不可留。"相推良久，贼怒叱，几剸刃。已感其义，获免。人以急难争死，两难之。

后凤征子继桂，赖凤表抚成，登万历乙未进士，官知县，自

[1] 即世：去世。

有传。（府县志、《清白堂稿》。《通志》入《文苑》）

**张弘纲**　青屿人。倭寇之乱，其父遂夫与弟弘猷皆被掳，索金赎。弘纲家贫无所得金，度父无脱理，乃入巢泣说贼曰："某年幼，虽假贷无与，不如归吾父，则金可得。"贼质之，为刻期而归其父。父归不得金，至期，贼酋令缚弘纲与其弟斩之。弘纲复绐贼曰："父归必有金，可遣弟速之。"贼又如言。弘纲度弟已至家，乃告贼曰："家贫甚，金实不可得，吾以全吾父与弟耳。"贼怒曰："黠儿敢戏我！"悬于树焚之。祀孝悌祠。（府县志）

**蔡秀钟**　字士精，号毓昆，山兜村人。父环碧，嘉靖辛酉岁贡。不仕，为诸生祭酒。

秀钟幼善病，弗竟举业。弱冠，入永春为塾师。已去为掾吏，小心谨畏，引绳践矩。诸吏率骫法占资，咸嗤秀钟不为子孙地。秀钟笑曰："若乃以身试法，即幸免，遗子孙危也。吾留与后人种者，心田尔！"性孝友，事父母能得其欢。偶谴诃，辄惶惧，率妻长跪，得解乃已。庚申，岛夷内讧，自永闻，报驰归。会倭猝至，弃妻子，负父母以逃。二人俱老，行数步辄憩。秀钟觇贼且迫，守而泣，乃引匿石旁窟穴，竟获免。从兄客死永春，为经纪丧事，籍余资归其庶孤。孤周岁，母病绝乳，适妻方育，使并乳之。中年老于家，族推主宗事，悉裁以义；大小宗祠圮毁，修葺不遗余力。与人交，无脂言饰行，御子孙甚庄。

年六十七卒。子用明，孙复一。（府县志、《遁庵全集》）

**蔡　桥**　字宗达，以字行，号眉山，平林人。少习举业，弗利，退率僮耕。嘉靖间，倭寇发，时父柩在堂，夜焚香祝天，愿减十年早膳保父柩。及贼平，柩完，却朝饔，竟父葬。居乡不言人臧否，然乡子弟不善者，俱戒勿使知。邻有争阋，得其片言立解。以年高，恩授冠带。寿八十三卒。从孙献臣铭其墓。（《清白堂稿》、《府志》传入《笃行》）

**许怀万**　居后浦，明时人。家贫，肄业自给。父死，哀毁逾礼。三年未尝入内。

**许鸣球**　字际谐，怀万同族也。素好施，性孝。母病，思食

菜果，皆浯中所无者，鸣球渡海售之。中流风作，舟溺以死。（《许氏世记》）

**张廷极**　大嶝屿人，恩贡生，巡抚廷拱弟。万历二十九年，廷拱拟上春官，苦无资，将售田产裨之，廷拱曰："如家人朝夕何?"对曰："脱不第归，佣书以给，当不饥死。"遂持券质钱，为办装与俱北。在途，事之甚谨。旅馆一灯，谈论文史，相对怡怡。至京师，身任劳役。是科廷拱成进士。以孙正官，赠荣禄大夫。（《家谱》）

**许腾曜**　字用照，后浦人。善诗文，蔡方伯守愚甚称之。屡为郡有司所识拔，竟不得官。

天性孝友，父病剧，为尝粪。事继母，无几微忤色。喜急人困，数为人排难解纷。崇祯己巳，海寇李魁奇攻围后浦土堡，腾曜率族人御之，力不支，陷。仓皇之际，一贼望之，大呼曰："吾乃今得报也!"扶掖至魁奇所，力为请，得脱归。而其人终不言姓名。

晚严督家人力学。子霞举补郡庠，会国变，率诸子洁身岛上十五载而卒。（节《留庵文集》）

**许　开**　后浦人。兄元，领官糖往胶州，船遭风碎，元亦病故。官捕元子贞责偿，贫无措，觅死。开时外出，闻知奔回，亟将儿女鬻卖代完。临别惨伤，见者涕下。事闻于总兵陈龙，为捐俸百二十两，付开赎回子女完聚。时康熙三十年也。（府县志）

**黄士敬**　西黄人，训导杰元孙。侍父疾，数月无怠。及亟，吁天请代。事继母，能得其欢。延师课弟纮圣，遇夜寒深更，必携酒脯往劳之，用得蜚声黉序。（府县志）

**林起凤**　烈屿人，监生。八岁丧父，遭海氛，与母相失。稍长，竭力寻求，于澳头乡得之，迎归。偕妻石氏，孝养无间。复涉台湾，遍求父坟不获，仅得一香炉，携归奉祀。爱弟起鹏，买田宅给之，延师教督。后补诸生，食饩入成均。里人李姓负官帑，质女以偿，起凤如数与之，归其女。贫佃逋租数百斛，破券免之。尝远游经商，至七州洋，飓风大作，溺舟甚多，闻空中有

声云："林孝子在此。"遂得无虞。年七十二卒。子孙蕃衍，多游庠。(《县志》)

**许笃志** 官里乡人。家贫甚，佣工负贩，以资菽水。父嗜芙蓉膏，日需百钱。笃志朝出，得钱必先留如数，供父一日费，余乃以养妻子。父或怜而止之，则笑语宽慰，奉之弥谨，虽大风雨不稍间，人以为难。后笃志家小康。年七旬，子亦能养。(《诵清堂文集》)

**许 泽** 字源悠，号荆波，后浦人。善草书，有勇略。康熙间，陈霸踞浉洲，掠濒海地。泽弟巧被掳，倾资往赎，见功叔溥亦在掳中。念赎此舍彼，难以两全，乃先赎溥。刻期再往，阻风后至，弟已先一日被害，仅负骸归，拊髀曰："兄弟之仇不反兵不报，非夫也。"适大兵南下，泽募勇夹击攻之。上功，授昭勇将军荆门州参将，左迁龙泉关守备，升真定游击，再署总兵事，改任真定城守。罢归，戒诸子勤俭友恭。念弟前事，辄涕零，为之立后，割己田予之。年几八十卒。(生员许作义述)

**蔡子纶** 平林人，治家有法。尝训子弟，同居至五世，遵守遗教。一家食指七十余人，男女各治其事，庭少间言。

**丘树功** 后浦人，太学生提督良功功兄。性伉爽，少商天津，家资尽付季弟，不问出入。时赡族中贫者，识功弟镇功材，善视之。迨官守备，犹岁资三百金，贻书相勖。陕西李眼镜积负二万余金，质诸官，李词屈而力不能偿，法当军，复为营脱。李趋谢，则持其手曰："非讼无以自解于同事，顾君行，家口何以为生？释君，则故交情分始全，心始安，奚谢为!"晚年归，念仲弟妇寡守，恤以千金。又分千金予季弟，囊橐遂空。未几，卒于津，家中落。时镇功已官安平副将，岁赒之。(《竹畦文抄》)

**陈元珩** 字崇懿，世居金门。父云客，邑诸生；母郑氏，性皆严。尝怒元珩，令长跪。久之，命起煮粥，则粥已熟。盖元珩恐父母饥，窃起煮粥而还跪也。尝业贾，自台湾归，舟不前者累日，而他舟连樯西去。及至厦门，始知先至者皆碎于飓。同舟人梦神语云："尔曹得生，陈孝子之庇也。"

有子五，廷振，国学生。六岁时，值大父殁，哀毁如成人。于昆弟宗族间，蔼如也。后移居厦门。乾隆间，金门饥，载米恤其族。明年疫，复施櫘焉。

孙荣瑞，举孝廉方正，选知县。亲老不就职，亦以孝称。（参《厦门志》）

**吕仲诰**　字谦六，西仓人，随父国典移寓厦门。少孤，生母谢氏抚之成立。母多病，仲诰持斋以祷母寿。先意承志，无敢拂，不怿则长跪。及母卒，哀毁骨立。既除服，犹时往墓次涕泣云。道光间，当道上其事，奉旨旌表。子世宜，举人。孙曾多游庠。（参《厦门志》，举人林一枝撰传）

**薛师仪**　号鼎臣，世居珠山乡，官至金门总镇。自少失怙，赖长兄培养有成，即貤封武功将军师弼公也。君服官时，凡举动必禀命母兄。退食之暇，与家人谈笑，慈母前务得欢心，依依孺子慕焉。咸丰十一年，带兵到浙堵击发逆。一日，众寡不敌，被迫峡口溪边，顾谓士卒曰："为国捐躯，虽不获归见老母，想亦不责我不孝之罪。为臣为子，终于此而已。"正麾令反击间，忽神人拥君马上，跃过大溪，贼不得近，全军得免。其感动有如此者。计前后居官三十余年，清风两袖，无一事贻父母羞。母终，哭泣尽哀，与父合葬。每公余，策蹇到墓，如侍晨昏。更于亲坟对面，自营佳城，谓"千秋魂魄常依膝下"。迄今过其地者，无不见而兴感云。（生员许春时撰传）

## 义　　行

**张益胄**　青屿人，浯之盐大户也。景泰以来，盐课折纳本色，有司于折纳米外，又编入均徭，与农民一例科派。民苦之，以是逃外郡者星散。成化间，率侄大翊赴京陈状，奉诏蠲免。岛人勒石场司前，志其德。（《沧浯琐录》）

**陈朴轩**　阳翟人，为经历书记。成化初，大小嶝民以通夷内徙，委经历查勘。朴轩极陈嶝民仳离状，且代画保全之策。经历

如指抗言之，得全活者数千人，建祠勒石颂其德。元孙基虞，进士，官宪副。（府县志）

**陈廷佐** 字时守，号仰台，阳翟人。为诸生试，皆高等。闱省不利，益下帷攻苦。精《易》学，蒋芳镛、陈如松、李雍，皆执经焉。课子维严。及子基虞成进士，乃谢罢诸生，就封南雄府推官，晋封南大理寺评事、中宪大夫顺德知府。感触时事，多发之于诗，有《山房学步集》。性仁孝岂弟。尝就外馆，忽心动渡海归，值父殁，获侍含殓。居母丧，年已及耆，犹苦块哀毁。二弟早卒，厚抚其孤。族子弟秀者奖掖之，弱者扶植之。捐资修造便步桥，岁掩骼施槥以数十计。疾疫盛行，为糜以食饿者。平居乏声色之好，青编相对，一榻萧然，笃修君子也。年七十七卒。（府县志、《清白堂稿》）

**许钟会** 后浦人。性古朴，课子读书，终身不入城邑。子廷用，举进士，官南部，人莫知为贵人父也。年八十，以恩例受冠带。邑令累延宾席，不赴。年八十八终。（《县志》）

**许　福** 字尧锡，号西浦，后浦人。父重华，字良绚，慷慨好义，客至多舍其家。尝以非罪罹狱，为上诗当道，得免。领嘉庆戊子乡荐第六名，乙未成进士，乞归终养。值俞大猷为所官，过从甚洽。泉州大饥，巡按李元阳延福与黄伟及大猷分主赈事，民收实惠。家居二十年，建祖祠，拓祭田，续父所修族谱。倭寇内犯，团结乡社，边方恃以无虞。丁艰服阕，授江南监察御史，将赴任卒。（《县志》、《林次崖文集》、家谱合参）

**陈希铨** 字夏迪，号后山，金门人。兄为诸生，弟未成立，乃舍儒读法，为掾吏以养家。兴泉使者万民英嘉其志行，每召，立谈久，至命以坐。问几子？治经何若？欲游泮乎？对曰：“男于学，未也。”人笑其愚。父母继殁，执丧如礼。事兄如父，抚弟妹如子，罄资以助亡娣之襚。从弟沛客死沧峡，徒步往迹瘗处，负骸归葬。宗祠圮，捐资倡建，身负木石先之。待内外戚友，人人厌意。择言而吐，视绳而蹈，斤斤规检不敢越。后从郡人周标至兖州府署，殁于兖。（《县志》、《遁庵全集》）

**吕诚源**　字以渐，号东涪，金门诸生。事母以孝闻，为人坦夷无城府，临财不苟取予，所交皆知名士。患倭寇，徙居所城。捐金数百，筑东堡以护逃寇者。沿海渔人，藉其资营生，时以所获来馈，却不受。晚年，邑令数延大宾，间一赴之。卒后，蔡献臣为之铭。（《县志》、《清白堂稿》、《沧海纪遗》）

**陈　俊**　字克位，号宅洲，阳翟人，健孙。少聪颖嗜学，与兄荣祖、荣选俱以能文名。万历癸卯，应岁贡，授福州府训导。省会送迎甚剧，浩然曰："吾老矣，安能为苜蓿折腰！"遂不赴。杜门撰述，以文事课子孙。居家十年，卒。俊苦心质行，事亲色养维谨，事二兄尤恭。壮年丧妻，不再娶。寓长安，有同年告窘，倾橐周之。惠安郑生同贡暴卒，殡而哭之哀。雅甘澹泊，诸子或以轻暖肥甘进，亟麾去，曰："此非儒者所宜。"邑令嘉其退守，举乡宾。子谷，举人，官知县。（府县志、《遁庵全集》）

**蔡绍英**　字隽卿，号少桂，平林人。六岁而孤，二母育而教之。幼有至性，出入起居恪恭母命。读书务通大义，为人重厚质直。处昆季友恭，女兄奁送往来无二视。待里邻，无欺无侮，里族难平之事取决于一言。年四十六卒，堂叔献臣铭其墓。（《清白堂稿》）

**辛辉英**　字臣晦，号木生，后垵人。父一鹭，天启间举人，由教谕任宝庆府推官。

辉英年十九为诸生，随父之任，竭力赞襄。事父母，生尽诚，殁尽礼。亲友困急，解囊不吝。

康熙元年，两岛不靖，藩司稔其才，命往招抚。先时两次差员，俱为所磔，辉英谓："从前未得窾奥，故事不济。"乃往复筹画，宣布威德。于是遵义侯郑鸣骏、慕恩伯郑缵绪，统率文武员弁及战船入泉州港归命。总督李率泰拜疏，称辉英议谋于先，劳绩最著。值率泰病故，事遂中寝。后寓襄阳，值吴逆之变，民罹锋镝。主兵者与辉英交好，因多方救解，全活千余人。川湖总督杨茂勋聘入内幕，一见如旧交，年余假回，济东道陈俞侯复聘至山东两载归。卒年八十二。（《海纪》）

**陈御飞**　字克龙，诸生，阳翟人。母久病，吁天请代，得痊好。尝捐田以通水利，立石以表节孝，施棺木，修桥梁。康熙二年，浯岛播迁，周给族戚，乡閰义之。（府县志）

**洪家玉**　字钟典，后丰港人，旭子，郡诸生。少遭离乱，家祠乏经纪，家玉擘画祀田，仍捐橐金为肸蠁费。生母舅许者，临诀嘱藐孤，抚之成立。待内戚，亦如之。妹有适蔡者，故阀阅家，乱后中落，饮之食之。平日多置槥木，贫不能殓者，给以资。其阴德多类此。后移居县城。子心澄、淳瑛，俱举人，自有传。（《同江集》）

**许乐三**　后浦人。善画猫菜，洒落好结客。东游台湾，名藉甚。念同乡标兵遣戍至无栖所，弃斋宅聚舍之，即今鹿港“金门公馆”也。腊杪，故交贫人多藉其力度岁。比林爽文作乱，招募义旅，从官军击贼。以功授六品职衔。（《竹畦文抄》）

**吴献卿**　后浦人，太学生。家仅中资，承父琳遗嘱，充白金四千于浯江书院为膏伙。

子学元，字体士，循例捐直隶州同，以善棋名。尝捐金四百，修建书院旁舍及器物。学元子漪澜，初学为文，是年即入泮，人以为祖父好义之报。（参《科名果报录》）

**林斐章**　字曼生，后浦人，例贡生。富而好义，年施棺木无算。尝独力捐建奎阁，费千金。治家严肃有法。

孙可远，守其遗训，捐资修大沟义冢，充育婴堂经费。咸丰间黄得美倡乱，陷厦门，可远招募余丁二百名，散给口粮，助官防守，金门赖以无恙。当道欲上其功，辞不获已，乃让于堂弟荣邦，得镇标千总。

**蔡德成**　字仲变，平林人，参政宗德七世孙也。居乡乐善好施，观澜桥倾圮，出己资重建，又独力建宗祠。子五人：芳山、芳春、芳泰，芳林、芳萌，俱援例捐职。往台湾经商起家，有父风，每荒年，则运台米施族中之贫者。又年以五百金为义举之费。

芳林尝驾舟北上，有山左诸生王者瑞贫不得试，芳林资之入闱。榜发获隽，复助以计偕之费。德成孙曾游庠者五六人。

**林俊元**　字秀村，后浦人。父子友，有隐德。俊元为镇署稿识，掌书记，勤于其职。历任总兵窦振彪等，皆礼重之。累从师船巡洋，风云沙汕无不谙熟。书檄文移，多出其手。遇地方公事有关利病者，必力陈于官。晚年闲居，遇善事，皆倡始力行。后浦观音亭，其倡建也。性尤嗜学，尝除夕闻业师艰于度岁，亟典衣馈之。训子最严，长子焜熿，邑试冠军得售。凡游泮者，鼓吹遍历街里，俊元不许。益严课之，遂以科试第一食饩，充岁贡。孙豪，领己未乡荐。（节录家乘。兵部侍郎、己未福建主考官袁希祖撰）

**傅　栾**　后浦北门人也。嘉庆间，诏于乍浦设厂，赴日本运铜。苏州王姓出资承办，以栾司厂事。未几，为程姓纂［篡］充，欲仍用栾，以重资啖之，辞不赴。程姓办数年，公私交困，复归于王。栾仍为整顿，获利甚巨。栾卒，以子国麟司事。先是，王有子以荡被逐，国麟令人踪迹得之，困顿如丐，密携至私室，涕泣劝诫。其子感悟，乃为延师教之。如是数年，国麟以事至苏，见王年老，颇以无子自叹。国麟进曰："君故有子。"王愕然，即率以前，翩翩佳子弟也。王喜极，继以泣。初，国麟父年得修金八百，主人见国麟可用，欲增至千金，谢不受。后国麟卒，王以连年所增之金积至三千余两，归其家。

**郑崇和**　字其德，内洋人。性谨愿。少贫，北游淡水，设帐于竹堑，遂家焉。后居积致富，援例为太学生。尝值岁荒且疫，发粟平价，施药材，舍棺木。嘉庆间，捐资助建淡水文庙。道光甲申年，直北歉收，命其子奉檄运米赴天津，接济民食。又尝命其子用锡回金门建立祖祠，充祭费。时论多之。以子用锡贵，赠通奉大夫。入祀台湾乡贤。

用锡，进士，礼部员外郎。以防堵出力，加四品顶戴，赏戴花翎。用锦、用铦，俱廪膳生。侄用鉴，道光乙酉拔贡生，同治元年举孝廉方正，捐内阁中书。（采《淡水厅志》）

**薛炯垣**　字允中，山仔兜人。家仅中资，而性好施与，乐行善事，以是家计稍匮。而素性淡泊，把卷高吟，晏如也。喜为诗，著有《圭峰吟稿》。以子师仪官参将，赠武功将军。

师仪性孝友，奉母能得欢心。尝绘《圭峰归养图》以见志，一时名流多题咏云。

## 隐　逸

**丘　葵**　字吉甫，号钓矶，小嶝屿人。为诸生，风度凝然，如振鹭立鹤。蚤有志于紫阳之学，初从辛介甫，继从信州吴平甫授《春秋》，亲炙吕大奎、洪天锡之门最久。宋末科举废，绝意进取，刻志励学，耕钓自给，不求人知。景炎元年，大奎遇害，葵痛愤忘生，为诗感激壮烈，益深自韬晦，遣子随张世杰入粤勤王。晚一意著书，所著有《易解疑》、《书口义》、《诗直讲》、《春秋通义》、《礼记解》、《四书日讲》、《经世书》、《声音既济图》、《周礼补亡》。元遣御史马伯庸来征，托种圃自匿。已而率达鲁花赤赍币至家，力辞，有《却聘述诗》一首。其遗书为人取去，今惟存《周礼补亡》及《钓矶诗集》。卒年九十，配享朱子祠，又祀乡贤。门人吕椿，克绍其学。（《通志》、《闽书》、府县志、《广兴记》、《续弘简录》、《沧湄文稿》）

**魏秀才**　逸其名。居浯江上，有太上隐者之风。丘葵赠诗二章，其一："屋茅萧索泣寒虫，独自吟诗学已工。败叶能令沟水黑，乱云不放夕阳红。半生辛苦空儒服，一岁蹉跎又朔风。不意穷乡有奇事，暮春得拜鹿门翁。"其二："月淡蓬门掩候虫，穷通底解问天工。茶烹粟面纷纷白，灯吐花心灼灼红。屡改新吟添砚水，密糊旧稿护窗风。相逢莫道庞公老，览镜先惭似老翁。"（《闽书》、府县志）

**陈必敬**　号乐所，阳翟人。少颖悟，通五经、诸子百家言。宋末，一举不遇，遂不复出。尝与丘葵谓明濂洛遗学。所著有《联遗文》，其咏钓台诗云："公为名利隐，我为名利来。羞见先生面，黄昏过钓台。"又云："已上桐江台，又弄桐江钓。不食桐

江鱼，不怕严公笑。”二诗人传诵之。（府县志）

**周　祐**　字命申，十七都人。学问博洽，隐居教授，从者满座。传《易》说于漳，漳之《易》学自祐发也。（《闽书》、府县志、《沧海纪遗》、万历间《县志》）

**许逵翼**　字用卿，号搏翥，后浦人。天启元年举人，除长汀教谕，迁广西宣化知县。县有女与妇共居，同时坐蓐，妪密易之，妇觉，赴官诉以女易男状。官不之信，三任未决。逵翼视妇有冤色，唤儿入署内，假为儿形囊之，佯怒曰：“此不祥物，育之耗尔家！”令役投诸池。妪与女皆伪哭，妇哭而奔救，乃判归妇。后家居，海寇李魁奇围后浦堡，逵翼驰至贼所。贼令堡破日，门树一帜可免。恻然曰：“此行非为一家，为无辜生灵耳。”贼听命去。会有游贼抵堡下，堞上偶发一铳，毙之。贼怒攻堡，堡破，避难者多逃入逵翼第，全活甚众。明亡，屡征不起。僧衣裒袖，闭户自晦，励节以终。（《浯洲见闻录》）

**杨期演**　字则龙，号克斋，从金门彤埕移居中左所。博涉书史，尤工古文。崇祯庚午举人。甲申后，与父廪生师琯杜门不出。唐王召为兵部主事，及唐王出延平幸赣，期演追赴不及。辛丑以后，僧帽道披，晦迹后溪村，日惟垂帘闭户，校雠经史，爨火屡空，泊如也。每岁遇春秋佳日，陟山巅北望，酬酒痛哭，闻者怜之。卒年七十余。著有《易经管见》、《岛上纪事》。子秉机。（采新《县志》，参家谱）

**杨秉机**　字允中，崇祯间邑诸生，期演子。后削发为僧，自号鹭岛遁人。北抵金陵，上京师，苍茫吊古，若不胜情。乘兴游岱岳，欲穷览寰中名胜，以行路维艰，间关赋归，深自韬晦。胸既积有垒块，感事怀人，一托于诗。《天津西望》云：“海气连孤塔，波光压古城。”《舟泛浙江》云：“云收千嶂立，水涨万山高。”《即事》云：“马蹄迟积雪，木末接遥天。”《忆游》云：“银河倒泻乾坤小，沧海胜浮日月慵。”《渡扬子江》云：“北固斜连平树浸，金山中立信潮分。”《抵俨石》云：“倒携如意歌新曲，每着征衫语旧知。”

《二十八都》云："茅店更新留晚酌，野桥依旧送归蹄。"又有"笑人为气候，认我是江山"之句，寄意遥远。所著有《浩然小草》。（采本集）

**张 灏** 字为三，大嶝人，巡抚廷拱长子，进士。（《通志》及府县《选举志》，乃万历戊午顺天乡试。）唐王时，任兵部职方司郎中。庚申，自厦隐于台。郑氏归诚，回至澎湖。卒年九十五。

弟瀛，字洽五，崇祯壬午中顺天乡试。唐王召为工部司务厅。从灏渡台，居一载，卒年八十四。（《台湾府志》）

**卢饶研** 贤聚人，尚书若腾子。若腾间关东海，励节以终，饶研承先志，为释衲装，灌园自给，不问荣辱。著有《细斋咏业》。

子勖吾，字载群，淡进取，不求试。读书不学制艺，以诗文自娱，日取祖父所著书校雠装演。年九十六，犹能作蝇头小楷。著有《方舆互考补遗》、《错叟文钞》、《戏余草》。（家谱）

**林应春** 字鹭溪，世本厦人，进士志远孙也。应春始居金门董林村，性淡泊，不慕时趋，日坐钓溪浒，莳花种竹，吟歌自适。尝咏渔父云："半篙夜插溪边月，双桨朝翻浦外虹。"人称其有画意。以子为翰官，封武信骑尉。

# 金门志卷之十

## 人物列传（二）

### 列传二目录

张朝綎　　蔡国光　　卢若腾

国朝

许元庸　　陈观泰　　张汝瑚　　黄　晄　　许承澎

许永忠　　洪心澄（弟淳英附）　　王孔彰　　黄　钟

# 文　学

**张　苗**　字世英，号实斋，青屿人。成化丁亥，以楷书精妙，擢中书舍人。癸巳，修《通鉴纲目》成，迁大理寺评事。壬寅，进《御览小楷纲目》，超拜太常寺丞。旋加少卿。又以叔敏保翊孝庙功，推恩进太常寺卿。寻改南京通政使，乞休归。弘治乙丑，晋阶二品。与蔡观慧、顾美等十七人为逸乐会，蔡清为文记之。子定，进士；宜，举人。（府县志）

**颜　扬**　字士抑，号文岫，小径人。父仁，长于诗歌，教授漳州。郡守汪凤，以"黄梅雨"试士，仁援笔立就，凤大击节。

扬性质聪敏，初从仲父弘。（弘传见《孝友》）习举业，已就学于林希元。每出诗文，辄惊长老。又常师事王宣。顾司徒珀见其《清源》诗，乘舆访之。当时若蒋孔炀、郑一鸾、傅夏器，俱与厚。侍御陈蕙尝出其门，而试辄不利。俞大猷与为刎颈交，致之任，厚资之。嘉靖间，回自浙江，卒年七十三。（《林次崖文集》）

**黄仲伟**　以字行。汶水头人，邑诸生。笃志向学，受业陈琛之门。时兄伟官南刑部朗中，琛遗书曰："仲伟近作，斐然可观，骎骎然若有欲难其兄之意。"可想见其人矣。（《陈紫峰文集》）

**陈乐叟、黄庭训**　俱金门人。英年嗜学，读书有独行君子之德，皆足为乡模楷。（《沧海纪遗》）

**陈良策**　东埔人。学问该博，磊落不羁。与蔡宗道、颜弘，并称三耆儒。（《沧海纪遗》）

**蔡宗道**　字朋山，平林人，为邑诸生。隐居教授，师道方

严，学者尊为耆儒。以孙守愚贵，赠四川按察使。（《府志》）

**蔡鼎臣**　初名献襄，字体谟，号弼台，平林人，献臣从弟。由诸生入太学。性姿英朗，喜淡泊，日与知己较艺赋诗。应南北闱，皆弗酬。于是闭户潜玩，凡古今文词、诸子集书，纂集抄评，曰："以是遗子孙，吾可老矣。"素严取与，而好施拯。卒年六十一。（《府志》、《清白堂稿》）

**洪兴周、洪石朴**[①]　凤山人，并以诗名。兴周尝至尚书岭，与一狂士论文，咆哮不相下，请燃香分韵为诗。兴周振笔云："行到尚书岭，无端忆故山。鸟飞青嶂外，人在白云间。翘首观天近，伤心去路难。纷纷名利客，不若老僧闲。"视香未寸，狂士折服。石朴尤好作回文体，有"云挂暮山青泼墨，雨涵潮水碧拖蓝"之句。（《浯洲见闻录》）

**洪　受**　字凤明，凤山人。潜心力学，于经传多所发明。在庠教授，称大师，门徒多成名。所著有《四书易经从正录》、《沧海纪遗》。嘉靖乙丑，以贡历国子助教、夔州通判。卒于官。（《闽书》、府县志）

**许　材**　字从任，后浦人，诸生。恭俭孝友，笃信好学。著有诗文集十卷。（家谱）

**许　开**　后浦人。垂髫为诸生，每试辄冠。怀奇博览，善古文词，上下古今，论得失成败，多独见破的。所著有《沧南集》。孙獬。（《通志》、府县志）

**许　獬**　原名行周，以梦揭魁榜，更今名。字子逊，号钟斗。九岁能文，即多惊人语。客与其父振之谈夹谷之会，危其事，獬从旁应曰："已请具左右司马以从矣。"客奇之。年十三，淹贯经史。见罗李公材倡学于闽，往从焉，深得修诚之旨。慕李光缙文章，徒步至晋江，从之游。万历丁酉，举于乡。戊戌下第归，参政洪道亨延之署中，谈文外，不涉一私。庚子，上春官，与太仓王衡会文萧寺，王不可一世，独心折獬。辛丑会试，场后

① 洪石朴，本卷目录作"洪石璞"。

见獬卷，大骇曰："第一人属子矣。"放榜，果獬居首，衡次之。殿试二甲一名，改庶吉士。寻授编修，馆课出，人争抄传。尝自励云："取天下第一等名位，不若干天下第一等事业，更不若做天下第一等人品。"大学士李廷机素端介，独与獬善，谈必竟日。闽苦税珰，有奸人劝珰上书分括山海利，獬贻书温、林二御史，寝其事。居久以思亲成病，假归，囊仅数十金。未几卒，年三十七。

獬夙聘颜氏，及笄，得病而眇，妻父欲易以他女，獬执不可。及娶，情好甚笃。既贵，如一日。为孝廉时，有巨姓横乡里，痛绳其非。巨姓伏众击之途，獬亟避。忽见两白衣妇掖过丛棘中，入村舍，得免。回视，寂无人也。

性严峻狷急，殚心力学，矢口纵笔，精义跃如。海内传诵其文，曰"许同安"。所著有《四书合喙鸣》、《易解》、《丛青轩文集》，《存笥稿制义》五百余首。祀乡贤。子铉、钺、镛，俱诸生。(《闽书》、《通志》、府县志、《晃岩集》、《沧湄集》)

**蔡谦光** 字裒卿，邑诸生。蔡甘光，字雨卿，恩贡生。平林人，俱少司寇献臣子，并以诗名。谦光为诗，冲秀高华。甘光尤负奇，笔体数变，后乃造冲淡，如凉月素娥、微风瑶珮。父执何乔远、蔡元履更以雄深进之。谦光著《干云斋集》，甘光著《恢斋集》，舅氏池显方均为之序。(节本集序)

**许 炎** 字保生，号瑶州，后浦人。尝居邑前宅，后复回居金之董林村。幼颖慧，六岁能诗，八岁能文。年十四，即著有《寸知编》。已入鳌峰，从侍郎蔡文勤游，授宋儒性理书，身体而心验之，充然有得。雍正甲辰，魁于乡。丁未，成进士，授翰林庶吉士。

性傲兀，散馆磨勘，为睚眦者所中，改知县。飘然琴剑，放浪燕、齐、楚、豫、吴、越间，尽发其牢骚不平之气。境益穷，而诗益工。尝自谓："车尘马迹，欲求一江湖散人、烟波钓客，与之旗鼓相当，卒鲜同调。"晚赋归来，杜门啸歌，萧然自得。所著《玉森轩稿》、《鳌峰近咏》、《余鳞集》、《木游集》、《方知集》，寓金陵时，合梓为《宁我草堂诗钞》及《瑶洲文集》、《诗余词调》、《齐河县志》、《茌平县志》、《普陀山志》各若干卷。（《鳌峰近咏序》、《宁我草堂序》合参）

**陈大范**　字子畴，金门后山人，徙府城。康熙壬午解元，榜姓史。尝受学于李丹桂。是年正月朔日，丹桂于门前拾一蟹，适大范来贺年，欣然告之曰："此吾今岁得解之兆也。"大范逡巡曰："学生僭有一言，蟹得于门，乃先生门下得解耳。"榜发，果然。会闱自康熙三年后报捷者，江、浙独盛，闽省寥寥，大范率举子伏阙陈奏，后遂分省派中额，至今著为令。

大范学问雅赡，为人矫矫不群。选淳安知县，未任卒。著有诗集。（《府志》）

**张对墀**　字丹扬，号仰峰，青屿人，迁姜屿，再迁晋江。康熙甲午举人，辛丑进士，授太康知县，有政声。因友人事株连获罪，卒于配所。生平博学多识，诗、古文奥衍弘深，所著有《同江集》行世。（府县志、《通志》）

**张星徽**　字北拱，号居亭，青屿人。父德溥，举人，以孝友著。星徽康熙丁酉第三名，榜姓金。复本姓，辛丑成进士。磨勘罢第归，以举人铨选，授望江令。改海澄教谕，兴学课士，勤于其职。生平好学慕古，遍读群书，老而弥笃。著有《历代名吏录》四卷，《春秋四传管窥》三十二卷，《评注战国策全集》十八卷。（府县志）

**林文湘**　字珠卿，后浦人，学者称秋泉先生。博极群书，为文沉挚。游长泰庠，屡屈秋闱，遂不复置意。肆力于诗、古文词，为历任有司所敬礼。与金门县丞萧重相契，诗酒倡和无虚日，语不及私。性耿直，急公义。道光间，大府奉部文派采买，文湘以金门民力难堪，陈于当道，得免。分巡道周凯以古文提倡后学，尤器重之。文湘诗宗韩、杜，兼长骈体，著有《酴醾山房诗文集》若干卷。子章梗，长泰学增广生；章荣，镇标外委千总。孙资熙，拔贡生。（《诵清堂文集》）

**吕世宜**　字可合，其先金门之西村人，故又号西村。父仲诰，始移居厦门，以孝称。

世宜，道光壬午举人。性好古，通许氏《说文》及金石之学，最工篆隶。尝摹拟汉书四十九石，厦人林墨香刻之。时巡道周凯、山长高澍然俱能古文，世宜时相谈论。其为文，笔意警峭，颇似王半山。晚年援例捐翰林院典簿。尝自为墓志，刻于砚背，命家人即以砚殉。其标格崖岸如此。著有《爱吾庐文集》三卷，《笔记》二卷。子登元，补邑诸生。

**林树梅** 本姓陈，字瘦云，副将廷福养子也。每从廷福巡洋，所至港汊夷险，辄随笔记录。既长，学为诗、古文词，从巡道周凯及玉屏掌教高澍然游，得其指授，故为文具有矩矱。尝赞曹谨令凤山，兴埤头水利。道光间，海氛告警，总督颜伯焘以币聘之。上战守诸策，议于刺屿尾置戍。地无水，乃登山相度地脉，掘之得泉，因名曰“林泉井”，刻石井上。事平，当道奏授布政司经历。欲改授武职，力辞。福州林文忠予告归，适筹议防海，树梅密参帷幄。文忠赴粤办贼，中途卒，树梅感其知爱，为诗招魂，遂郁郁以殁，年未五十也。

素好义举，值年暮，市绵衣数百给邻里之贫者。曾游鼓冈湖，访得鲁王墓，请于当事，清其界，树碣墓右，自捐市廛为祭费。其负奇如此。以自幼受父钟爱，不忍归宗，乃迎养生母于厦门别业，娶妾生子，以继其后。

平生好山水游，喜吟咏，工篆刻、善画，游太姥峰，绘图题诗以归。临终口占云：“深负平生国士知，盐车老驾欲何之？归来化作孤山鹤，犹守梅花影一枝。”著有《沿海图说》、《战船占测》及《啸云文钞》十二卷，《诗抄》八卷，《啸云铁笔》一卷，《文章宝筏》一卷，《云影集》、《诗文续抄》、日记若干卷。

## 宦 绩

**陈 纲** 字举正，阳翟人。父元恺，善属文，终县令。（《县志》作洪济子）纲，淳化三年进士，为宋同安登第之始。初授建州观察推官，故事，岁春、夏率丁夫数万采茶。纲请以北苑茶供御，余皆赋民而收其租，入在民者，官定其直偿之，则民不困而国亦利。诏如其请，建民德之。累官淮南、江浙、荆湖制置发运使，祀乡贤。弟统，统子昌侯，俱进士。（《通志》、府县志）

**颜五郎** 贤聚人。神宗朝，任柳州同知，有治声。（家谱）

**彭用乾** 沙尾人。洪武十四年，同安令方子中以孝弟力田荐，授临朐丞。复除息县，调徐闻，有惠政。清苦，不以家累自随。卒于官，年二十九，其甥负骨归葬焉。（府县志、《闽书》）

**黄　伟** 字孟伟，号逸所，汶水头人。性敏而悫，尝就府小史，投笔曰："非丈夫也。"弃去。读书太武岩，领正德庚午乡荐。从同年友陈琛学《易》，所得益深。登正德甲戌进士，授南刑部主事。治狱得情，以"清慎明恕"著声。公暇，求道南四先生[①]书，溯颖昌，授受微旨以自励。升本部广东司郎中，归省。嘉靖初，应诏陈九事，首论敬德必亲贤儒，远近习，辅弼必任老成，去软熟，节用必自裁减贡献始，除剥民巨蠹必革镇守。他如选台谏、重守令、养人材、明职掌、正宪体，率中治机。又上《定大礼》疏，斥张璁希宠嗜进，忘诞不经；上《申明旧制》疏，改正京畿御史，不得仰部司抄奉案验。侃侃无讳，皆言人所不敢言。出守南雄，岁有例金万余，悉却之。而节驺从、省徭役、明礼教、禁游女、焚淫祠，遇事无所顾避。按察使檄民夫舁苏木署牌，还之曰："本府不忍劳民也。"巡抚欲丈田加税，坚执不从。甫三月，投劾归，老稚号呼载道。旋以当道荐，改知松江府。时张璁当国，同年吏部侍郎霍韬私谓之曰："公向疏论张公，吾已为解，渠亦雅慕公，宜一谒之。"伟遂托坠马伤足，即日缴还除书归。

自是累迁不起，惟以养亲、讲学、正家为务。居忧不入内，往还墓间，哀声感道路。每晨兴，具衣冠展拜家庙。冠婚丧祭尽革旧俗，以礼教于乡。随材引进，多所成就。尝种瓜东郊之外，

① 道南四先生：指游酢、杨时、罗从彦、李侗。

日徜徉其中。当道慕其名，或一就见，则与尽白所闻冤抑事，不必识面人也。人或知而谢，辄峻却之。嘉靖十六年，泉大饥，巡按李元阳请主赈事。伟旦暮区画，必欲无一人遗，无片刻滞，无斗釜滥。殚神毕力，疾作而卒，远近咨嗟。琛哭之恸曰："天丧吾道也。"台察诸司矜其清贫，重其行谊，为营田供祭，建善俗坊。

伟孝友天植，慈祥简易，有进退大节，不为苟得，不厌困穷。其论议如陆忠宣，冲远如赵清献，出处如陶渊明，惜不得大用，见诸施行。蔡元伟称温陵人物，谓朱鉴、李聪、蔡清、陈琛、张岳、林同、顾珀、吴铨、林性之与伟为温陵十子，皆无愧为完人也。所著有《海眼存集》。祀郡邑乡贤祠。（《闽书》、府县志、《清源文献》、《清白堂稿》、《紫峰文集》合纂）

**王　佐**　字子才，大嶝人。嘉靖壬午举人。初知睢州，值河决，竭力捍御，河卒平。睢人建回龙庙河滨，生祀之。擢高州同知，南户部员外郎中，以持议忤大司农，出为两淮运同。已而谢政归，年八十三。时睢人请于督学，祀之名宦，不知其尚在也。适移文至，令徐待赠之诗曰："白头如越世，赤子未忘慈。百亩家无羡，千秋食有余。"竟以其年卒。（府县志、《闽书》）

**陈　健**　字时乾，号沧江，阳翟人。正德己卯举人，嘉靖丙戌进士。授刑部主事，历四川司郎中。决谳鲠直，不阿上意。出知南安府，修《南安志》，郡人称其总絜绵邈，持议宏远。调廉州府，再知南宁，为政惟勤，抚绥不务因循。归田后，课子孙崇祀，敦睦无间。及卒，许獬志其墓。孙荣祖、荣选。（府县志、《闽书》）

**陈荣祖**　字克绍，健孙，嘉靖甲子举人。授永安令，出入常赍粮雇役，地方无扰。革保家，以杜需索；汰冗役，以省诈冒。民被火者，恤之；被役者，櫕之。选社师，以课学。九了树有虎噬人，斋祷城隍立毙，勒碑于庙纪其事。教民始种麻、豆、芋、姜，闾阎利赖。民立祠，刻石生祀焉。以清廉卓异，赐宴、旌额。升德庆知州，尽革陋规。卒于官，榇经永安，焚香哭奠者数

十里不绝。祀名宦，载《永安邑志》。（府县志、《广东通志》）

**陈荣选**　字克举，号鳌海，荣祖弟，万历丙子顺天举人。初选知剑州，未行，丁内艰。复补儋州，别户数，清讼狱，申六谕，劝农桑，建钦恤堂于苏长公之载酒堂旁，率士子讲学其中。税珰榷税驿骚，民苦之，荣选故饶资，运家财以应征税，民戴德出望外。黎民梗化，招抚之，不用命，就俘者察其轻罪，释之。迁广州同知，摄知香山县，以清介闻。税珰欲多税额，力争之，遂弃官归。

荣选历任州牧、府佐，每去，父老遮道泣留。儋人去思（去）甚，与陈节、潘楠合祀，称三贤祠。在家孝友好义，里人黄姓有兄弟争死，久系狱中，白而出之。衣不重彩，食无兼肉，有以缓急相叩，靡不应者。所著有《易四书旨》、《礼记集注》、《南华经道德经注解》。祀乡贤。（府县志、《闽书》、《遁庵集》）

**陈　谷**　字次卿，一字式洲，号天垣，健曾孙，俊子。万历庚子举人，榜名士铨。隽后，改今名。初授无锡教谕，有知人鉴。擢广东新安令，刚直廉平，首除剧恶，严诘奸胥。宽里甲，恤编民，免赎锾，清羡余，积蠹宿弊，厘剔殆尽。筑两炮台于城北隅，以固守御。甫年余，以忤权贵去，行李萧然。父老攀号遮道，车不得前。民思其德，建祠祀之。后补蓝山令，勤于抚绥。既归，年六十九，卒于家。（府县志、《广东通志》）

**许廷用**　字惟范，号南洲，后浦人。初名畴，以恩贡除广东化州学正。丁艰，起补许州学正。嘉靖庚子，举河南试六名。明年成进士，授江西新喻知县，升南户部主事。

励清白操，归囊如洗，人目之叶宗行、陆公纪云。岛上苦倭患，知县谭维鼎莅同，令民练乡兵，建土堡。廷用率里人竭力堵御，驰书维鼎统乡兵，载火具，浮海来援。贼一再攻堡，与战皆捷，获真倭首及奸细多名斩之，贼始去。（林次崖《平寇记》、《浯洲见闻录》合参）

**吕文纬**　字道充，号叠石，林兜人。嘉靖辛卯举人，授蓝山知县。为民求便利，日搜其蠹弊而芟除之。才识敏赡，庭讼一言而决，胥吏靡窜手。旧有征输余银，吏以羡白，例充私费，文纬请归官充公，监司遍移旁邑曰："令不当如是耶！"往上官按行部邑，庸鄙者或有私馈，至蓝独无。吏惧见谪，文纬不顾，卒皆敬重之。居荒徼间，蠢蛮蕃育，数患苦民黎。一日，掠至城下，文纬勒兵追捕，俘数十以归。度其势可尽歼，建议平猺。当事难之，文伟指画，陈可取状。遂委任其役，按地图部署。兵所从入，率敢死士，捣其巢窟。猺窘求抚，文纬曰："听抚，即吾民也。"定为约束而遣之。猺遂平。上其事于朝，民立祠祀焉。升四川简州知州，未任而报罢。

文纬诚实果敢，居官廉而有为，平猺之绩尤伟，而卒见排不录。中丞刘凝齐在湖藩时详其事，及抚闽，询时政得失，陈说无不听纳。居家仁孝，田宅尽让与弟。又置祀田三十亩，族党交称焉。（府县志，采《傅锦泉文集》）

**蔡宗德**　字懋修，号兼峰，平林人，嘉靖辛卯举人。宽大仁厚，不炫声誉。通判广州，活漳、泉通番舶者百余人。有甲盗葬乙地，乙迁其棺他所，甲以弃棺讼。佯不听，第约曰："令甲迁。"而棺果还故处。又有弟亡，仅一遗腹，兄利其产，谋一夫妇，冒为己子，复谋一人证之。宗德讯，佯怒，令弃儿于水，弟妇哀恸求免，冒子者略不动，乃责谕其兄分以弟业。丁艰归，起除台州，活被掳者十余人。询之，皆莆田人也。调梧州，未上卒。子贵易，孙献臣。（《闽书》、府县志）

**蔡贵易**　字尔通，又字道生，号肖兼。嘉靖甲子举人，隆庆戊辰进士，授江都令。丁内艰，服除，补崇德，复包角堰，以捍海潮；创尊经阁，俾诸生讲业。巨盗杨雷、潘榜者，纠聚横行，浙西大震。邻台使者谋遣将兵之，贵易用间计，杯酒间擒其魁，余党解散，三方安堵。迁南京户部陕西司主事，徽人商崇德者感贵易恩，追至姑苏，醵四百金为献，峻却之。诸商归，而立四知亭侈其事。督锦衣米盐八仓，出纳十年无秕折。晋浙江司员外，督浦口仓。迁祠部郎中，罢坊司供应，清朝天宫侵冒。出知宁波府，时余文敏公有丁为相，贵易座主也。宁人议开海外金塘、大檄二山，谓可垦腴田二万亩佐军兴，文敏从中主之，贵易曰："此国初所徙地也，役蒸黔而资巨室，讵庸利乎？"既力白于上官，复究极利害，为有丁陈之，事遂寝。诸卫所赂结府胥，借军储数千无还，计搜致之法，饷蠹一清。海上渔、商二税，旧输郡帑，议贮鄞、定二邑，着为令，曰："郡牍故在耳。"

宁波东门外，跨大江为浮梁，两涯隙地为豪家占筑，设廛市，渡者拥挤，多溺于水。癸未，大水坏舟梁，漂溺百余人。贵易按图籍，得侵蚀者折其材而平之，更新道路浮桥，舣舟二十余艘，铁缆联络，往来无患。士民立碑颂之。迁贵州按察副使，署督学，所拔得士；署司篆，出纳惟谨，不问羡。擢布政司参政，所部酋安国亨。尝遣人投牒，欲有所馈，叱牒还之。自是安酋俯首受约束，曰："畏使君清耳。"晋浙江按察使，会吴兴董学士、范司成事起，讼猬集。贵易一切安静镇之，曰："是无赖子易煽，安足听也。"抚按知贵易不为动，则径下之道、府，而董学士家破，范司成竟投缳死。事闻，神宗震怒，当事者咸获重谴，人始服贵易能持重，得大体。入觐，为谗构所中，坐镌一秩归。

贵易精敏吏治，恬退寡援，挺立独行。所至有威惠，尤作养人才。居官建立，去后人遵守之。居家不畜媵妾，不溷官府，敦宗族，和乡里，训后进以"惜福做人"为先。易箦之日，囊蓄萧然，苏浚颜其堂曰"清白"。宁郡、崇邑皆祀名宦。万历间祀乡贤。所著有诗文集。子献臣。（《通志》、府县志、《闽书》、《浙江通志》）

**蔡献臣**　字体国，号虚台，别号直心居士。万历戊子举人，明年成进士。授刑部主事，谳理一归明允。时帝久不视朝，抗疏请定国储，忠爱恳切。调兵部职方主事，迁礼部主客郎中，四方朝贡，一依典礼。调仪制司郎中，冬至习仪，台省争班，献臣力执旧典。复论楚藩假子一案，忤右宗伯意，宗伯遽詈，深恨之。已又疏请福藩之国，郑贵妃恚甚，夜发内使执之，不为屈。及旦，以旧典争于帝前，同官为之危，献臣神色自若，帝嘉其直。遣出，以参政衔分巡常镇。迁湖广按察使，有为宗伯修憾者，借楚事劾之。罢归，百姓遮留，立祠尸祝。抵家，读书东山。李春开延修邑乘，既成，得《春秋》谨严之旨。寻起浙江巡海道，改领提学道，识拔精详，状元朱之蕃，其所取士也。浙人士为立生祠。天启中，闽抚邹维琏以学问纯正奏，御赐里名琼林，召为南光禄寺少卿。为珰所诬，削籍归。邑之海丰庄田上有朱埭，迭决贻患，屡筑屡坏，迄无成功。献臣出资筑岸于朱埭，岁以有收，而海丰田永保无事。农人业户请何乔远为文，勒碑纪焉。

献臣清介亮直，师事杨贞，复彻性命之学，教人以敦伦实践为先。所著《四书合单讲义》，既绎微言单阐之，复融大义合贯之。故名其书，取古解而参己意，归于遵朱。尝谓先正林希元正、嘉间名臣，有功儒者，贻书提学冯烶，配享文公祠。乡里利病休戚，不惮委曲，陈诸当道，人受其庇。著有《清白堂稿》、《仕学潜学讲义》、《笔记》等稿。年七十九卒，赐祭葬，赠刑部右侍郎，祀乡贤。（《通志》、府县志、《晃岩集》）

**黄　杰**　字一贞，号忍江，西黄人。嘉靖乙未，府学选贡。历西安麻城训导、海康教谕、伊府教授，致仕。三辞署印，操若冰霜。所至多有可纪，而在麻城尤著。谓诸生曰：“吾初授官，不寝竟夕。念训字从言，从川，朝廷欲吾与诸生善言相切劘也；导字从首，从之，从寸，欲吾首躬行，示所之尺寸，莫逾越也。”诸生闻之，知杰欲举其官矣。杰多闻，善谈论，对诸生竟日无一庸俗语，听者忘倦。才者爱之，中才者教之，贫者恤之。时以乡先哲蔡清、张岳、林希元诸长者为诸生诵之，行事不自点污，亦不为崖异。既转海康，诸生祖送塞路，杰留衣一袭为代者别，以示传衣之意。其后代者，亦勉效之。

杰归，年七十八卒，学者称忍江先生。闽抚耿定向，其门士也，捐金治葬，为之传。楚、粤皆祀名宦。（府县志、《闽书》、《广东通志》）

**卢天佑**　字以顺，号龙泉，贤聚人。嘉靖丁酉举人，授永丰令。严嵩当国，贿赂炽行，直指行部，多访恶人，罚金具赂。索永丰，天佑第应曰：“无有。”县故无城，贼寇云扰。广兵袁彬等千余人应召杀贼，反抢掠为乱，纵横闽、浙间。天佑刊木擂石塞蹊，坠蔽关隘，分兵防守。广兵至，闻其清德，竟不为害。会当入觐，直指以邑遭残破，奏请丞代。丞居下考，中道遁去。铨部以此连天佑，坐失官，为令七月耳。归，无以为家。永丰人祠祀之。（《通志》、府县志、《闽书》）

**王时拱**　字曰臣，号印洲，山后人。嘉靖庚子举人，榜姓林，复本姓。年十九，选授杭州通判。所部储峙供亿，事极盐米，而豪猾吏巧为干没，宿弊如猬。至则多布尔目，起发弊端，徐为条教搜剔之，吏咋舌不敢动，民乐输将。历署仁和、富阳、钱塘、海宁诸篆，皆有政声，而富阳节约爱利尤多。浙苦兵乏储，一日，健儿脱巾嗷嗷道路，为请便宜发帑金以给，当事者让之，时拱曰："帑金易集耳，即有他虞，帑金宁足爱耶?"卒白大吏，许之。哗伍靖，让者乃服其识。巡抚梅林胡公檄委团练乡兵，日夜训督，卒乘服习。课绩最，荐于朝，玺书赐金，擢广信府同知。闽、浙孔道，游寇出没，饬扞掫惟谨。会山东剧贼二十余辈将入闽为乱，诈称应募。廉其状，令游徼给食，谩为好语存慰之，而潜使吏掩捕，无一脱者。矿贼连结倭寇，攻陷永丰、玉山，且及贵溪。贵无城，民各兽散。时拱署贵篆，多方倡率，守要厄险，邑赖以完。城贵溪，度宜鸠工督役，不数月而城成。奏闻，复赐金，盖异数也。在任凡五载，值太守入计，摄府事。比守回，甫交篆，而是夜府署火，仍引为己责，竟以此报罢。

归，念浯地孤悬海岛，僦居晋江安平堡，更治别业于水头村，奉父母婆娑燕喜。闲携渔樵，箨冠葛履，散步溪山，酌酒赋诗，洒如也。待二弟尤挚爱，既居安海，丙舍、腴田在浯者，概割畀之。仲弟殁，厚恤其孤。后为亲治寿域于浯湖边，以旁二圹自拟曰："吾魂魄归旧丘，依亲徜徉为快耳！"（府县志，采《河干集》）

**蔡　焕**　字尔章，号海林，平林人。以选贡，训导崑山。嘉靖癸卯应天举人，授嘉善教谕。癸丑会试，已定元，不果，副考官袖其文以出，大为扼腕。升都察院司务，晋户部郎中，出为临

安知府。居官清淡，处乡和睦。著有诗文集。（《府志》、《闽书》）

**黄　江**　字源深，号梧圃，汶水头人。幼颖慧，弱冠为诸生饩焉。历试高等，士推为祭酒。精于《易》，受经者屦满。嘉靖辛亥拔贡，授广东增城训导。进诸生，质经解疑，贫者辄却其贽，曰："以佐窗灯费。"邑令雅重之，试士钥其文，属代评隲，一一不爽。署从化庠兼邑篆，托宿黉宫，旦夕诣邑视帑、狱而已。篆不数启函，归亦不持一钱。从化民为镌碑志爱。擢乐会教谕，逾年病，告归，上官为给传符以优之。为人平易侃直，事亲孝，待二弟友，尤严饬祀事。年七十五卒。（《府志》、《清白堂稿》）

**张应星**　字子翼，号菊水，青屿人。兄埙，以贡教谕平阴。应星自幼开敏，喜读书。年十五，从晋江史于光、邑先辈林希元学，尽契所蕴蓄，躬行笃志。少失父兄，常怀爱慕，每忌日，披其所藏，悲吟隮泪。嘉靖戊午岁贡，授会昌训导，揭白鹿洞规教士。督学使者徐爌以德行求士，命诸广文，书无德行之尤者，应星独不书。怪问之，曰："诸生性质不齐，然皆可自改，苛求之，恐累终身。"学使大喜，因试以世变江湖诗，应星赋末章曰："厥行伊何？行己有耻。有耻云何？不殖不迩。颜子四勿，圣门要旨。庶几多士，是则是视。"徐大称赏曰："张广文自谓耳。"尝戒其子曰："言语必诚，最忌轻。与富人言，虽窘毋自说，若见为求也；与贵人言，虽是无过赞，若见为谄也。"转清江教谕，道卒。所著有《四书大略》、《易经管窥》、《灯影》。子日益。（《闽书》、府县志）

**张日益**　号斗南，凤征从弟，万历壬午举人。令灵璧，始至，下宽恤之令。兴利除弊，务殚其猷。时河工兴作，动派里夫，民苦额外之征，十室九窜。日益申文台司，第用帑金招募，或愿赴役者，如数复其身。上司急催役，日益具灵璧饥穷状，请宽之。以赋不及格，转王官，老幼泣送，为立去思碑。归而贫甚。所论著，充然有文词。（府县志、《闽书》）

**蔡用明**　本名霁，字用明，以字行。更字晦仲，号见南，山兜人，万历己卯举人。母早卒，事父甚谨。兄弟五人，推衣食无间。乞恩，授大田教谕。丁父艰，服除，补长泰。敛士人豪举之气，范诸礼法。有诸生隶郡庠不相识，为怨家所中，白学使者直之，而拒其谢。甲午分校楚闱，得士八人，其五成进士。升乐至知县，修学课士。县有采木之役，大木所产皆边夷僰[1]道，冈壑箐崖，绝人迹，去治所数千里。故事，给官镪，募民役，多相冒规免，辗转株累。又民苦先出募钱，事竣竟不得官给，往往破家。用明下车，见耆老，人给小方，令疏注乡之巨户，各以所臆疾书，毋得交语。既上，为参稽粮册，阅其丁赋之上下；比证甲牌，覆其廛居之多寡。然后榜示占役姓名于县门，丁弱赋强，则赋其金。募人不任者许自诉，而蠲其实者，抶其诬服与妄求免者。乃更为立补助之条，定番休之规，信给领之令，往役者官护其家，禁奸民毋乘出役造狱扰之。木分三运，以十之六为格，用明最后乃满十采木。已，邑中旱疫相继，用明按籍勤抚以纾之。优礼百年，岁时致饩课士。出俸镪，供笔札、茗馔，而大作新其庙学。豪猾犯科求赎，不许，必痛惩。部吏征无碍金，据理折之。迁淮府审理，未行，又有征播之役，大发民夫馈饷。用明犹精心为之，如其初至调度采木。时督木使者过县，民拥车言令治状，涕泣祈留，轵不得发。临行，犹奏记督学，请广多士解额。及发舟泛，装岸石以压险。陆续［绩］郁林[2]，非虚语也。祀乡贤祠。子复一。（府县志、《闽书》、《遁庵集》）

**蔡复一**　字敬夫，号元履。幼绝慧，年十二，作《范蠡传》万余言，父用明见之，惊曰："几失吾儿！"万历甲午举人，明年成进士。年十九，给假归娶。授刑部主事，即疏《劾石星冒杀平民要功状》，御审处死，中外惮之。历员外郎。丁两艰，服除补兵部车驾，迁武库郎中。每筹边事，司马采以入告，前后疏凡十

---

① 僰，古族名，在今川南滇东一带。

② 陆绩郁林，即三国吴郡的陆绩，为郁林太守。

余上。直播酋献俘，部概拟大辟。复一谳奏：“应龙婿宋承恩，绝婚于前，擒掳于后，心迹俱明。倘缘未娶之女株连，何以劝效顺？杨通汉其父可诛，其身尚幼，恕已死之亲而移辟，亦无以惩从逆。承恩宜放，通汉宜奴。”人服其识。尝奉使过里，犹称贷佐朝夕。迁湖广参政，分守荆、岳，清积逋，核虚冒，革加派，足军糈，严保甲，禁驿骚，杜参谒，割俸建刘忠宣祠，荐其子姓。壬子、癸丑，雨骤江涨，堤荡尽决，极力赈恤。时三道并缺，奉檄兼署。辰、沅诸郡多积逋，兵乏饷三年，呼癸脱巾在途，檄谕之，噪始辑。亡何，镇篁诸营复沸，参戎请调苗兵制之，不从。徐按首祸七人正法，鸱张始息。进按察使，督饷湖北，大小五冲苦苗患，摄兵备篆十月，三度报捷。复筑边墙七十余里。又黑苗屯镇远偏桥间，官道为梗，出牛酒，令兵民誓相应援，道始通。会黔抚有大征红苗之议，檄永顺、保靖二土司助蜀土司攻之。复一云：“狆苗祸专在黔，黑苗害楚浅而害黔深；红苗毒蜀，蜀宜角之。今黔代蜀忧，不以黔殉而逼楚殉之，毫［毫］众葛耕，乌乎可？”大拂黔抚意，遂引疾归。时已擢河南布政，楚人请以加秩留原任。旨报可，而复一坚辞回，囊中如洗。旋起备兵易州，辽阳报陷，出俸金募乡壮，修器械，制火具，枕戈擐甲以待。而京中诸贵人遣妻子避难，乘传络绎，下檄非奉廷遣，悉裁其符。衔者疏，诬其闻变涕泣，复一上章自理，且揭云：“请以兵加颈，谁先皱眉？请同过三岔河，谁先缩足？”言者大惭。擢山西左布政，以病告南而返。至三山，闻河西复陷，叹曰：“兹岂臣子养高日哉！”力疾之晋。晋冲边而近燕，军糈紧急，加派难堪，上《蠲增饷》、《抵京运》二疏。又于逋者裁其浮征，勉以正额，民为乐输。

天启二年，以右副都御史抚治郧阳兼制三省，益励清白。岁大旱，步行祷祈，自状其罪，坐狱中。是夕遂雨。郧赋万金，加额至四万余，疏请免之。又核屯额，肃军实，抚材官，饬吏怀民，种种毕举。奢崇明、安邦彦[①]反，贵州巡抚王三善败殁，进复一兵部右侍郎代之。丧亡之余，兵食尽绌，复一劳徕拊循，人心乃定。寻以都察院右佥都御史总督贵州、云南、湖广军务，兼巡抚贵州，赐尚方剑，便宜从事，节制五省。闻命，即提师走遵义六广河，捣其腹，咨蜀设疑兵牵之。乃驻沅州，召集将吏，遣总理鲁钦等救凯里，斩贼众，进克岩头寨。贼围普定，枭贼谍陈其愚以殉，遣参将尹伸、副使杨世赏等合击之。邦彦负伤逃，遂捣其巢，扫助逆苗十余寨，擒斩数千。发兵通盘江，路斩逆酋沙国珍，扫清三十余寨，普定复。邦彦震恐，佯乞降，于四川、云南缓两路援师，而纠合乌撒过河。官军相持五日，三战三捷，贼退六谷。攻城，适复一发亲军至，邦彦弃辎重遁。乘胜进剿六目，自东海至鸭河池水外，数百寨皆平，余党奔入水内。时复一已病，巡按御史傅宗龙誓师平坝，造船为渡河计，复一谓："搏虎于隅难，格兕于原易。"密檄诸将诱之出。贼果驱猓鬼卷土连垣四十营，诱狆苗断我饷道。复一喜曰："贼倾巢出，我之利也。"授计诸将进师。于是鲁钦及总兵黄越复大破之汪家冲、蒋义寨。邦彦大窘，遣人乞降，而号召乌撒等犯遵义。复一促总兵许成名疾趋赴援，合蜀兵击破之，长驱织金。织金者，邦彦巢也，缘道皆木石塞山径，将士用巨斧开之，歼贼甚多。搜邦彦不得，乃班师。复一以邻境不协讨，致贼未灭，请敕四川出兵遵义、毕节，抵水西；云南出兵沾益，抵乌撒，犄角平贼。帝悉可之，因命广西、云南、四川、陕西诸郡邻贵州者，悉听复一节制。六疏请益饷未下，而施州、遵义兵万余始至。众议因锐渡河，复一戒勿深入。乃兵甫渡河，而施兵先逃二千余。鲁钦谓师退必散，不如直捣其穴，遂径趋水西，遇贼力战破之。是晚，施兵先溃，贼从后袭击，诸营尽溃，死者数千人。时复一为总督，而朱燮元亦以尚书督四川、湖广、陕西诸军，以故复一节制不行于境外。复一自劾，因论事权不专，故败。巡按御史傅宗龙亦以

---

① 奢崇明，四川永宁土司。安邦彦，贵州水西土司。

为言。廷议移夔元督河道，令复一专督五路师，御史杨维垣独言不可。于是复一解任听勘，而以王瑊代抚贵州。故事，俟代者必移镇。复一虑摇人心，仍留会城，拮据兵事，与宗龙计剿破乌粟、螺虾、长田及两江叛苗十五寨。邦彦党安效良犯曲靖、寻甸，复一遣许成名往援，贼望风遁。长田苗酋阿秩为水西羽翼，诱枭之。秩弟阿贾挟其兄仇，拥众欲断平越饷道。复一在病中，曰："一息尚存，岂可以贼遗君父忧。"檄诸将分路进剿，破百七十四寨，斩级数千，而西贼失一大臂矣。报捷，正患疟下血，扶至平越愈剧，犹上《捐俸助工疏》，叩首床上。有事，犹手自批答。遂卒于平越军中，远近震悼。讣闻，帝嘉其忠勤，赠兵部尚书，赐祭葬，谥"清宪"，荫一子官。

复一学博才高，他诸著作，皆崇论宏议，至书牍奏议之文，慷慨谈天下事，切中时弊。而诗则出入汉、魏、唐、宋间，居然一代名作。生平耿直，负大节，有志圣贤之学，经济文章，特其绪余。尝云："某生平服膺三言：报国恩以忠心，担国事以实心，持国论以平心。"又云："某惟学"正已不求"四字耳。"所著有《遁庵全集》。特祀乡贤。崇祯间，建祠专祀。（《明史》、《闽书》、府县志、《贵州志》、《勋阳府志》、《晃岩集》、《督黔疏草》）

**蔡守愚** 字体言，号发吾，平林人。万历乙酉举人，明年成进士。授南仪制司主事，迎母就养。暇与诸名公证绎今古，所得益深。丁内艰，归葬，采前言往行，汇为《明伦宝鉴》一书。手抄郦善长《水经注》成帙，加辨证。服除，授工部屯田司主事，督理易州、龙湾二厂。旧时炭直不早给，而惜薪司复从中索例，大为商病。则为移内外主者，与订约时，其出纳给直，令商自兑。凡日用薪蔬例供，概从减省。又兴二厂社学，躬往课督。时内官四出采矿，守愚谓易州近京，安得有矿，将抗疏争，事遂寝。擢虞衡司员外，迁屯田郎中。去日，诸商环拥，请留靴为记。守愚谢曰："有二社学在，令子弟勿废业，吾棠不剪矣。"是时，方急殿工，物力告诎，力赞大司空疏借内帑，以郡国赎输补偿之。得报，命升四川副使，分巡上川。土酋肆掠，播州尤甚，讨平之。晋参政，旋擢按察司，升右布政，皆分道川南。会六诏不靖，中丞乔公荐守愚以原官移节建昌，土妇瞿继良与其叔马应龙争印仇杀，守愚授计游击吴文杰，直入卧内，持印出，嫂叔投戈听命。兰州土妇奢氏争权留印，恶目簸弄其间。檄往会勘，议献首恶并追印，余不足问，议乃定。杨酋陷綦江，帝命总督李霖寰徂征，守愚以画策督饷功，赐白镪。采木役兴，在川南，则条无木之难，无钱粮之难甚悉；在建〈昌〉，则条募夫、采木、出水三难。又请司帑先给三分之一，而以建昌之杉易重庆之楠，两地交便。威茂饷米三万余，藩司给直，灌县买运，不时积欠无稽，为条包揽搪塞，干销私兑，挪新补旧诸弊窦。立三限挂销奖戒法，分派新繁、崇宁、郫、彭产米诸邑，店户买米不齐，验粮官督之；脚户运米不到，监收官督之。其久逋者，量追米脚价给军。自是，威茂无滞饷。其徙建昌，则寄孥雅州，单车莅焉。忽猓从山谷突出，众惊窜，守愚端坐不动。猓至，曰："此蔡佛爷也。"相率礼拜去。至则宣布恩威，申明约束，番夷戢服。复画善后诸策，为建南绥安计，备殚心力。数年间，小犯小胜，大犯大胜。以积劳成痞病，报满乞休者三，而两台苦留之。迁云南左布政，候代。会大帅侯某欲计擒黠酋乌撒以为功，亟驰止之曰："彼巢据官道，而力能号召，执之必启衅。"不听。未几，酋孽奋呼，诸夷响应，道路梗塞逾旬。守愚闻报，为抚谕熟夷，镇西之间享无事焉。其威惠素孚也。未几，得代致仕，而直指彭某竟用流言，以考功法中之。盖自建南被祸，当事日议雕剿。然三尺孤悬，兵饷难处，惟守愚谓宜善储胥，讨军实，以防与抚为持久计。所以安建者在此，而得咎亦由此。

初，土官安世隆为那固所弑，孽妇禄氏纠夷报复，阴欲嗣侄禄祈。守愚责以大义，俾逐禄祈而立安世业。乌思藏之贡者不无生事内地，台使题参，部复议革，而各番求复不已。守愚谓："贡额国初已定，彼卖敕之利，孰与贡赏之所获厚？川省三万茶引，亦惟贡番贸易通行。今关门一闭，无论茶法为阻，即军需且岁增数万。"竟如其言复之。诸番愿世世奉款，而肖守愚像于弘化寺。蜀郡旧建三教堂，释居中，儒、道左右之，特捐金修葺，祀孔子而退二氏。又刻《艺林标准》及《明伦宝鉴》以嘉惠蜀士。尝署藩篆一月，籍羡金千余无所取。尝曰："吾居蜀十四年，不敢受各属一果一菜，不敢取地方一粟一丝，不敢任喜怒而出入一罪，不敢听嘱托而臧否一人，不敢传舍官府，不敢秦越军民。"盖实录也。

守愚学术行谊一遵程、朱，为人乐易质直，无媕婴态，以故特立寡援。至家，扫轨读书，绝迹城市，匾所居轩曰"宁澹"。戒诸子曰："得不得，命也，非分之有，不必过求。"为诗有魏、唐风味，文出入经史，自足名家。具载《百一斋稿》中。年七十卒，祀乡贤。（《闽书》、《通志》、府县志、《清白堂稿》）

**黄华秀**　字居约，号桂斋，西黄人。入南安庠，万历戊子进士，授韶州府推官。逮下仁慈，事上端执。精明决断，雪杀姑之冤，释代兄之囚，辨伐冢之诡。以最荐，召为南京浙江道御史。刚果洞达，条陈时事，雅著丰采。时东方有辽左之虑，中原有矿税之兴，楚藩有小人之构，华秀皆上疏极言之。官暇，从德兴祝世禄、宁国张应泰、潜江欧阳东凤及邑人李范廉、骆日升为读书之会，相切劘如诸生。卒于官，不余一钱，诸公经纪之。（府县志，采《闽书》、《广东志》、《通志》）

**陈基虞**　字志华，号宾门，阳翟人，万历己丑进士。性孝友，戆直寡谐。初除萧山令，以忤津要，左迁南雄府推官。有桥榷，岁入万金，力辞不受。署篆新会，税监负嵎为民害，将激大变，基虞保靖之。辨首盗，活诬者数百命。前令钮光斗附珰虐民，基虞悉心调剂，民赖以安。代之日，焚香卧辙，道拥不前。与袁、王二令并祀三贤祠。晋南刑曹郎，有贵人欲轧一异己者，基虞坚持不可，乃得解。历守三郡，人多去思。刺彰德时，畿辅猝警，大中丞范景文戴星入援，基虞措置军需，咄嗟立办，朝野赖之。擢粤东兵宪，终以不媚权贵得调。捐金倡修长兴第三桥，行人赖之。卒七十九。（府县志、《广东通志》）

**蔡懋贤**　字德甫，号恂所，平林人，贵易族。万历乙酉举人，己丑二甲第五名进士，授刑部山西司主事。读书、读律，刻苦自砥。虑囚一以平恕得情为主，间有所成狱，主者虽再三持之，卒无以易其议。大司寇李渐庵公及吾泉王少宰、詹司寇，皆奖重之。亡何遘疾，不数日卒，年仅四十有二。

懋贤天性孝友，一钱之入，必与兄弟共之。初第时，念父母年高，欲图归养。以神宗方册立东宫，冀得一命荣亲，故留妻子以代晨昏。仓猝而卒，无一骨肉在旁，莫能详其居曹状，尤可痛也。（府县志，采《清白堂稿》）

**许光卿**　字用实，号宾明，后浦人。祖大来，万州知州。光卿，万历甲午举人，授河南西平教谕，升广东新宁知县。器局恢弘，绝无脂韦之习。蔡复一尝赠之曰："门风孝弟，德宇清纯；貌无脂缛，言必脊伦。"（《府志》，节《遁庵集》）

**张继桂**　字廷高，青屿人，凤征子。由龙溪学，中式万历戊子举人，乙未进士。笃亲信友，意气倜傥。授华亭知县，裁罢常例，不避权势。调松阳，神明恺弟，均役、清田、催科、听讼，鞭朴不施，而赋额无逋，教化大行。卒于官。归榇后，家中萧然，妻孥织作自赡。华、松二县祀之名宦。（府县志，采《闽书》、《清白堂稿》、《处州府志》）

**张廷拱**　字尚宰，号辅吾，大嶝人。万历丁酉举人，辛丑进士。授怀宁令，清内使挟带私船，宽省运民夫。丁艰服除，补丰城，捐俸筑堤以利民。改迁安，编铺平法，辽左车马不疲奔命。天启中，历祠祭司郎中。时朝中多依附权珰，独廷拱正言谠论，非端人君子不与交游。削籍，归。庄烈帝即位，求旧赐环，以边才擢佥都御史，巡抚大同。召对称旨，帝顾近辅曰："廷拱，福将也。"至则给宗禄，恤饥军，修土堡，制火器，边计靡弗周密。警告猝至，御变投机，敌不能犯。以焦劳成疾，及亟，谆谆谕戒诸将竭力报国，言不及私。卒年六十五，赐祭葬，谥"襄靖"。祀乡贤。（《通志》、府县志）

**陈如松**　字白南，陈坑人。万历壬子，举顺天试。以生时松树产兰花，因名。初授萧山令，革常例，除罪赎。常自未至酉，连判三十五事，当堂署案，无称冤者。严盗贼，摘伏如神。为民兴利，而抑富豪。以邑水东去，不利民财，乃筑坝截其流。朱直指称其吏治为浙中第一。以忤刘中丞，调简补信宜。俗婚嫁倾资，民间至不敢举女。如松谕以好生之德，动以属离之情，作《为溺女文》风晓之，仍编什伍，设籍查稽，以生女来告者，辄锡镪钞，更定资送仪节有差。自是无复弃女者，人方之贾父。旋改河源，邑学宫为势宦占营私室，如松立毁其室复之。有泡泉，宦据焉，如松曰："山川之灵，岂供凶人口腹？"投笔，泉水立涸。擢守太仓，事无剧易立解。治讼，大者为劝解，小者斥去之。尝试童子卷千余，榜发，遗者求赎。问姓名，诵其疵句，皆走匿。候台司出，馁则携袖中钱市粝食，供帐上官简脱，虽谴责弗动。

以忤权贵，拂衣归。破屋三间，日坐钓于清泉白石间，若未尝官者，足不入城市。书法名家，人乞书立应。为邑令时，邑有物食禾，布满陌阡，佥诣令告怪，如松按视，心笑为鲎。自携归，于厅事教以折解食烹之法，乃争相捕取，岁以有秋。今仓俗，遍立生祠，岁诞辰，香花鼓吹迎导。有裔孙，船遭风至，登岸薄观之，曰："是吾祖也。"各罗拜，延至家款接焉。所著有《莲山集语抄》、《学庸解》、《百篇诗》、《老来吟》诸稿。（《通志》、府县志、《浙江通志》、《太仓州志》、《平生叙录》合纂）

**林 釬** 字实甫，号鹤台，瓯陇人。将生之前，瓯陇湖中鸣沸三日夜。由龙溪籍，举万历壬子乡贡。丙辰成进士，殿试一甲第三名。授翰林院编修，历国子监司业，迁祭酒监。有铜鼎、铜缸为临雍会食及贮水备火之器，魏珰欲假铸钱，釬持不与。时珰擅权烜赫，立祠几遍天下。一日，监生陆万龄辈执牒请定判，釬问云何？对曰："魏公功德巍巍，宜立像太学。"釬曰："诸生宜熟思之！孔圣，严师也，礼有人主北面之尊。魏，人臣也，若并列座，他日皇上入学谒奠，君拜于下，臣偃于上，能安之乎？"明日，遂称病去。（按《明史》载："万龄欲建阉祠，具簿醵金，强釬为倡。釬援笔涂抹，即夕挂冠棂星门径归，忠贤矫旨削其籍。"《龙溪县志》云："万龄就手中夺启事以去，明日有旨责釪闲住，釪翩然就道。"与此稍异。）迨庄烈帝即位，闻之叹曰："危行言孙，君子也。"召复原官，晋礼部侍郎兼侍读学士。七年，以枚卜与刘宗周同时召对文华殿，陈用人、理财、靖寇、绥边四策。即日拜东阁大学士，入阁办事。时帝方疾党人，以釪诚悫，不立门户，特加眷顾，御书"淡泊宁静，中正和平"八字以赐。首辅忌之，困以烦剧，遂以劳疾卒于官。赐祭葬，谥"文穆"，祀乡贤。

釪冲淡和平，廉介自守。郑芝龙受抚，奉千金为寿，却之，复其书曰："成人之美，君子也。因之以为利，非君子也。"芝龙亦为叹服。（《通志》、府县志、《漳州府志》、《刘子全书》）

**张朝纲**　字思勖，号楚台，一号五孳，青屿人。九岁能文，万历丙午举人，丙辰进士。初授丽水令，巨猾敛迹。以最调永嘉，有以白金假海鲊献者，召却之。适富人子杀人，善事郡守，诸县长承守旨，久不问。朝纲治如法，卒见忤。归五载，起金溪令。邑有虎患，为请命于神，虎就毙。分校浙闱，所得皆名士。升户部云南司主事，管新、太二仓监兑［税］两浙。旋授正郎，出为广西副使，备兵苍梧。梧当两粤冲，獠寇出没，勤团练，募义勇，粤赖以安。署藩篆，凛凛冰霜。其在营卫、屯伍、市澳、船厂，经理有法，民立祠以祭。梧吏有祠，自朝纲始。卒于官，崇祀府、县乡贤祠。（府县志）

**苏寅宾**　字初仲，号日门，蔡店人。万历壬子举人，己未进士。授昆山令，廉静刚平，守正不阿。时螃蟹食禾，遍满田塍，寅宾祷天，为民请命。蟹去，岁以大熟。以执法失权贵意，论贬宁波府教授，昆民祠之。秩满，升国子监助教，累迁海南兵备道兼提学。革纳镪、积谷诸羡余，勒石永记。饮清宴廉，惠泽及民。转湖广粮储道布政司参议，以不谒督粮权珰，夺职归。家无担石，杖履自适。卒年八十一。（府县志）

**刘廷宪**　字秋岳，金门所人。天启辛酉举人，署沙县教谕。新文庙，勤月课，人文蔚起，诸生为建生祠于学宫之右。升桐乡

令，清慎执法，汰耗锄猾。每簿书暇，即与诸生讲学课文，所赏识多名士。归官后，桐人建祠于皂林驿而祀之。祀乡贤。（府县志）

**蒋孟育**　字道力，号恬庵，浦边人。入龙溪庠，万历戊子举人，己丑进士。授翰林院庶吉士，以终养归。起补，历国子监祭酒，南吏部侍郎。古心谦德，无贵态；操守廉洁，始终如一。在吏部时，其子履决，不能补，相视笑曰："吾父子何贫也。"终以清节著。卒赠尚书，赐祭葬，谥"文介"。祀乡贤。所著有《台阁文宪选粹》等书若干卷。（《闽书》、《通志》、府县志）

**陈昌文**　字清时，号伯武，古区人。天启壬戌进士，授广西平乐推官，治尚宽和。在粤九年，历署诸篆，人诵为九印召杜。尝曰："治有三要，清、慎、勤耳。"擢南刑科给事中，士民遮道。转北吏垣，疏请各郡邑立仓，令缙绅捐粟以备赈。劾尚书张凤翼防西失职状。未几，卒于官。（府县志）

**张朝綖**　字思藻，号青武，青屿人。崇祯己卯亚魁，庚辰会魁。授职方司主事，抗疏清核京卫冒粮数十余万。升郎中，典试广西，转江西湖西道，驻袁州。时郡北有天井窝，强贼盘踞，民遭荼毒。历任监司，剿抚两困，朝綖单骑抵穴开谕，盗尽解甲。升云南督学，民为之攀舆，因留任。寻擢右佥都御史，巡抚南赣，清勤自矢。后归，以病卒。祀乡贤。（《通志》、府县志）

**蔡国光**　字士观，号贲服，平林人。天启丁卯第六名举人，崇祯甲戌进士。七岁就傅，经史过目成诵。既释褐，令高安，请免浮粮，革除常例，高安人建祠祀之。已补巨鹿，修城池，给牛种，残疆之民实赖以安。召对称旨，擢授礼垣。未几，李自成陷京师，执国光使降，国光叹曰："吾不能捐躯从先帝于地下，尚敢腼颜更事哉！"贼拷掠极楚。后释归田里，日惟焚香却扫。旋依郑氏，流寓厦门。两岛破，落发披缁，复筑一楼，栖止其上，终身不下楼。寿八十三卒。（府县志，参家谱）

**卢若腾**　字闲之，一字海运，号牧州，贤聚人。崇祯丙子举人，庚辰进士。御试召对称旨。时中外多警，上雅意边才，授兵部主事，誉望大起。黄道周、沈佺期、范方引为同志，以气节相尚。会阁臣杨嗣昌督师湖广，请刊布《法华经》祈福，若腾疏参嗣昌不能讨贼，只图佞佛。帝以新进小臣妄诋元辅，严旨切责。时论壮之。升本部郎中兼总京卫武学，三上疏，劾定西侯蒋惟禄。有恶其太直者，外迁浙江布政使司左参议，分司宁绍巡海兵备道。途次，疏纠权珰田国兴揽带货船，滥用人夫，辱州县，阻闸口。有旨召国兴回，论如法。居官洁已惠民，剔奸弊，抑势豪，峻绝馈遗，轻省赎锾，风裁凛凛。值山贼胡乘龙窃发，平之。士民建祠以奉，有“卢菩萨”之称。

福王立，召为佥都御史，督理江北屯田，巡抚庐凤，提督操江。尝与刘宗周书云：“自古未有文武不和能成大功者，今文武相贰，文又与文贰，武又与武贰，勇私斗，怯公愤，将来正不知所税驾耳。”明年夏，行次钱塘，而南都亡。（《同安志》所载，历任凤阳巡抚，在甲申以前。考《明史·职官志》，凤阳巡抚，嘉靖三十六年以倭警添设，四十年归并总督漕运。今据《三藩小纪》及文集《辞浙抚疏》，断为福王时。至全祖望所称尚书，为甲申以后官不载，不知。胜朝殉节诸臣录《明史通鉴辑览》于诸臣之仕唐、桂、鲁三王者，概予原官。今谨遵钦定诸书例补入。）唐王授以都察院右副都御史，巡抚温、处、宁、台。时已命孙嘉绩于颖矣，又命若腾，因事权不专，疏辞，不许。将赴任，请以总兵贺君尧统靖海营水师，以其弟游击若骥扼守盘山关要害。时绍兴诸臣奉鲁王监国，诚意伯刘孔昭、总督杨文骢分据台、宁、处州。若腾所抚，惟温州一府而已。督师黄道周军婺源，以沈有兹、徐柏龄隶其麾下，致书有云：“闻至浙东，喜而不寐。不特声气可通，亦且形势相起。”是年，温州大饥，若腾设法赈恤。加兵部尚书，手书“无不敬”三字赐之。（按：尚书，诸书皆不载其何时何部，今据文集《上桂王疏》。）秋，率师次平阳，大兵逼，七疏请援，不应。温民拥署呼曰：“愿公为百万生灵计。”若腾曰：“若欲降耶？先杀吾！”民涕泣散。夜叩绅士王瑞枏、周应期门，议城守，瑞枏曰：“人心已死，非口舌可挽。”相持痛哭。

城破，驱家人巷战，腰臂各中一矢，遇水师救出，偕贺君尧脱入江。上表请自劾，命族弟若骥赴行在。闻闽事坏，痛愤赴水，同官拯起，裂眦曰："是不欲成我也！"郑鸿逵招回闽。寻潜入瀫州，图起兵，道出宁波，父老迎谒，垂涕遣之。见事不可为，仍回闽之曷山，与郭大河、傅象晋辈举义，屯兵望山，欲乘间图武安近寨。宦裔林某绝其饷道，兴师战不利。

嗣同叶翼云、陈鼎入安平镇，转徙鹭江，偕王忠孝、沈宸荃、曾樱、许吉燝、辜朝荐、徐孚远、郭曾一、纪许国辈居浯岛上，自号留庵。永明王因阁部路振飞疏荐，召拜兵部尚书，道阻不得达。成功卒，张煌言贻书，谋复奉鲁王监国，会王薨。康熙三年，将渡台湾。至澎湖，病亟，梦黄衣神持刺来谒，忽问今是何日？侍者以三月十九对，矍然曰："是先帝殉难之日也。"一恸而绝。遗命题其墓曰"自许先生"。年六十六。

若腾风情豪迈，当时士夫幸博一第，则近地山海之饶，率拥为世业。或以为言，夷然不屑。晚一意著述，自天文地理，下逮虫鱼、花草，宏通博雅。品藻古人成败得失，反覆淋漓，断制严谨。至于身世感遇，忧愁愤懑之什，皆根于血性注洒。人比之蔡忠毅道宪。所著有《方舆图考》、《浯洲节烈传》、《留庵诗文集》、《学字与耕堂值笔》、《岛噫集》、《岛居随录》、《岛上闲居偶寄》各若干卷。（《通志》、府县志、《台湾府志》，诸罗、彰化县志，《留庵文集》、《石斋文集》、《台湾外纪》、《鲒埼亭集》、《续闽书》、《林霍诗话》、《蠡测汇钞》、《啸云文钞》合参）

**许元庸**　字世响，号鸣和，后浦人。初名元镛，崇祯间补府庠，改今名。顺治五年，贝勒王帅师入闽，廉其才，荐授广东乐昌知县。代篆广宁，地多虎患，元镛至，一切利民事次第举行，虎遁去。有山贼窃发，势甚炽，官不能捕，元庸单骑驰入寨，陈说利害，贼俯首听命。升肇庆同知，寻迁王府内史，摄龙门印。卒于官。（《浯洲见闻录》）

**陈观泰**　榜名琬，字允雅，号止庵，翟阳人，健元孙，崇祯癸酉举人。宽厚孝友。国朝任仪封知县，听讼持平，催科不扰，缉剧盗，却飞蝗，捐修学宫，完雉堞，除杂税，革陋规，仪人德而祀之。及子睿思登第，遂告归。建祠宇，置儒租百六十余石，以励孙曾。卒年八十，祀乡贤。（府县志）

**张汝瑚**　字夏钟，号虚岩，青屿人。入府庠，崇祯壬午举人。国朝顺治乙未[1]会试，以乙榜授清源令。邑里役久为累，至即毅然厘革之。罗、白二都，故有永济渠，逶迤三十里，岁久淤塞，被邻封豪右占耕，汝瑚请于上官，浚复之。东于、高白、水屯营三乡，沃壤也，自万历初被水后，地荒民窜。为集流亡，给牛种，躬自督垦，皆成膏腴。户尸祝焉。康熙七年，恩诏赐高年米、肉、布有差。清源八十、九十以上者不下二百人，逾百岁者二人，备车马迎致，与坐堂上，躬袒割饮之。邑贤书报罢已四科，汝瑚建梗阳书院，俾士肄业，与相切劘。是科丙午，获隽二人。赴次科己酉，四人。自是科第不绝，而刘基振竟抡元，皆其平日首拔士。督抚大加敬重，有"两省循良第一"及"三晋仪型"之匾。在任七年，以盗案诖误，百姓两诣行在保留，竟格于部议报罢。在源候代，囊无一钱，薪水悉民供之。去之日，父老遮道号泣，送至数十里，邻封民亦为堕泪。嗣起补安陆府通判，却例金以千计。校士论文，所赏识皆名士，解元刘善锡，其所首拔士也。郡邑有水旱，必议蠲赈，得请方休。性嗜学，凡经史子集，靡不熟复玩味。购求明代遗文三百余家，评骘选刻，脍炙海内。为文春和大雅，泉中自王遵岩后，罕有其匹。所著有《匏野初集》、《二集》、《贤赏堂文集》。（府志，节郑重、高联璧各序）

**黄　晄**　字丽芳，汶水头人，康熙辛酉举人。有卓概，敦孝友。授政和教谕，饬仪礼，修废堕，士林戴之。卒于官。（府县志）

**许承澎**　字伯岧，后浦人，贡生。以从戎有功，康熙间授河南郾陵令。丁父艰服阕，起补江南仪真令。在任有政声，当道交荐之，除松江府同知。寻以老，致仕归。（家传）

---

[1] 乙未，选举志作"甲午"。

**许永忠**　后浦人。康熙间，以军功授四川遵义府通判，摄府篆。进京，值吴三桂之叛，全蜀响应，不能回任，随师效力，招降伪总兵姜应熊，克复龙安。成都既定，乃就官。后因事罢归。（家谱）

**洪心澄**　字淳思，号印川，后丰港人，移在坊。年二十，登康熙丙子举人，授河南偃师令。丁外艰归，服除，值台匪朱一贵窃发，提督施世骠延入幕中，运筹制胜，多出其谋。事平，未议叙而卒。

弟淳瑛，康熙甲午举人，任松溪教谕，调台湾；授江南六合令，调仪征。详革陋规，冰蘖自矢；剔奸除蠹，吏畏民怀。家居，足迹不入城市，人钦仰之。（府县志）

**王孔彰**　字曾言，山后人。由晋江学，中式康熙乙酉举人，授迁安令。邑治辽阔，稽保甲，严缉捕，闾阎安枕。听断明决，讼无留牍。以刚直忤归，家徒四壁，介然自守。尝值天旱祈雨，邑长犹催科严急，孔彰随至城隍行礼，昌言曰：“祈祷，抑末也。感召天和，莫如省刑缓征。”邑长失色。

温陵朱文公讲院久荒废，陈于太守王廷诤，廓清重修，集士肄业其中。时论伟之。年九十余卒。（《府志》）

**黄　钟**　十七都汶水头人。康熙间，以投诚功，历官云南。值吴逆叛，挟使降，不屈。刖其足，全家被害，竟不从。寇平事闻，特授浙江温处道。卒于官。（黄廷选述）

# 金门志卷之十一

## 人物列传（三）

### 列传三目录

丘联恩　　林茂生　　郭秉衡　　林高山、吴允兴

李震龙

# 武　绩

**邵应魁**　字伟长，号榕斋，金门所人。幼颖慧，弱冠操举子业，邑试倾同士。适俞大猷来视金门所篆，从之游，遂徙业焉。

嘉靖丙午隽武闱，明年成进士。同登武第，自应魁始。已授所镇抚，赞画南赣军门。赣多峒贼，奉檄往谕，皆听抚。中丞疏荐其可大用。

乙卯，倭犯浙，应魁隶俞大猷幕下，歼贼于平望桥畔。衢山告急，趋赴蒲湾。遇倭艘猬起，应魁率舟师乘风冲犁，平明至马迹，创甚，犹裹血奋呼，殊死战。贼溃去。大猷亲为傅药解衣，仍令移师吴淞，复应援嘉定、上海、江阴等处，而川沙洼之战，擒斩尤多。尝雪夜率三百人，披蓑持火药，夜半潜抵贼栅，风发火炽，壁上下如赭，大兵鼓噪进焉，贼多焚死。旋督兵黄窑港，直冲贼艘，炮弩齐发，贼焚溺死者无数。余寇遁走，复设伏败之。追至乍浦，沉倭艘二。以功升南直隶游兵把总，又升永宁卫指挥使。未几，把总圌山，巡历江海，击沉倭艇于三片沙。升福建都司，署都指挥佥事。将赴闽，而监军唐顺之移书抚按，请以闽衔领浙直事，专守江南。倭阑入江北，总兵卢鞺被劾诏狱，波及应魁，遂解职。

既而剧贼曾一本横行粤中，总督吴桂芳请以应魁参将广惠、潮。提哨船不满三十，值贼艘百余，独当其冲，乘夜截击，手射杀贼渠，围乃解。复合诸军破之。

旋被闽巡按陈某所龁，遂求去。杜门却扫，校雠《左》、《史》，寄情诗酒。性孝友，俸入悉兄，出入不问。金门有园林之趣，兄心欲之，即移家禾山，而推宅与兄。巡宪及郡僚行部往返辄枉车骑，得其诗乃去，然未尝有所干。年七十六卒。著有《射

法诗稿》行世。（府县志、《清白堂稿》）

**洪公抡**　字廷扬，号鼎铭，后丰港人。累世同居。少倜傥有大志，壮年从其父北游津门，咨访边事，有惜箸请缨之思。已而偕伯氏渭文，南游雷阳。渭文入副总兵杨应春幕，公抡累官守备。

万历四十二年，属有征黎之役，制府檄五路将分道进发，诸将纷议剿抚。公抡受应春命，入刀港、德霞诸洞，委曲抚谕，皆悦服。随之出见应春，受赏而去。传告邻部，骎骎向化。两广坐营参将张万纪欲乘其不备，幸奇功，夤夜进兵。夷觉，伏林箐以伺，弩矢雨注，师歼焉。公抡愤，气激暴殒。黎夷怜之，归其榇。

子旭，号念衷。唐王时以军功得官，郑成功甚重之。累官中提督，封太子太师、忠振伯。次子暄，字调五，为水澎游击。（节《留庵文集》）

**卢若骧**　贤聚人，尚书若腾胞弟。以举义，授总兵官。

若骥，腾族弟。崇祯间，若腾官枢曹，骥父文宇谓“天下扼塞要害，兵马刍糗之籍，尽在枢曹”，命骥就若腾京师讲求。后历任三山长溪裨将，治军恤民，声藉甚。唐王立于闽，授游击将军，从扼守盘山关者年余。旋受恢抚闽、浙之命，血战闽、粤间，屡著劳绩。

卢恩，亦若腾同族，从定国公郑鸿逵纠义旅海上。干才敏练，定国深倚之。官赞画通判，晋昭毅将军正总兵、都督佥事。（采《留庵文集》）

**许　盛**　字际斯，号武岩，后沙人。康熙三年，自海上率众归诚，授参将衔，屯垦南赣。时三藩蠢动，闽、粤、荆、湖诸寇躏入江右。赣为数省咽喉，盛率屯丁前后二十余战，解宁都、杨家寨、富江等围，复石城、万安、泰和、上犹、龙泉等县，招抚伪将严自明等，斩伪将陈升数人。以功授南赣总兵，晋秩右都督，转左。复剿崖石寨，降其魁朱明，授掩沙喇哈番，予世职。入觐，假归葬亲。盛少遭乱，失亲骸。至是，匍匐悲号墟莽间，卒得其处。旋移镇襄阳，道经武昌，值夏逢龙之乱，幽闭城中，身被四矢，以计脱。随大兵讨平之。仁庙南巡，盛迎见于宿迁，验阅箭伤，扈跸旋京，挂总兵印，出镇宣府。屡随征噶尔旦[①]，以老乞归。捐三千八百金，修本邑文庙及明伦堂、乡贤祠。卒于家。子廷瑞，商丘知县；廷瑜，通判；廷瑶，常德知府。（府县志）

**周全斌** 字邦宪，浦边人。有文武才略，尝为刀笔吏于漳州，后从郑成功入海。康熙元年两岛破，海帅多归命，全斌亦遣子入质福州，率所部从镇海卫来归，封承恩伯。四年，靖海将军施琅统师讨台湾，总督李率泰奏以全斌副之。至青水沟，遭风引还。召回京，屯垦外郡，有从征罗刹[②]之劳。（《台湾外志》，参家谱）

**康朝功** 僦居金门浦东，为金镇右营千总。康熙六十年，带戍兵渡台，适朱一贵乱，战败，杂死尸中以免。及府陷，为贼所擒，脱入黄蘗寺为僧。密制大清旗，与把总周应遂辈谋内应。事泄，逃匿破柩六日，寺僧密送食，得不死。大兵入，随从杀贼，克复盐水港。当时有言在伪国公戴穆处受污，总兵蓝廷珍力言制府，为昭雪焉。（《东征集》）

**洪　就** 烈屿人。以经制外委从征朱一贵，贼众据鹿耳门炮台，叠发巨炮，别遣小舟扼要来争。港道旧称天险，我师未敢进，就率善水者十二人，驾小艇同先锋军前驱冒死。因入鹿耳门，沿港插标，大军飞艎骈进，转战皆捷，遂克府城。历官碣石游击。（《东征集》）

**董　方** 金门人。朱一贵倡乱陷郡，总兵蓝廷珍统兵进剿。方以安平千总同守备林亮领先锋军，贼目苏天威率众据鹿耳门炮台，炮矢雨集。方同亮率快船冒死直进，专攻火药桶，尽燔之。贼仓皇，阵遂乱，方登岸，夺炮台。天威败入安平镇，纠合郑定

---

① 噶尔旦，即噶尔丹，清朝蒙古准噶尔部首领。

② 罗刹，原指佛教中的恶鬼，这里引指当时沙皇俄国。

瑞党扼守海口。两先锋奋勇前驱，大兵继之，克安平。贼复拥众来犯，我师再战皆捷。贼婴城固守，近村贼党四出应援，方鼓勇冲杀，廷珍率兵夹击，俘馘无算，遂复府治。一贵率众遁去，方及诸将穷追之于大穆降及湾里溪、月眉潭等处，至沟尾庄始擒获焉。方骁勇敢战，与亮功最伟。故廷珍露布文有云："忠勇冠乎三军，雄威溢于千艇。"非虚誉也。累官闽安、安平副总兵。（《东征集》）

**李耀先**　古宁头人，多膂力，乾隆间尝缉获黄崎土盗。累擢厦门前营守备，历广东海门参将、阳江副将，补虎门镇总兵。入觐，适有御史奏升平日久，营员率愞懦不习武事，侍卫某以健斗名，奉命角艺，胜之。上悦，赏戴花翎，调任雷琼镇。子思高，守备；孙成龙，把总。

**江永泰**　后浦人，籍隶海澄。乾隆三十五年，台湾大穆降庄奸民黄教谋乱，树旗冈山。永泰随官军剿捕，屡战有功，协擒贼首郑纯、黄芳等。累官金门右营守备，署左营游击。子明，澎湖把总。

**陈邦光**　后崎人，为台湾北路营千总。林爽文之乱，起事于大里杙，地距鹿港不远。泉民林凑倡众起义，邦光率百五十兵相为犄粗，擒贼党刘志贤，鹿港得无恙。时内地尚未知贼信，有同乡诸生为草檄告变，且言邦光捍卫状，径由海舶递达福州。制军据情入告，得旨以都司补用。

**蔡攀龙**　字君宠，号跃洲，平林人。状貌雄伟，声如黄钟。少贫，捕鱼为业。负贩入市，市翁异之，妻以女，为制戎装，俾就募。历拔厦门提标千总，分汛玉洲。贼来劫社，率所部殪诸河。鹭江贾舶被掠，驾快哨扮商人，诱获之。擢守备，迁游击。行保甲法，禁网桩有碍舟行者，鹾盐积弊亏秤，严檄足之，民德焉。

调澎湖游击，乾隆五十一年林爽文乱作，同知杨廷理告警于澎，即日率师渡郡，众心乃定。遂于郡南二里许浚沟筑垒，未就而贼拥至，攀龙不为动，会杨廷理率义民出城，夹击破之。贼复四面纵火攻城，攀龙领兵急击，生擒陈元、蔡茂等，郡赖以守。

明年，随总兵郝壮猷征南路贼庄大田，克复凤山。旋调回守郡，凤山复陷。南路贼来攻郡，攀龙出扎桶盘栈。贼昼攻夜袭，忿曰："但剪若人，府城唾手破。"乃倾众围其寨。攀龙横阵冲杀，所当披靡，贼众亦奋勇鏖战，攀龙胸被刃伤，血流被地，尚能任驰突。自卯至酉，歼贼数百，黎明复战走之。将军常青拊其背曰："虎将也!"一日，贼用凤山所获官印请济师，顷刻间，羽书三至，攀龙结队行入芦薄［沟］巷，贼突起，围数重，奋力鞭马，跃出得脱。既而南北路贼集攻府城，其党庄锡舍密谋归正，攀龙与杨廷理乘势急击，追奔十余里，进克南潭，擒伪元帅王坑郎等以归。时总兵柴大纪驻军诸罗，以"虚实奇正，生克变换不测"制胜；攀龙驻军郡南，以"四塞土形，扼险攻瑕"制胜。比奏功，超授台湾北路副将。旋偕副将贵林等救诸罗，取路鹿仔草，师行秋霖中，衣装尽湿，枪炮莫施。贵林及诸将弁阵亡，独攀龙与参将孙全谋突围出。初，攀龙虑东北路径窄，箐深，易埋伏，议从笨港折入诸罗。众不听，故败。攀龙旋郡，与大纪同心固守，孤城得全。及大将军福康安、嘉勇侯海兰察统师至，始解围，已受困六阅月。仍带兵会剿于小半天、大里杙、集集埔及南路，凭险负固者皆就擒。

事平，擢海坛镇总兵。未行，改台湾镇总兵。升福建陆路提督，赐"强都健勇巴图鲁"名号及花翎，颁赉独优。加参赞大臣，图形紫光阁。借补狼山总兵，召对，询征剿情形，令即在军机房具奏。便道诣勘山东商艘劫案，具折绘图贴说，并献防海策。旋署江南提督，督学刘权之与谈当年劳绩，作《战马行》赠之。

居东时，有赠金欲拜为谊父者，固却之。人尤服其操尚。卒年六十一。荫一子官。(《台湾县志》、墓志、案牍合纂)

**陈元成**　董林人。由金门镇标入伍，调戍澎湖。林爽文作乱，游击蔡攀龙带兵东剿，元成以善燃红彝炮分领鸟枪队。叠著战功，拔外委。台湾郡城急，攀龙回守，扎桶盘栈，贼必欲得之。危迫间，用诡计，炮歼贼千数，记升把总。一日，群贼迫夺其炮，元成被刃，佯倒地。俟贼迫，负痛跃起，焠炮去，毙贼无数。城内兵出应之，贼溃遁。将军常青奏列首功，赐白金，擢澎湖把总。凤山再陷，从攀龙南下，连战皆捷。转援诸罗，途间遇伏力战，随攀龙溃围而东。寻赴圆林、中蓝、搜庄，至六卡殿，擒林周等。再赴湖口山僻搜，毁贼寮，擒股首董助，拔千总。贼平，历署厦门提标守备。

乾隆六十年，带戍台兵东渡。适鹿港匪徒陈周全滋事，奉檄堵截。事竣，管驾师船，随黄岩孙总兵于铜山鲎壳澳擒海盗罗简等，复于桥头等庄获盗郑宗等，夺盗船三。补铜山守备，署游击卒。子朝宗，官千总，署安平左营守备。（案牍）

**杨　华**　字良渊，号凤山，湖下人。为厦门前营外委，从征林爽文，前后八战，获贼最多。嘉庆元年，升海坛守备，先后擒盗百余，夺船八。奉檄护送琉球贡船，至五虎洋，擒盗蔡老等，夺回被虏水手。逸盗陈阿包招集亡命，四出劫掠，势甚张，剿之白犬洋，擒阿包伏诛。补闽安左营都司，擒盗陈才，复获盗首许跳。补狼山左营游击，累迁京口副将，升苏松镇总兵，署江南提督。乞休归，卒年八十二。子武镇，都司，署澎湖副将。

**李光显**　字鉴亭，古宁头人。官台协右营把总，以征林爽文功，赏戴花翎。海寇窃发，身经二十九战，擒七百二十余盗，抚降四百余，攻获四十五艘。历任温州、黄岩、定海总兵官，署浙江提督，补广东水师提督。卒于任。（案牍）

**丘良功**　字玉韫，号琢斋，后浦人。襁褓失怙，长从戎，为金镇李芳园所器。

时海寇蔡牵、朱濆等窃发，土匪响应。良功追剿剧盗苏尖等于铜山，复于鸟［乌］寻洋、湄洲、南日、祥芝各海口生擒无算。补把总。

嘉庆元年，从游击魏成名[①]击深沪盗艘，追过澎湖青水沟，

① 魏成名，民国《同安县志》作“魏成德”。

擒陈明等。明年，盗聚牙口澳，擒陈三贵于祥芝，擒张阿四于将军澳。以劳绩，蒙御赏，奖武碑朱圈其姓名，盖异数也。击贼海坛，擒郑梅等；再战，擒吴秤等。临震屿礁险绝，贼常出没其间。四年秋，率师数捣之。洊升守备，迁游击，署参将，护副将。

十一年，蔡牵以朱濆扰北路，突入鹿耳门，攻台湾。良功率兵会剿，出不意，火攻之，歼其众于洲仔尾。转由北汕，与提督李长庚夹攻，牵船几获，会潮涨逸去。乃率舟师至大鸡笼，进剿朱濆，沉其艘。牵再扰鹿耳门，良功冲阵，贼败遁去。疏入，赏戴花翎，加副将衔。逾年，追朱濆于沪尾，濆东窜入鸡笼洋。值潮退，守港口困之。南澳总兵王得禄率师夹击，濆遁番界，穷追抵苏澳，毁其巢。叙功一等，晋安平副将。擢定海镇总兵，未赴任，而蔡牵势仍张，提督李长庚战死，授良功浙江提督，代统其军。在定海旗头洋追获牵伙盗船，殪其众。迹至渔山外洋，侦贼中绿头大艘者，牵坐船也，挥令诸将击散余党，自以坐驾专攻之。得禄亦率闽师至，连夜追过黑水洋。良功股被炮伤，裹创挝鼓，督战益力。忽牵船大篷挂良功帆上，船几沉，军士多落水，势急甚，犹指挥奋击，贼船遽坏。得禄夹攻之，牵落海死，其妻及贼伙二百五六十人并歼焉，生擒胡有均等。捷闻，晋封三等男爵世袭，赏赉有差。旋追余盗，剿土寇，生擒郭浅等于渔山，再擒纲盗于马迹洋等处，尽散其党，俘庄姜等八十余名，海氛以靖。入觐，道卒维扬。授建威将军，予祭葬，谥“刚勇”。

良功性恬谨，谦以下人，廉以饬躬。事节母甚慎，母病尝粪。从戎后，以楼橹为枕簟，波涛为户庭。专浙阃九年，文檄章疏动中窍要，谢绝上寿、开筵、张乐事。浙西多饲蚕，当春行部，戒毋声炮，养蚕家密祝焉。宁波府试，诸生哗，知府请兵，不从。会钦使至，饷以猪羊百头，使语来弁云：“提军廉，安办此，其贷来耶!”令赍回。其清名著闻如此。卒年四十九。子联恩，袭爵，自有传。嗣子联奎，候补布政司理问。（奏稿、案牍、行状合纂）

**杨康灵**　后浦人。以行伍起家，魁梧奇伟，最习海上事。积功累官千总，署海坛守备，从提督王得禄剿贼。黑水洋之战，蔡牵正窘，忽一艘飞帆至，康灵指挥军士邀击之，沉其艘，贼众皆覆没。转舵助王、丘二提督，迫牵船，牵沉死，生擒陈盼二十余贼。叙功，赏戴花翎，超补海坛游击，转铜山参将，升瑞安副将。将赴任，卒。子腾蛟，外委千总。康灵每接伏［仗］痛饮，登尾楼，指麾舵师，不避炮石。当时有五虎之名，康灵及林廷福、黄志辉、刘高山（各有传）、刘求生，皆水师飞将。

求生，水头人。短少精悍，临阵辄持火器，登桅尖，掷入贼舟，所当靡烂。功为诸将冠。蔡牵尝陷［啖］以万金，不为动。镇帅知，益重之。性踶啮不羁，以千总终。

**林廷福**　字锡卿，号受堂，后浦人。嘉庆初，数获海盗，拔千总。蔡牵攻台湾，大兵东讨，廷福隶总兵许松年麾下。一战擒林望等，沉其舟，登岸毁贼巢。奔回舟，夜又随大军驾小船纵火焚贼四十余艘，死者千数。旋从提督李长庚追击蔡牵几获，又会捕朱濆于闽、浙澳洋。十二年冬，从许松年追朱濆于广东之长汕尾，连环轰击之。擢守备，剿骆仔卢等数百余人，复于柑桔洋生擒刘贵等。叙功一等，监造金州战船，补天津营游击。以缺裁，改海坛游击、护副将。时凤山滋事，带兵赴台，搜获贼目吴赐、徐柑等诛之。尝扮渔艇，诱获土盗。

寻调澎湖游击，时台湾闽、粤民不靖，领兵渡台，搜获陈愿各匪犯。西螺堡有盗魁林溜者，计诱之来，厚款之，即为申请授官。溜喜，然身犹怀刃，忽言曰："世无利器。"溜解一刃献，熟视笑曰："顽铁也。"掷诸地。复解一刃献，掷如前。徐自出一剑曰："是乃丰城宝耳，他日以畀汝。"自是，日同卧起，溜喜过望，而廷福已飞牒总督，谓溜羽翼多，若槛车起解，恐要夺激变。因置酒邀溜，佯贺曰："朝来牒下，即官汝矣！"令华美其衣服往，而沿途设伏甚严。及见总督，问："汝林溜否？"方应声是，则首已落矣。其徒见有备，散去。遂以卓异，迁烽火参将，署闽安副将卒。

廷福鲠直，不畏强御。尝言风雨晦冥，贼必伺间出没，辄假扮商、渔，诱就缚，且令贼党相顾慑为疑兵也。每临阵，必自行捩舵，疾驱奋击，故所向有功。任澎湖时，常苦旱，倡建龙神祠为祈报，民德焉。子树梅，别有传。（案牍、行状）

**陈光求** 字耀臣，号蕙圃，后浦人。乾隆间，从戎金镇，先后擒盗甚多，拔把总。嘉庆元年，盗掠石浦米艘，追而俘之，获所掠米。制府犒袍及镪。刘叹善镖枪，为海上患，亦被缚。由是贼震其名。旋从李长庚追艇贼，鏖战崇武外洋，胜之。复率师平莲河、韭山之贼，擒吴坛等。四礵洋之战，发大炮殪持舵者，乘胜斫杀，执巨魁陈标，夺其船。遂由千总补守备。再从李长庚追蔡牵，获李晏等于吊枋洋。牵族子蔡天来分路肆掠，一战擒之。檄回营防守，前后枭许包，囚方溪，辖洋以靖。未几，牵党窜入浯洲港。光求率快艇迎击，腹被枪，肠出晕仆地，遽起束其肠，跳过贼船，砍毙二贼，举船贼众尽获，起出硫磺七千余斤。事闻，传旨褒嘉，御笔朱圈其姓名，给功加札，先换游击顶戴。补游击，署金门右营游击，缉获土盗郑类等。奉檄随福宁镇项统军梭巡金、厦、铜、南间，堵截张保仔各艇贼于大柑，擒陈成宗，复擒林阿冥于鲎壳澳。尝正月朔日戒军士曰："此擒贼时也，贼醉舞隐澳，可掩捕之。"果于龙虎屿、七星洋、悬钟洋擒王樵等各贼目，击碎多船。自是粤艇不敢阑入闽界。又扮商出碇口洋，土盗许志飞帆来袭，奋击大获。檄署烽火参将，仍回厦门游击任。超安平副将，未赴。署铜山参将，唐沙五帮伺劫壁头洋，击之，追及小麦洋，多所俘获。谍知店仔湾北江贼艇出没，乘疾捣之。自蔡牵、朱濆殛后，余盗黄茂犹张，光求再搏击之。茂窘，窜过台洋，制府令赴安平副将任，专堵截。既抵台，捕之严，遁去。旋授定海总兵，土盗李阿富伏道入港，遣将芟除殆尽。寻谢病归。道光五年，起补苏松总兵，借署京口副将，回苏松任，复告归。

光求修髯伟干，力能举三百斤。侃直无别肠，喜文士，疏财重义。葺祖祠，置祀田。浦西南有通衢，泥泞没胫，为砌石堤，

人免病涉。修义冢，累千数。解衣推食，其小也。卒年六十八。子省三，附贡生。（案牍）

**文应举** 字君贤，号矛山。先世粤人，曾祖际高，历官参将，先为金门游击，因家后浦。嘉庆元年，应举以外委，从总兵李南馨在深沪击获谢心等贼。又侦将军澳有贼艇，急请南馨围获之，叙功一等。由是获陈桂于贼仔澳，获谭社能于苏尖，获盗吕送于大坠。而大礌洋之捷，功尤多。洋匪朱皋出行劫，应举蹙之古雷洋，攻沉一舟，余众遁。或告以穷寇莫追，应举不舍，直捣宫仔前，夺舟四，尽覆其党。苏礼匪船出虎头山，掩击之，生擒七名，夺船一，放回被劫商艘。浙帅李长庚稔其能，檄往浙跟缉，青龙港之战，奋锐擒彭求多名。长庚之回闽，屡奏捷。其著者，湖仔角、鲎壳澳、宫前、古港皆多俘馘，洊升至厦门右营游击。驾船赴金州，补天津大沽参将，迁广东海口副将。道光间，擢扬江镇总兵，调琼州镇。予告归。年六十卒。从子成材，守备；士辉，千总。

**郭扬声** 字腾圃，后浦人。七岁入塾，尝指挥群童，戏为列阵状，以糖饵作军饷，散给必均。师奇之，曰："此儿将来必以武略显。"既长，性豪放不羁，入金门右营编伍。戍台湾，补营外委，迁把总。道光三年，提督许万龄巡台，檄捕内山贼魁林永春，并马邻山洋盗，擒之，护理艋舺及沪尾守备。张丙等倡乱，扬声于鸡笼张犁庄擒逆党蔡欢、陈砚等，诛之。擢安平千总，补澎湖守备，护理游击事。旋以历任在洋获盗功，赏戴花翎，越级升补游击，驻守鹿港。漳、泉分类械斗，扬声建议，谓"勿纵兵以扰良民，勿过激以酿巨祸"，当道韪之。遂亲履各庄，召乡耆，谆谆劝谕，余党皆知所警。时奸匪乘机抢掠，难民赴鹿港号救无虚日，乃倡率绅殷捐资赈恤，亲率弁兵，会知府仝卜年弹压安抚。事甫定，而飓风为灾，海水挟大雨盛涨，下湖更甚。复设法查恤，死者瘗，亡者归，活二万余人。署澎湖副将，移署安平协副将。安平缉捕尤繁，而兵缺口粮，扬声会商知府，以嘉庆十七年所存部帑生息，源源接济。由是众益用命，相谓曰："向来月饷必摊扣，至是始免，真造我于无穷也。”乃奉扬声祠位，私祀于安平武庙。总督刘韵珂以扬声材，奏请越级，超擢安平副将，亦异数也。

扬声虽起家戎伍，恂恂有儒将风，于文员不存畛域，遇事必虚心察询。先后在台、澎二十九年，熟悉南北洋务及盗踪出没，遇有缉捕，往必获。待下严而有恩，故所属乐为用；抚群季恩谊甚笃，岁割俸廉养赡。遇文人，必折节敬礼焉。后以升任副将入觐，顺途回籍葬母，卒于家，年五十有七。（墓志）

以下续修

**黄振玉** 字金声，英坑人。乾隆间，历官扬州参将，预保水师副将，署海坛总镇兵。有清声，请终养归。迨父母卒后，朝廷起用不复出。海坛人为建祠，私祀之。

**吴建勋** 字勖斋，原籍永定县，祖亮兴移居后浦。嘉庆二十三年，建勋充金门镇标右营缭手。赴戍台湾，拔外委。班满，回迁金门千总、厦门守备，迭护理前营、右营游击，屡获洋盗周吃等，击其船，毁其巢，题补游击。复于紫泥社等处获吴生毛、唐汉、林贬、周交各海寇，以功题升参将，署闽安协副将。总督钟音保奏“堪胜总兵之任”。十九年入觐，召见三次，交军机处记名，累署海坛、金门、定海总镇兵。尝扮商巡缉湄州外洋，获盗无算。擢广东水师提督，时海氛告警，靖逆将军奕经派守永清门。旋以夹板退出，缴还炮台，饬赴新任，并拣带水勇，前往虎门查收各炮台。适张斌师船失事，关防、炮械被盗抢失，建勋即出洋，分派将弁追至洋浦、北藜，获盗犯吴祖带等。复在洲墩、狗头山及儋州一带，先后击沉贼船，生擒谭保多名。九月，盗首梁阿乔、吴亚美等带船十只，率贼伙投诚。事平班师，而总督祁埙已以廉州办贼功奏保副将赖恩爵等，建勋遂据实互奏报闻。建勋论事刚直，性清劲，不可以私干。尝议猪头山不可建炮台，宜于山左沙担为便，与埙意见不合。恩爵曾嘱为保举，愿以万金为寿，建勋拒之。恩爵惭惧，遂与埙子相结。至是，埙参奏建勋操防不力，奉旨降为副将，留粤补用。又参奏建勋前议猪头山炮台及山左沙担俱无庸建设，指以为罪，嗾建勋所革书识何龙韬，摹拟建勋手书函稿为左证。建勋疏辨，会恩爵接署提督，委任属员煅炼成狱。建勋欲再疏请申理，不得达，乃诬服，遣赴军台效力。后奉赦回籍，卒于家。（《诵清堂文集》）

**萧兴邦**　字绩斋，后浦人，原籍闽县。祖富，死林爽文之乱，给世职。父国华，同安营守备。嘉庆十八年，兴邦袭职，历闽安守备、都司。道光初年，在罗湖洋面获白底盗船，擒洋盗陈盛等。卸任，从提督许松年赴台湾，办北路械斗，获犯甚多。得优赏，署海坛左营游击，补金门左营守备，署游击。先后在屿头、峰尾、五堡厝、许澳口，槐窑、辋川、前营澳等处，获盗林显、刘顺、丘业、刘怀、李临、陈雍、何杯、林文等。旋回守备任，即督船巡缉于小樜垵口，擒周髓等。又先后获刘眼及黄云、李必盛于谢厝港东。会晋江知县围捕洋匪张赤、丘饭，陆续获其船。每隆冬，巡缉不辍，拿卢质、康对、曾降、杨理、何燕、黄勇、刘永俞各贼目。总督程祖洛委护左营游击，又以兴邦“才具明练，缉捕勤能”，题升厦门后营游击。时海盗炽甚，兴邦接到部覆，日日在洋剿贼，大小二十余战，上至浙江东基洋面，南及汕头，先后获盗百余名，船只、器械无算。引见，领札回任。檄署铜山参将，派千总庄维超扮商巡缉，在汕头获陈蒲等。复会同各营官兵，赴灯火垵拿洋盗吴蚶等多名，始回游击任，奉派统带师船督缉。以在洋多年，染患湿气，因病乞休归，年甫五十。咸丰三年，卒于家。

**文成才**　字子弼，千总应彩次子，总兵应举侄。嘉庆七年，充金门镇标战兵。屡随军巡洋，剿盗船于北碇洋，擒曾廷等。补外委，拨赴台湾换防。总兵武隆阿以成才年力壮盛，鸟枪熟习，迁澎湖把总，署本营千总。道光元年，补福宁千总，署烽火门守备，题补闽安左营守备。引见回营，护理海坛右营游击，管带兵船出洋巡缉。曾于福清、莆田两属，擒逸匪林季文、陈举、黄添、黄炎多名。台湾张丙倡乱，总督程祖洛渡台，檄成才承领饷鞘，东渡抵台，运赴军前。事竣，擢安平中营游击。在任病卒。

**萧南枢** 字杓斋，后浦人。少读书，通大义。家贫从军，充镇标稿识，总兵窦振彪延为记室。振彪官厦门提督，奏折书檄多出其手。每巡洋，必与俱。料敌决胜，前后获盗无算。道光间，补厦门千总。振彪尝欲为请奖蓝翎，辞不受，以让诸将之有功者。时洋匪江扁鹊最悍，南枢以计招之。扁鹊亦雅闻其名，遂由南枢请降，全活无数。以功署厦门中营守备。卒于任，年五十有二。

**林捷辉** 字齐甫，后浦人。父俊元，金镇稿识，屡随总兵陈化成、窦振彪巡洋，风潮沙汕，靡不熟悉。先是母舅刘高山官淡水把总，攻捕洋盗，殁于阵，上官将以他故诬陷，捷辉次兄穆如时在台湾，据实申理，事得白，如例优恤。高山子绍勋袭职，捷辉长兄焜熿怜而养于家，为延射师，购良马，命同捷辉习射。遂皆以善射知名。

时海寇蔡、朱既诛，其党尚夥。捷辉屡随军剿捕，积功补金门左营千总。尝带师船追击盗船至深水外洋，自起操舵犁击，两船碰，以札钩钩之。短兵接，巨炮无所施，捷辉掷火药罐于贼船，纷纷落水，我兵亦伤。乃拔剑大呼曰："随我过船，得贼资，悉以分给。"我兵带伤齐奋。忽大风卷浪，钩折，贼船得乘势扬去。捷辉恨甚，咯血得疾归。病亟，犹大呼杀贼，以手击床作鼓声而卒。年仅三十有四。（家乘）

**许瑞声** 后浦人，副将扬洲之弟。道光二十年，由金门左营战兵调赴台湾，拔补额外，署外委。曾在浮鹰洋击沉盗船十二，生擒陈圭等，补铜山营外委，迁把总，署千总。台湾林供滋事，随本营游击王国忠渡台剿捕，擒股首黄再基等，诛之。赏六品顶戴。后随游击李朝安赴嘉义防堵，擒匪徒吴对等，凯旋回营，总兵连科保举剿捕出力，得旨以守备尽先补用。小刀会黄位匪船逃窜澎湖洋面，瑞声追至西屿外洋，获刘乌目等多名。迁沪尾营水师千总，调补澎湖左营千总，历署澎湖、安平守备。同治元年，戴湖春陷彰化县，攻嘉义甚急，瑞声奉檄带兵赴嘉义，与知县白鸾卿相度要隘，安置炮位，派兵固守。旋闻贼首戆虎晟率众来犯，势张甚，即与副将王国忠出城迎击，毙贼多名，随机堵剿，城赖以全。提督吴鸿源委署安平中营游击。贼平叙功，以游击尽先升用。卒于任，年仅四十余岁。

## 忠　　烈

**陈　显**　号南海，陈坑人。洪武壬子经魁，知德州，调直隶北平州。太宗时为燕王，廉其才，辟掌书院。尝乘奕讽谏，旋以病告归。靖难初，遣使召，显夜沐浴，具衣冠，再拜而死。祀忠义祠。（府县志）

**蔡希旦**　字可久，号中溪，平林人。习儒业弗遇，力农以养亲。父病，衣不解带，祷以身代。父殁，水浆不入口三日，殡祭悉遵家礼。嘉靖庚申，倭夷内讧，念父未葬，偕二弟趣严具，自操杵锸成坟，至指尽血。既襄事，而贼愈迫，里中合谁[①]御之，推希旦为首。悉括丁壮，得二百余人，昼夜巡警，亲劝督之。数日，贼大至，众相视无人色，希旦挺身出，众从之。贼挥刀引骑冲其胸，十炮齐发，众奔，希旦立不动。已而贼三道绕其后，众莫应者，遂死焉。年甫五十。

希旦谨严仁厚，尝读书野寺，一妇夜款门，不纳。寺有小僧暴卒，其师素洁，不敢近。已就木矣，希旦探其怀微温，灸而起之。旁舍妪无子，尝向希旦乞食。一日，妪不至，希旦曰："必病也。"遣子往视，则卧箦惫甚。复持粥粥之，妪病寻愈。族有悍子忤继母，至啮其臂，父怒，缚将沉之，希旦曰："子无状，诚当死。然亦念其母，且人其以为惑后妻，杀前子也。"引至祠堂，挟而与更新，子因感激改过。及遭难，知不知无不流涕。后以子守愚贵，赠主事，晋赠四川按察使。（府县志，节《清白堂稿》）

**张璇光**　号义山，青屿人。磊落自豪，读书有独得。年二

① 谁，台湾文献丛刊本作"议"，民国《同安县志》作"谋"。

十，冠童子军，补邑弟子员。逾年，饩于庠。崇祯之季，时事日非，自伤不能借箸报国，每剧饮大醉，慷慨悲歌，或继以痛哭。甲申之变，绝粒数日不死，持巾栉叹曰："太祖颁诸生巾，自冠临朝三日，取前庶人、后三公之义。为诸生者，独不可以三公之义自效乎？"自栉发，投井中，水浅仅没其半，乃俯首就浅水中死。闻者奔援之不及，犹见其屈身就死状。时年二十有六。曾孙时霖，乾隆甲子举人，述其事，京中公卿及同乡绅士各赋诗为赠，标曰《表微录》，太史南昌万孺庵、武荣洪艮堂序之。（府县志，节《张氏家谱》）

**张　敏**　字辅德，青屿人。正统乙巳，沙尤寇起，敏季父益彬集里中人保障，为仇所诬，逮长者戍军，幼丁阉割之。敏与其兄张庆、张本俱被阉，送诣京师。

稍长，选入内庭。敏虽幼，而言动举止迥异常儿，英宗择为青宫近侍。事宪宗，恭慎无过。宪宗嗣位，敏旦夕左右，至子夜辄起以侍。有所闻见，未尝外泄。外廷诸事，概不干预。忠谨之名，溢于宫禁。尝奉命操练腾镶四卫官军，兼理十九房马政，监督五军大营。未几，赐玺书，总督十二团营。敏持法严，而能推心体下，士卒怀畏。前后赏赉，若书籍、图画、蟒衣、玉器、金鞍之类，不可胜数。又于常廪外，岁给米三十石。特除其家戍军籍五处，召工图其貌，用玺识岁月。敏兄本，以御马太监守备南京；庆，以司礼太监镇守浙江。诸子晖，鸿胪寺卿；苗，太常寺卿。

先是宪宗春秋高，未有子。万贵妃专宠而妒，后宫有孕者，皆堕之，悼恭太子亦遇害。帝偶行内藏，纪太后以嫔御守藏，应对称旨，得幸有娠。万妃知而恚，谪居安乐堂，生孝宗，使敏溺焉。敏惊曰："上未有子，奈何弃之。"乃藏之他室，加意抚养。纪太后乳少，敏时袖粉饵哺啜。万妃日伺无所得。时吴后废居西内，近安乐堂，常往来哺养。帝自太子薨后，久无嗣。一日，召敏栉发，照镜叹曰："冉冉矣而未子。"敏伏地称死罪，曰："万岁有子也！"帝叱曰："安得有？"敏曰："奴言即死，万岁当为皇子主。”帝大喜，即日幸西内，遣迎皇子，拥至阶下，发披地，走入帝怀。帝抚视久之，悲喜泣下，曰：“吾子也，类我。”使赴内阁，具道故，群臣入贺，颁诏天下，移妃居永寿宫。

二十一年，敏疾，帝遣太医诊视。讣闻，震悼，遣司礼、御马二监治丧，赐宝钞二万贯、冠帽、牙牌、玉带，祭二坛，户部给斋粮、麻布，工部造坟。及孝宗立，追赐敏玺书，官其侄苗南通政使，质至锦衣卫指挥同知，管卫事。晖亦以庆荫，官光禄寺少卿，食三品俸。赐敏茔地通州三百亩，守卒二十人。其后有锦衣千户张鹏、张臻，百户张弘，恩泽之盛，大珰所稀。苗子定，登进士。（《明史》、府县志）

**李耀国**　汶沙保山前村人，澎湖左营守备。康熙六十年，赴台湾督造战船。适朱一贵作乱，回澎率兵勇，随师往剿。战屡胜，追贼入庄被围，贼斫马蹄断，徒步接战，中戗，几陷。军士夺回郡城，戗发而死。已题授安平游击，署升铜山参将，未任。事闻，赐恤加恩，袭骑都尉。（家传）

**余　寿**　金门人。乾隆年间，以外委戍澎湖，擢把总。台湾林爽文、庄大田作乱，日攻府城，寿隶游击蔡攀龙麾下，分一队数挠大田贼党，进克凤山。未几，府城急，从攀龙回郡札桶盘栈，兵仅九百，势不敌，寿及军士誓死决战，歼贼数百。黎明，贼四面环围，寿率藤牌兵直捣东北角，射杀执旗贼，贼稍却。忽肩中流矢，拔去之，负创再进。不数步，晕仆，犹连呼杀贼而死。赐恤，予祭葬，祀昭忠祠，世袭云骑尉罔替。子世恩、世辉，相继袭。

又金门人同阵亡者，安平中营千总陈邦材、金门右营把总江顺保、澎湖左营外委孙文元、安平右营外委陈必高。文元以援诸罗，死于鹿仔草，必高以援凤山战死，并予恤袭。

**萧　富**　闽县籍，居后浦。为金门后营外委，从征林爽文，随副将丁朝雄防堵海口。南路贼攻郡城，协力御，却之。将军常青攻南潭，命为前锋。夜半用疑兵缀贼，贼果疑，四面分御。富密领健卒，从庄后掩击，大队军亦会，遂克南潭。旋以北援诸罗，战死鹿仔草。赐恤，世袭云骑尉。子国华袭，任同安营守备。孙兴邦继袭，自有传。

**胥献珪** 号元圃，后浦人。为厦门后营千总，署澎湖左营守备。乾隆五十一年林爽文乱，带兵渡台，随游击蔡攀龙北援诸罗。师至半天厝，遇伏阵溃，见攀龙坐马重创，急换骑。贼大至，冲突不能出。力乏被执，喻降不屈，贼怒，支磔之。事闻，赐恤世袭云骑尉。

献珪善草书，素质直，能急人困。为淡水把总时，友人黄三贵被诬，系已经年，力白诸有司，得释。又有傅姓者，负民钱三百缗，债家索急，将寻死，竭所有，代偿之。

子德恩，袭任本省陆提右营守备，署安海都司。奉差买马，值河决马溺，行至中途死。孙贞咸袭，任至厦门守备，署游击。能诗。

**曾元章** 后浦人，守备翼成子，为金门左营把总。嘉庆八年，带兵戍台。舟至料罗，遇飓风失维，漂至台州击碎沉没。荫一子把总。

**许攀桂** 后浦人，安平中营把总。海寇蔡牵窜入鹿耳门，攀桂分驾快船力战，被贼炮焚死海中。荫一子外委，附祀后浦昭忠祠。

**许 法** 官澳人。尝从征台寇林爽文，历官厦门左营千总。蔡牵滋扰台湾，随师东征。鏖战鹿耳门，贼遁去，带撤回兵内渡，漂没。荫一子把总。

**李合成** 古宁头人，安平左营外委。嘉庆十一年夏，自北淡水大鸡笼，从副将丘良功攻沉朱濆党巨舰。蔡牵入鹿耳门，协力御却之。复击朱濆，战死沪尾洋。赐恤袭如例，祀后浦昭忠祠。嗣子秋香袭。

**黄志辉** 后浦人，参将载老从子。负胆略，能战。随剿南北洋，积功累擢烽火门守备。题升金门左营游击，未任。嘉庆十二年，从总兵许松年追朱濆下南澳，至长汕尾及之，首压贼舰奋击。贼舰坏，志辉船亦撞碎，我军捞救，犹攀住舵楼大呼："我死不足惜，急击勿失。”倏为巨浪卷没，濆亦获诛。事闻，赐恤，世袭云骑尉，祀后浦昭忠祠。子忠贞，袭任三沙游击。

**丘成勋**　后浦人，提督良功从子，以白衣效力行间。嘉庆十四年秋，良功追剿蔡牵于渔山，两船比，短兵接，成勋奋身格杀，中伤落海淹没，牵亦毙。事闻，加恩照把总例赐恤，世袭云骑尉。

**刘高山**　字文锡，号止亭，后浦人，寄籍闽县。少读书，见海寇日炽，乃去从戎，精习海上事。嘉庆二年，随总兵李南馨剿贼于佛堂澳，血战受伤。士豪侯沛，善拳棒，入海接济，无敢往捕。高山夜选壮丁，突入卧室，缚之。蔡牵出乌丘逐商艘，高山追及之五堡。阵方交，有女盗裸而受炮，炮噤，高山亦裸，击之毙，牵脱去。奉檄分扼将军澳，遇南艇张阿四、陈六，歼之。哨至海坛，俘其目吴枰。从攻艇贼于苏尖，贼围南馨船，高山直入，殊死战，亲擒黄有喜，拔外委。猝遇贼于广东汕尾，焚其艘，生致粤贼吴营。从游击陈名魁擒贼党董永等，名魁荐于镇，或谗其使酒，久不迁官。旋从击朱濆于南澳长汕尾，我师少，众心动，高山犁舵直进，诸船竞奋，乘风飞掷喷筒，贼多燔，濆中创死，又殪蔡牵义子，并擒陈成等多名。补经制外委。掩击郑敏于龙虎屿，贼泊店仔湾，天寒港险，高山乃饮军士酒，人一鸥，曰：“心悸者退。”众踊跃，乘潮进，夺其舰以归。先后擒贼无数，多犒白金。寻调赴海坛，转闽安，戍安平，始拔把总。再戍沪尾，船遭飓，夜漂至靖海击碎，钉夷右股，昏黑泅水得生。道光元年，同守备陈得扬、外委林应昌哨噶玛兰洋，突见白底盗船，蔡牵余党也。约左右夹攻，贼窜入碗光澳。澳下皆卤古石，舵师怯，高山拔剑叱之，自犁舵拢击，持巨斧，手刃数贼。贼忽大至，犹自搏战，力尽而死。游击拟以验索商艘被害报，高山中表林穆如陈状当道，事得白。贼旋就获，当事命磔祭之。事闻，奉旨：“陈得扬等救援弗力，致把总孤船无应，各谪戍革职。高山用副将例，赐恤昭忠祠，世袭云骑尉罔替。”

高山性坦率，疏财负气。屈于数奇，生平功多为人所夺。与

杨康灵等号五虎，皆海上飞将也。子绍勋，官至厦门后营游击，以军政罢归。（案牍）

**李高然** 古宁头人，金门镇标千总，署守备。纪光寿，后浦人，把总，调戍安平。道光十二年十月张丙倡乱，嘉义总兵刘廷斌带兵赴援。高然等隶安平副将周承恩麾下，军至八桨溪，贼来围，承恩以救廷斌，大战殿后，被贼刃。高然方与贼战，见承恩堕马，弃贼前救，左臂为贼斧断，大呼夺贼斧斫贼，应手倒。贼围之，被执，高然大骂不绝声，贼醢［醢］之。光寿亦斗死。并予恤袭。

**刘高崇、郭廷邦** 皆后浦人，官经制外委，戍于台。张丙之乱，随守备蔡长青解军器、火药赴嘉义。至曾文溪，屯溪北，贼分股袭劫，官兵猝不及战。回至溪，不得渡，为贼所戕。并予恤袭。

**李启明、杨肇基** 俱金门人，官厦门把总。道光二十一年海氛之役，总兵江继芸赴水死，启明等俱殉焉。事闻，赐恤如例。（《啸云文钞》）

**许朝阳** 后浦人，游击鹏飞长子。屡随提督窦振彪在浙江擒洋盗，补厦门后营外委。咸丰三年，小刀会匪黄得美窜据厦门，朝阳驾船随提督施得高，讨之于篷礁，开炮攻击，毙贼无数。忽被贼一炮打断双股，犹大呼杀贼者三而亡。年二十七。事闻，赐恤世袭云骑尉，祀昭忠祠。（生员林章梗采）

以下续修

**杨天庇** 后浦人，官金镇左营把总。咸丰间，由福州驾战船出港，至海山苦屿洋，艇匪三十余只围之。天庇奋力拒战，被火烧死。事闻，予恤袭如例。

**彭夺超** 字逾洛。其先莆田人，祖三达，由武举，官金门左营游击；父朝俊，官金门把总。遂为金门人。夺超少孤，母抚之。长充金镇左营碇手，屡随窦振彪巡洋，以战功拔补外委，迁把总，叠署千总事。咸丰三年，海澄黄得美倡乱，踞厦门、石码等处。总兵孙鼎鳌檄夺超署金门右营守备，筹兵筹饷，独肩其任。择要设营，与军士食息其间，人心恃以不恐。贼党林沙等以战船犯中港，及金龟尾、后丰港，势张甚，夺超派兵分守，以战舰夹击，贼大溃伏诛，厦门旋平。久之，巡洋先后获盗江错、林染、林艾等，升补南澳守备。历署金门左、右营游击。同记名道张启煊剿灭安溪贼首李兴等，赏戴蓝翎，统带师船赴东冲防剿艇匪。同治元年，护理督标水师营参将。时发逆窜扰浙、豫间，延、建土匪应之。夺超奉檄赴沙县防剿，远斥堠，勤巡哨，严城守，民倚为重。所带壮勇四百名，皆系水提新募市井之徒，缓急难恃。夺超以贼势甚炽，屡请济师，勿应。四月，侦贼纠集顺昌诸匪进踞漳墩，知县潘文凤商由钟石、西霞两路进师讨之，夺超直趋漳墩。战方酣，伏发，我军皆溃。左右请速退，夺超叱曰："我已办一死，汝曹自为计。"遂大呼陷阵，死之。外委张占鳌、额外苏吕功同时战殁。事平，总督庆瑞奏称："彭夺超频年剿贼，叠著战功，临阵捐躯，深堪痛惜，请交部，从优议恤。"奉旨："加赠参将衔，照参将例恤赏，世袭云骑尉。"子联登袭。（《诵清堂文集》）

**丘联恩**　字伟堂，提督良功子。弱冠袭爵，充乾清门侍卫。

道光二十三年，授通州协副将。明年，调河间。咸丰三年，粤寇窜近畿，联恩带兵赴直东交界留智庙防备，旋赴景州堵剿。擢南阳镇总兵，适楚、皖发捻并起，河南当其冲，联恩赴新野防次接篆，擒捻匪丁心田于黄家庄，赏戴花翎。时粤寇猖獗，由蕲黄直趋武汉，联恩驻师西双河以御之。未几，捻匪张落刑[①]扰归德，横行颍、亳间。巡抚英桂调联恩往剿，连战皆捷，斩贼无算。襄阳土匪起，奉檄回救，落刑乘隙扰陈州，联恩兵至，贼望风遁，遂进克邓州。闻贼由均州窜回豫境，复星驰回援，大败之，斩捻首朱中立等。落刑复扰光固，分踞淮河南北岸，联恩自邓州迎战于凤尾集等处，贼大溃，光固、襄阳悉平。捷闻，赏巴图鲁。落刑窜正阳，联恩与胜保夹击，破之，复正阳。旋击败捻

① 张落刑，即张洛行，北方捻军首领。

党于泌阳银铜山，余匪穷蹙乞降，许之。

调赴内乡剿逸匪，山路险绝，冒雪攀藤而行，贼先期遁去，英桂奏剿办迟延，摘翎顶。联恩度贼必窜泌阳，倍道邀击，生擒捻首胡伦修等，及老捻张汶成等，奏复翎顶。驻汝宁，粤寇陷麻城，联恩截击之，复麻城。贼再犯商城，联恩越山岭，历八昼夜，追败之，斩获及落涧死者甚多。以逆首稽诛，将赴陈州，约皖军合剿，师次息县，巡抚恒福调驻光州。会落刑扰周家口，分击之，贼夜遁。正在穷追，而恒福调统全军驻鹿邑。于是落刑悍党刘猾拥贼突入豫境，归德被围，急督马步四千驰援。贼窜陷宁陵、睢州，势甚炽，乃卷甲趋战，克二城，斩首数千，救出难民，贼奔郾城。巡抚劾剿贼迟误，夺职。落刑纠大股匪窜踞舞阳之北舞渡，窥襄城，谋北犯，遣别股贼由五沟营奔上蔡，联恩令参将穆特布分兵追之，而自督兵由郾城一路转战于西北，驱贼往东南隅。以前有沙河横阻，冀可一鼓歼旃。追至北舞渡二十里之吃虎桥，伏发，我军整队迎击，殊死战。会日向暮，狂风晦暝，队不能收。贼马数千压阵而下，联恩立阵前，指挥督战，见部将困贼中，乃跃马冲入贼阵，欲救之。而贼至愈多，围数重，马跌，遂殁于阵，年四十八。事闻，文宗皇帝震悼，诏复原官，照提督例优恤，谥“武烈”，赐祭葬如典礼，予骑都尉兼一云骑尉世袭。巡抚瑛棨以中州绅民合词请建专祠入奏，诏于殉难地方及原籍立专祠。旋以巡抚严树森、学政景其浚奏请，入祀名宦。同治元年，赐祭一坛。

联恩本将家子，行军纪律严明，所至居民争献刍谷，却不受。兵勇皆感其威信，遵约束。廉俸悉充军饷，在军营六年，与士卒同甘苦，誓灭群贼。既殉难十余日，获尸，面色如生，绅民祭敛[①]如礼。旅榇归时，沿途哭奠者不绝。子三，炳忠袭三等男爵，炳信袭骑都尉兼一云骑尉。（举人陈骏三撰《墓志铭》）

**林茂生**　董林人，台湾安平协标千总。同治元年，台湾戴万

---

① 敛，通“殓”。

生作乱，从提督吴鸿源援嘉义。进兵鹿仔草，力战没于阵。事闻，赐恤袭如例。

**郭秉衡**　后浦人，台湾安平协标把总。戴万生作乱，从副将林得成进剿，于东大墩遇害。赐恤袭如例。

**林高山、吴允兴**　俱后浦人，为金门镇标外委。戴万生作乱，从守备黄炳南赴鹿港，带队剿贼，奋勇敢战。俱受伤卒。

**李震龙**　字云峰，后浦人，为金门左营外委。同治三年，发匪李世贤窜踞漳州，陆路提督林文察进军瑞香亭，败绩，死之。震龙以水师赴援，战殁阵中。事闻，赐恤。子承勋，袭职云骑尉。

# 金门志卷之十二

## 人物列传（四）

### 列传四目录

明

曾　樱　　沈宸荃　　张煌言（罗子木附）　　辜朝荐

王忠孝　　张士椰　　诸葛咼（卢澜附）　　董飏先

鲁王朱以海

国朝

沈光文　　齐价人、曾体人、陈文生　　黄梦琳

刘　浩　　陈骏三

## 艺　术

**陈世胄**　字允冕，阳翟人。明季邑诸生，俗呼泥鳅，以多髯也。有异人来往其斋三年，授以六壬术，尤精《易》理，所占验奇中，遂弃举业。尝在嘉禾里数云："同安血流沟，安平成平埔。嘉禾断人种，泥鳅死半途。"回至沙溪而殁，葬北门外御车巷。后其言皆应，其术无传。（《府志》入《方外》，则云："陈仙翁，亡其名。"入《艺术》则作陈世胄。《县志》单入《仙释》："陈仙翁，名世胄。"是《府志》一人两出，今从《通志》。）

**蔡德征**　平林人。精青乌家言。尝图绘浯洲山水势形，劈脉分肢，随图绎说，了晰如指掌。蔡献臣为之序。（《清白堂稿》

以上明

**张伯虎**　青屿人。以善画名。（嘉庆间《县志》）

**王　印**　后浦人。精岐黄术，凡所用药，出人意表，辄著奇效。有某欲试其技，伪延诊，印命急理丧事，群哗之。印决死时，竟如其言。

**张　连**　古宁头人。膂力绝人，短小精悍。善拳棍，入少林寺，得异僧授。会春耕，折陇上草敲犊背，忽颠仆欲毙。远近震其名，或从背后戏拈石块掷之，倒承以手，弗能中。时用钱索杖儿辈，辄痛甚。有伤疾者，丐其药草，立瘳。偶诣烈屿戚家，佥请献技，忽从地跃起，以头粘屋瓦，悬空兀立，复缘壁行，逾时

始下。尝为舟人操舵至天津，有老拳某授徒甚众，架高台空地，贾勇来斗者，无生还。同舟人戏以连名订期与角，连欲不行，既而曰："养痈弗治，将有后患。"如期至，与较，尸之。连后卒于家。

**林　贤**　烈屿人。幼颖异，十余岁精于奕，与厦门诸生杨廷麟称敌手。(薛起凤《鹭江志》)

**林秋香**　庵前乡人。善医，尤精外科。有临阵中枪，铅子入要害，垂毙，秋香为割开其势，出铅丸，傅以药，应手愈。又有腹生异疮，名缠腹蛇，为剖腹，条条抽出，大如臂，病者不知痛苦。寻傅以药，立痊。

婿许仙，亦能医。秋香妻面生恶疮，略不关意。及仙至，曰："是险症，宜速治之。"及药至，已无及矣。秋香子孙，皆以医世其业。(《诵清堂文集》)

以上国朝

# 仙　　释

**陈　渊**　即唐牧马侯。有神仙道术。(详解智《孚济庙记》)

**助灵夫人**　牧马侯幽婚林氏女，浦边人也。幼娴慧工巧，善蚕绩。采桑马坪，谒侯庙祈蚕，归得双茧，异之。复诣庙，香未爇先烟，灼亦不火自焰。顷有一白鸾升空而去，夫人倏归真。岛人肃衣冠，群拜曰："灵果愿幽匹侯，其转躯而步。"语未毕，尸移步尺许。遂塑像于座右。

**通远仙翁**　宋时人，其先永春乐山隐士，后仙去，人称白须公。初封通远王，嘉祐间，以祷雨有验，加封善利王，寻加"广福显济"。咸淳中，降真浯洲海印岩，辄著灵响。岛居者始作祠祀之。祠西有倒影塔，夜每放火，舟人遥望，以为指迷海道。祈风祷雨，悉奇应。万历间，邑获剧贼，越狱而遁。知县金枝梦登太武山，遇神示贼处。躬渡海，诣祠以祷，如梦指，果得贼。因捐金新其岩宇。(《沧浯琐录》，参《闽书抄》)

**笑　堂**　明人，十八都湖头村人，或作湖尾。永乐时，住太武岩。有二徒之京受牒，送以诗云："客路逢秋意惨凄，吴歌楚些听如迷。海天一色雁双去，山月半窥猿自啼。心动故国[①]频入梦，诗逢好景易成题。孤霞落鹜[②]西风外，更向何山去托栖。"其二徒皆有诗名。（《闽书》、《通志》、府县志、《沧海纪遗》、《全闽诗话》）

**达宗和尚**　住太文岩，明末人。能诗，学辟谷。尝谓卢若腾曰："公牧马侯后身，改号牧洲，加马名，当得第。"每卢至，欢然款接。遇俗客，则崖岸自放，人因呼为傲和尚，以兼学辟谷，"傲"、"饿"音同，谑之也。一日，过泽畔，有两童子方浴鸭，相拍手曰："傲和尚来矣。"达宗戏掷鸭，鸭忽浮海去。童子牵衣泣拜，达宗笑曰："还尔鸭。"鸭仍在故处。间登啸卧亭四望，东指曰："不周一甲，海中当生一大郡。"即今台湾也。后坐化。（《浯洲见闻录》）

**董　荫**　古坑人。生而善幻术，人呼为荫仙。康熙间，薄游泉城，居停洪姓者，相得甚欢。偶以贫为言，荫仙笑曰："从吾教，巨富立致。"令多市红梅，盐渍之。又刈胎稻，晒干。趋儀往三山，出七书，曰："视桥头有七丐者，投之。"如其言，丐得书，竟去。越数日，福州疫，啖其梅，瘥。又数日，马疫，啮其稻，瘥。遂大获金资。比归，则荫仙已先两日辞去。已而，委蜕于家。有章外委晋省，忽遇之大桥书画坊。章故与善，不知其已死，荫仙徐出白金，寄其子。再往踪迹之，则杳矣。（《竹畦文抄》）

**欧阳佐**　欧厝人。性喜静，得仙道，言人休咎，多奇中。乾隆中，之三山，寓南台桥，以卖画为业，足一日用。虽贵人善其价，弗售。忽召其子抵省，令亟理丧事，遂卒。将葬，柩轻，疑为尸解。后有侄至桥上，猝遇之，持四十金，谓曰："家有火灾，

---

① 故国，民国《同安县志》作"故园"。
② 落鹜，民国《同安县志》作"落寞"。

以此为修葺资。”侄惊，牵衣欲问，遽失所在。迨归，果然，赠金适足其用。

**以正禅师**　不知何许人。嘉庆间，来居后浦天妃寺，戒行异他僧。游击陈名魁尝从学棍法。一日，有凤阳妇手执旗，为踏索戏。以正拣锅盖系童背，令权持之即走，勿反顾。童如教，妇颠童疾走，刀剪满锅盖，而童弗伤。又有失路夫妇叩寺求宿，坐定，以正托沽酒，出告乡人曰：“寺有强人，众其助我！”乡人持梃踵之，以正执铁杖先入。两人已伏门后，众排墙进。两人者固健斗，大呼曰：“和尚，尔败矣！”以正气摄之，逾时两人并歼焉。已移住真武庙，庙邻某，夜必过谈。一夕，久不去，问故，曰：“有村妪投宿。”以正跌足曰：“其坠人胎，造为孩子酒者，亟归，缓将无及。”令排闼入，自蹑其后，某妻早奄奄垂毙。妇亟走，尾及双山下，杖死之。旋有为妇修怨者，数用幻术，冀有所中，以正悉法解之。后不知所之，或曰往粤东罗浮山。

**法　相**　本梵天寺僧，嘉庆〈间〉，住持后浦之北镇庙。习医，又尝学拳。然深自晦。一日，偶归梵天，路出西安桥。有授拳者某，素昵狎，欲与较艺。再三谢，某疑为怯。暇时，试挥拳来，不获已，姑与较，胜之。某大恚恨，一日，见其俯市蔬，遽以铁锤捶之死，东窜台湾，僧众讼而不能捕。数年，潜归。值李振青为宰，夜见梦曰：“僧仇至矣，在松柏林某家店楼，幸无失。”旦，如言往，果搜出。一讯而服，杖毙之。

## 耆　寿

**薛氏续娘**　后崎吴愿妻。嘉庆间，年百岁。

**李氏媛娘**　汶水黄鼎妻。道光十一年，寿百岁。

**李　读**　西山前人。年九十四。

**洪　氏**　烈屿东林乡林奕文妻，贡生捷元母。道光二十年，寿百有二岁。

**林时赞**　烈屿人。年九十九。

**陈氏菊娘**　漳州人，前水头村乡宾黄辉妻。道光初，寿百岁。

**西黄乡庄滔妻黄氏**　同治十一年，寿一百岁。子庄天机，国学生。

## 流　寓

**黄　辅**　字仲卿。宋末举进士，与赵孟頫同时，相善。元时，隐居于浯洲，卜筑金水家焉。卒，葬牛眠山。今前水头村黄氏，其苗裔也。（家谱）

**曾　樱**　字仲含，号二云，峡江人，万历丙辰进士。崇祯初，由参政累升巡抚。旋以工部尚书召入闽，进宫保，兼文渊阁大学士。唐王败，挈其子则通，避居金门所城，转徙鹭岛。辛卯岛破，家人请登舟，樱曰："此一块清净地，正吾死所。"遂自经。门人阮文锡、陈泰冒险出其尸，乡绅王忠孝殓之，殡于金门。国朝赐谥曰"忠烈"。（《明史》、府县志、《岛上节烈传》、《绎史摭遗》、《夕阳寮稿》）

**沈宸荃**　字友荪，号彤庵，慈溪人。登崇祯庚辰进士，福王时，擢御史。屡疏抗言，切中时弊，群小恨之。出为苏松兵备佥事，未赴，南都破，举兵邑中。鲁王监国，累擢至东阁大学士，久随泛海。永明王召至粤。寻复飘泊江湖，携家入厦，转徙金门。后舣舟南日山，遭风失维，不知所之。国朝赐谥"忠节"。著有《彤庵遗诗》。（《明史》、《南疆绎史》、《明诗综》、《石青尺牍》）

**张煌言**　字符箸，号苍水，鄞县人。壬子，举于乡。钱肃乐集师，遣至天台，迎鲁王，监国绍兴。赐进士，授编修。闽中颁诏之役，自请为使，释二国嫌。丙戌师溃，与富平将军张名振扈监国入闽，次鹭门。时成功兵独强，于监国修寓公之礼。维煌言以名振军为卫，与参将罗子木徘徊金厦两岛间。后招军天台，会名振之师趋丹阳。成功兴师江南，煌言以监军会之。兵败，自义乌、东阳出天台，复树纛招集流亡，永明王遥拜兵部尚书。壬寅，滇中陷，成功亦卒。哭曰："已矣，吾无望矣!"复间关江浙，隐图起兵，被获，死杭州，年四十五。国朝谥曰"忠烈"。子木名纶，溧阳人，从死。(《南疆绎史》，参《异人集》)

**辜朝荐** 字在公，潮州人。崇祯元年戊辰进士，授江南安庆推官，历掌科垣，晋卿寺。与郭之奇、罗万杰、黄奇遇号为四骏。明亡，依郑氏。初栖金门、厦门，后移寓台湾，卒。孙文麟，康熙间进士。(《台湾府志》、《鹭江志》、《县志》)

**王忠孝** 字长孺，号愧两，惠安人。崇祯戊辰进士，授户部主事司，转苏州饷。内监郑希诏欲自设兵置饷，忠孝不从，希诏衔刺骨，遂谗之缇骑逮治。故事，缇骑所至，不厌其欲，则楚毒立至。忠孝贫，不能具一餐，校以其廉且冤之。入狱，抗词无挠，都察院王志道疏救得释。甲申闻变，哭呕血，举义兴化。福王监国金陵，史可法特疏首举，以疾辞。永明王自肇庆拜兵部右侍郎兼太常寺卿，道梗不得达。初居厦门，寻徙浯之贤聚村，复徙后丰港。康熙三年，偕卢若腾入台，肆意诗酒，翩然方外，居四年卒。(泉、台府志，参《海纪》)

**张士楖** 惠安人，进士镲孙。八岁为诸生，崇祯癸酉副榜。闽变，避难于浯、厦、漳、澄间。后居台之东安坊，杜门不出，日以书、史自娱。辟谷三年，惟食菜果。卒年九十九。(《台湾府志》)

**诸葛昺** 字公韬，晋江人。以子羲封户部主事。甲申之变，浮家浯岛，时与郡城故交卢澜登太武山，摅怀作赋。后卒于岛。

子倬，字士年，明季恩贡。唐王入闽，用荐授翰林待诏加监军、道监。郑鸿逵师出浙东，转光禄寺卿。福州破，避居两岛。郡有贵人为书相招，谓肯来，监司可立致，倬力辞。贵人以祸危之，复书弥决，乃罢。自是一意著述，有集二十卷，藏于家。二子璐、晃，从父羁栖，俱能诗，有集。

卢澜，字回狂。少与庄际昌友善，乡人奉为祭酒。后渡海依卢若腾，居七载卒。(《府志》、《海纪》、《留庵文集》)

**董飏先**　号沙河，晋江人。崇祯十年进士，官至广东雷廉道。避难浯洲古坑村，凿石为屋，垂钓驷湖，置身山光水色中。或迫使出，佯狂发疾，朝夕村［对］柳下拜，自笑自歌。当道以其颠而止。（廪生许朝英述）

**朱以海**　字巨川，明太祖十世孙。崇祯甲申袭封鲁王。乙酉，南都破，浙东诸臣方国安、熊若霖辈奉王举兵，称监国。大兵渡钱塘江，国安兵溃，绍兴不守，王遁迹至金门，郑成功以客礼待之。未几，薨于金门，年四十五。明末遗臣王忠孝、卢若腾辈为葬湖上。年久碑没。道光间，里人林树梅访得遗墓，为请于兴泉永道周凯，刻石其上，树梅并捐市廛为祭费云。

**沈光文**　字文开，号斯庵，浙江鄞〈县〉人，明副榜，官太仆少卿，监军广东。顺治八年，自肇庆从海道寓金门，总督李率泰致书币邀之，不赴。后至台湾，郑成功待以客礼。成功死，子经嗣，光文以赋寓讽，几罹不测。改服为僧，以医药活人。日与诸罗令季麒光辈结社联诗，著述甚多。（《通志》、《台湾志》）

**齐价人、曾体仁、陈文生**　不知何许人，事迹亦失传，俱与光文歌诗赠答。价人初栖鼓浪屿，转移浯洲，更以善书著。（《通志》、《台湾艺文志》）

**黄梦琳**　字球卿，别号雪舟，晋江诸生，侍郎徽孕孙。性清介，工诗词。乾隆间，游击蓝元枚延居幕中五载，棹孤舟来往两岛间。兴酣落笔，意致殊豪，厦岛莫凤翔辈多从之问诗。寻赘入后丰港，居数年卒。著有《怡情集》。（采《怡情集序》）

**刘　浩**　别号笛村，漳州老明经。工书善诗，尝游幕于金门，有《浯江诗》六十韵，中有句云："海水相摩荡，天风自往还。"又："日落风沙舞，天寒海月孤。"颇为警响。惜全篇不传。（《浯洲见闻录》）

**陈骏三**　字南金，同安之马巷后亭人，道光甲辰恩科举人，榜名梦三。授建宁教谕，以历办团练，累加四品顶戴。主浯江书院讲席，栽培寒畯[1]，以学行称。先是金门百年来科第寥寂，至是始有膺乡荐者，皆平日所奖借也。子丹诏、丹桂，俱邑庠生。（采墓志）

续修

① 畯，通“俊”。寒畯，即寒俊。

# 金门志卷之十三

## 列女传

先正卢牧洲有言："妇以节著，非家之福也，而不可谓非世道之幸。"谅哉！其言之也。浯岛山川奇秀，地脉浑厚，不特清淑之气萃于名流，抑且劲直之风成于妇女，乃至未嫁守义，闺中殉节，雅操畸行，表表人寰。其遇难，其心苦，即须眉中亦有未可多得者。呜呼！盛矣。昔牧洲有《浯岛节烈传》一书传后，间系论断。今录其事而舍其论，并续采附后，为《列女传》。分目四：曰节孝，曰烈妇，曰烈女，曰贞女，而贤媛与焉。

### 节　　孝

杨氏，平林人，通判蔡宗德妾。少通书史。年二十三，宗德卒于京，杨无子，投缳者再，嫡洪氏救之。后遭倭乱，佐嫡间关，克立厥家。卒年六十一。初，杨少孤，母改适张，心非之。母死，张已营母穴，竟捐簪珥，别葬之。万历间，邑诸生牒请旌表，直指、学臣二使者以妾故难之，杨嫡孙献臣状请于朝，有云："妻之事夫，犹臣之事君；臣之尽忠，既无分于大小，妻之立节又何间夫嫡庶?"遂更着为例。甲辰，御史方元彦表门贞节，建坊于邑铺前。祀节孝祠。

以下明

黄氏，汶水头人，东埔举人陈恩诚妻。年二十六，夫殁。家贫，事姑孝，抚孤成立。万历十九年旌，时年七十。

陈氏六娘，斗门人，教谕陈伦女孙，适汶水头贡生黄源深之孙日望。年二十五，夫殁。有遗腹，恸哭欲殉，姑慰之曰："汝死谁为生，生者谁为抚？”乃勉留。事姑孝，抚幼孤及遗腹子成立。卒，年七十一。万历四十五年旌。孙策，举人。

张氏，砂美人，蔡店诸生苏子度妻，即少参寅宾之叔祖母也。年二十，夫殁，无子。拮据孀居，待诸子皆有恩。精识鉴，知寅宾必贵，资之读书。卒成名，为之请立嗣。寿八十一卒。天启元年建坊。（以上府县志、卢若腾《浯岛节烈传》合参）

梁氏，汶水黄钊妻。少有至性。年十四，遭倭寇，父负祖母，执杖以随，得俱脱。年二十余，夫往安溪，为人所害，奔丧殡殓。常值饥馑，勤女工，养二子成立。孙伟，正德间进士，官知府，有循声。梁卒，年八十二，史于光为之志墓。（府县志）

许氏，阳翟陈甫烈妻。年二十，夫殁。守节至七十余岁卒。以嗣子荣选为儋州守，封太宜人。（府县志）

董氏懿娘，卢宣妻。年二十九，夫殁。六十七岁卒。（《县志》）

蔡氏一娘，湖尾人，适古宁农民李有成。姑杨氏与夫偕病，百药不效。蔡割右股肉，血流被地，死而复苏。煮肉为羹，先进姑，后进夫。姑愈夫死，二子尚幼，养姑寿终，抚子成立。年至六十六卒。

萧氏，砂美人，适金门所庠生陈良选。年二十四，夫殁。抚三岁孤履逊，中嘉靖四十年武举，会试卒于京，萧复抚孙。寿至八十卒，所官表其门。

林氏，浦边人，适斗门陈绶。绶寄籍为平和诸生，两登副榜。殁时，林年二十八。舅姑老耄，矢志供职，抚六岁孤绍学成立。诸孙绕膝，卒年七十四。后徙居漳州，孙其抱、兆夏，俱游漳郡庠。龙溪知县表其门。

洪氏，后浦许良伟妻。嫁未几，夫殁。无子守志，夫兄良绚以子尧物嗣之。嘉靖间，年六十九卒。

陈氏，良伟胞弟良植妻。年未三十，夫殁。抚一男，复夭，夫兄良绚以子尧咨为嗣。嘉靖间，以寿终。

蔡氏，平林人，许良绚长子尧民妻。嫁三年，尧民溺死，蔡抚二子成立。次子诸生大用，乃遗腹所生者。嘉靖间，年八十七卒。

卢氏，贤聚永丰令天佑女，后浦许从锐妻。年十九，夫殁，无子，将死。舅万州守大来使以夫侄受卿为嗣，抚之成立，为邑诸生。天启间，年八十四卒。

蔡氏，平林蔡月湖女。年二十，适后浦许元夫。越五年，舅姑皆殁。夫喜荡，家业鬻尽，将游吕宋，谏不能止。蔡就食父母家，逢年节及舅姑忌日，必归祭尽诚。夫客死，父劝他适，泣曰："婿荡时，逼取妆具，不与，辄骂曰：'将留作嫁资耶？'蹈其言，地下无以相见，且使许姓血食无依，何忍！"躬绩二十余年，赎夫所典田宅以供祀事。方议立嗣，未定卒，年五十。遗嘱祔葬舅姑墓侧。

卢氏三娘，贤聚人，永丰令天佑曾孙女。年十七，适后浦许挚夫。天启元年，溺死澎湖。卢年二十五，家极贫，事亲抚孤。杼机洴澼，虽目眚毛龟弗恤，舅姑赖以侍养。孤既长，贫未有室，复夭殁；女嫁隔海，亦早死。女孙怜外祖母无依，迎归终养。卒年六十五。

刘氏，潮州大城所人。年十七，归后丰港洪公抡为侧室。（《县志》作鼎铭，乃公抡号也。传见《武迹》。）其家累世同爨，刘司中馈，均其饮食，家赖以和。公抡三子：孟旭、季暄，俱嫡黄氏出；仲曰曦，刘出。曦甫四岁，公抡殁，刘年二十八，与嫡鞠三子成立，商贩巨富，而刘茹淡如常。旭（《县志》作忠振。按：明永明王封旭忠振伯）尝语人曰："吾年十四五时，尚不自知为嫡出也。"

翁氏，半山人，适后丰港洪忠宪。年二十二，夫殁。两月，遗腹生男，抚之成立。卒年六十。

赵氏，浦边人，适金门所王如升。年十九，夫殁，抚遗腹男成立。夫二弟早丧，各有遗孤，并抚之如己子。家极贫，逢寇乱，艰辛全节。（以上府县志、《浯岛节烈传》）

林氏，林竹石女，烈屿庠生吴景唐妻，移邑城东市。通经书子史，尤喜声律。既归景唐，事九十祖姑汪氏甚谨，舅德范，令西安病归，医药之奉更周。景唐殁，林年二十四。摧痛悲思，作七言百句，以竹为质，而金镂节成字。又作《秋风歌》，绣梅花蕊中以见志。缠绵凄楚，虽陶婴、黄鹄无以过焉。子达一，能操觚，出景唐手抄《史》、《汉书》课读，复课孙大光。大光能言时，教以偶句，夜从被中授子史诸书。稍长，遂成文名，膺乡荐。家贫乏，以刺绣易食。年五十四时，曾为七言排律，节金字如前，制为小屏付大光，曰："令后裔无忘修业也。"年九十二卒。邑人蔡复一志而铭之。(《县志》、家谱)

许氏，平林蔡邦成妻。年二十五守节。

以下八条，生员蔡鸿飞述。以下俱于咸丰十年由泉州彰懿局汇报请旌。

吴氏，平林蔡宜族妻。年二十守节。

吴氏，平林蔡宜新妻。年少守节。

陈氏，平林蔡茂瑞妻。年二十一守节。

萧氏，平林蔡伯受妻。年二十九守节。

陈氏，平林蔡伯宜妻。年二十七守节。

刘氏，平林蔡允荣妻。年少寡守。因迁界，携二子徙居安溪宫坂，艰苦万状。卒葬于安溪宫坂。子暨孙还里，往寻不知墓处，取附近一树，雕为像归，号宫坂妈。后新仓一支有传，赖刘氏之力也。

陈氏，平林蔡允恬妻。二十岁于归，三年而寡。抚周岁儿，拮据荼苦，孝养舅姑。卒年八十。

谢氏吉娘，东山外人，山仔兜生员薛弘经妻。年二十四守节，卒年六十七。(生员洪作舟采)

李氏，太常懋桧孙女，张应斗妻。年二十四寡，守四十七年，抚六月遗腹。子对墀，进士，官知县，请旌母节，祀节孝祠。对墀女适灌口生员王登泰，亦守节得旌。(家谱，详《县志》)

以下国朝

许氏，后浦丘志仁妻。年未三十，夫殁。遗孤良功，生才弥月，艰辛抚养，守节三十余年。嘉庆间，良功官浙江提督，奏请旌表建坊，封一品夫人。祀节孝祠。

颜氏凤娘，贤聚人，平林蔡仲德妻。年二十六守节，卒年八十一。道光五年旌。（家谱）

陈氏，陈海女，平林蔡仲环妻。年二十九寡，抚子芳桂、尚闻及遗腹子尚神。尚闻娶陈文心女，陈氏年二十一亦寡。尚神娶黄志传女，黄氏年二十九又寡。姑媳同志，勤俭持家。晚年孙曾绕膝，一家八十余人，五世同爨。姑卒年七十，媳年今俱五十七。道光十一年，合词请旌。二陈斗门人，黄汶水人。（案牍）

黄氏，西黄人，学洙长女也。以行长，名大娘。适韶州司马许元庸胞兄世严，食贫无怨色。戊子年饥，世严赴韶州，道卒，大娘闻讣，死而复苏。其母以遗孤为劝，乃忍死抚孤，拮据婚嫁，备极辛苦。癸卯随子璜从军北徙，病于海坛舟次，而璜亦病笃，氏哭曰："曩所以为不死者，为许氏耳！今婚嫁毕愿，又将夭札，安用我为？"乞以身代。遂伏枕而殁，年七十有一。璜竟无恙。（节录《浯洲节烈传》）

黄氏，许天骥妻。年二十夫死（《府志》作二十八），就缢者三。母慰留之，遂依母家。勤女工，寡言笑。浯岛播迁，夫家仅遗一幼侄，抚养成人。（《通志》、府县志）

何氏，青屿张迎妻。

陈氏三娘，平林蔡克藩妻。

洪氏静娘，平林蔡为绣妻。

陈氏随娘，平林蔡凤辉妻。

陈氏招娘，平林蔡俊人妻，与妾许瑞姐同守。（以上守节年岁，俱详《县志》）

又平林监生蔡鸿略开报：同族蔡克佐妻洪氏，尚江妻吕氏，尚淮妻黄氏，据云已载县志，核对俱缺，附载于此。又县志载：阳翟陈敦德妻颜氏，陈朱妻林氏，陈衡妻叶氏，陈克宽妻王柔娘，陈家相妻胡氏，生员陈弘骥妻郑氏，生员陈琦妻胡氏，东埔张隐妻林氏，张宪妻庄氏，张育凤妻毛氏，东埔上宅张读妻康氏，同安三阳翟，两东埔，金门其一也。诸节妇本传不指属何方，未得以地名偶同而为之传，姑载以待考。

许氏球娘，后浦人，平林蔡贯妻。年二十二寡，继养夫嗣。年九十二卒。

杨氏，湖下人，平林蔡简妻。年十八寡。六十余岁卒。（许克锦述）

蔡氏错娘，平林人，提督攀龙妹。归贤聚村卢天然，年未三十，寡。谦卑和睦，乡族交称其德。年逾七十卒。（卢拔萃述）

蔡氏约娘，平林人，归董林村林招。年二十四寡，仅一女，无子。朝夕以女工自给。卒年六十。

陈氏只娘，陈坑人，后浦郭绵妻。年十八寡。卒年七十三。

吴氏喜娘，小西门人，后浦许济宗妻。年二十八寡。五十余岁卒。（监生许景超述）

翁氏蕊娘，半山人，后浦王珍妻。年二十六寡，抚四岁孤成立。孤卒，复抚三岁孙。祖孙相依，辛苦贫困。年七十四卒。

杨氏罕娘，湖尾人。年二十，归后浦吴旺。甫八月，旺外出不归，终无音耗。氏矢志靡他，养子立嗣。年五十余卒。（陈卿云述）

叶氏枣娘，厦门莲溪人，烈屿林芳妻。年二十八寡。卒年八十一。（监生许精烈述）

文氏和娘，后浦人，千总文士辉姊，归同里王十全。年十八，夫殁，立嗣坚守。夫弟欲夺其志，日诟以恶声。后二弟继殁，亦为立嗣。现年六十余。（黄鼒羹述）

谢氏名娘，后浦人。年十六，归同里沈沛然。甫四月，夫往澎湖殁。谢抚遗腹男，孀苦垂三十余年。（陈卿云述）

张氏梓娘，古宁头人，后浦许金枣妻。年二十二于归，甫二旬，夫戍台湾。未几讣至，痛绝。族人为立嗣以守。现年六十余。（监生许克瑶述）

李氏荫娘，古宁头人，后浦林漳妻。年二十一寡。夫兄诸生

文湘以次子嗣之，抚养成立。现年六十。（林章梅述）

周氏益娘，后浦黄光守妻。年二十六寡。奉翁姑，抚子女。存年五十。（黄光沛述）

洪氏密娘，厦门人，归金门杨文良。舅华从戎，任提标营弁，俸薄，不供食指。文良外出谋生，洪纺绩针黹佐家计。值舅病笃，医不效，无计，割股和药以进。舅夜梦神语曰："尔福人不死，且尔媳孝感于天，疾瘳矣！"果愈。后舅开镇苏松。越数载，文良卒，洪年二十四，守节抚孤。现年五十余。（孙云鸿述）

叶氏姜娘，同安莲花山人，归后浦傅恩光。年二十五，夫殁，子未周岁。笃志鞠育，孝养老姑。卒年六十。同族傅尊，娶东门千总王定邦侄女卿娘，年二十六寡，五十二卒。复有傅哲，娶金门城辛粉娘，年二十五寡，夫弟以子嗣之，存年六十八。又有傅光英，娶北门石孙娘，年二十二寡。善针刺，有淑德。夫兄以子嗣之，存年五十。傅探亦其族人，娶东门陈宝娘，守备陈腾蛟女也。年二十三夫殁，家贫守志。遗腹生男，辛苦抚育。存年五十。（傅克藩述）

林氏荩娘，榜林许榜妻。二十八岁寡守，寿逾七十卒。夫侄名前，娶陈坑乡陈宣娘，年三十亦寡，寿八十卒。子名长，娶同乡吴质娘，年三十又寡，存年七十。

蔡氏心娘，后浦人，同里许卓妻。年二十七寡，抚遗腹孤及夫弟儿女成立。现年六十余。侄女许秀娘，适吴深渊，二十三岁寡。现年五十余。（许克锦述）

翁氏，后浦翁顺女，王国彩妻。年二十六守节，抚孤三锡成立。孙钟秀，军功五品翎顶；钟俊，湄州营把总；森田，邑庠生。氏卒，年七十三。同治七年，举人林豪、生员洪作舟等具报请旌。

以下续修

蔡氏慎娘，斗门陈圭彬妻。年二十六，家贫守节。子奏云，业儒。同安举人陈扶摇为呈请，准入节孝祠。（训导郑纪南采）

陈氏好娘，阳翟乡陈沧江孙女，适后湖许克楯为妻。年二十有二，夫亡无子女，以夫胞兄克杼子沙为子，夫功兄邑庠生许宜女慎娘为女。抚养成立，茹苦含辛，毕婚嫁，五代同堂。氏年九十有五。(生员许春时采)

以下五十八名，俱同治元年由泉州彰懿局汇报请旌。

丘氏，后浦北门人，布政司理问联奎季女，总镇联恩侄女。适总镇文应举长孙外委其珍。年二十五孀守。同治甲子年卒，年四十一。(以下生员洪作舟采)

许氏，后浦北门人，提督丘良功之弟永胜妻。二十二岁，夫故守节。年八十九。

许氏玉娘，官里乡许允敬女，前水头生员黄元善妻。二十四岁守节，卒年七十。(营员黄炳南述)

林氏，年十七，适平林蔡尚静。明年静没，遗腹八月，家贫守节，纺绩度生。卒年五十九。(以下廪生林资熙采)

郭氏，平林蔡尚纯妻。年二十六守节，卒年七十二。

陈氏，平林蔡仲驹妻。年二十九守节，卒年七十四。

黄氏，平林蔡仲蛟妻。年二十九守节，卒年七十一。

杨氏，平林蔡仲寿妻。年二十八守节，卒年七十三。

黄氏，平林蔡仲时妻。年二十五守节，卒年六十。

倪氏，平林蔡仲羡妻。年二十八守节，卒年七十四。

陈氏，平林蔡尚吉妻。年二十九守节，卒年五十一。

陈氏，平林蔡永炎妻。年二十六守节，卒年五十六。

黄氏，平林蔡永庆妻。年二十七守节，卒年六十八。

宋氏，平林蔡永泽妻。年二十九守节，卒年未详。

李氏，平林蔡永达妻。年二十九守节，卒年未详。

许氏，平林蔡永连妻。年二十守节，卒年未详。

许氏，平林蔡永会妻。年二十三守节，卒年未详。

傅氏，平林蔡永秀妻。年二十九守节，卒年四十六。

何氏，平林蔡永雅妻。年二十四守节，卒年六十二。

陈氏，平林蔡永济妻。年二十九守节，卒年未详。

陈氏，平林蔡永第妻。年二十八守节，卒年未详。

陈氏，平林蔡仲朋妻。年二十二守节。或劝螟蛉，氏曰："非蔡家血脉，焉能读祖父书？"爰立允舆次子克咸承继。时值风鹤，血养艰苦。现有手著《嘱书》藏于家。乾隆间修府志，教谕何兰申府立传，知县吴镕采入县志。（以下生员蔡鸿飞述）

洪氏，翁内人，平林蔡克祐[①]妻。〈克祐〉商于漳，途殁。氏闻讣，奔驰，亲寻大尸归葬。时年二十三，遗腹四月，生一子，名习。十岁能文，人奇之，竟殇。氏苦守纺绩，别养存嗣。卒年七十六。

刘氏，平林蔡克融妻。孀苦自持，知县陈奖以"劲节松筠"额。康熙癸巳年，知县朱为之立传。

黄氏妙娘，平林蔡克藩妻。于归周年而夫殁，氏年方二十。父母屡欲夺其志，氏不从。族例，不许抱养外姓。族人义之，因无服亲可继，许抱外侄为子。不数年，养子又殇。劝嫁者乘此而言，悉被唾斥。茹淡衣恶，膏沐不施。族怜之，复为立孤，抚养成立。卒年七十。

洪氏，平林蔡职藩妻。年二十七守节。

黄氏，平林蔡克观妻。年二十三守节。

辛氏，平林蔡克岺妻。年十九守节，无子，抚族人子为嗣。

李氏，古宁头人，平林蔡君辑妻。二十于归，五年而寡，遗腹三月。家无斗筲，纺绩为业，艰辛万状，抚孤亦夭。族人义之，为存嗣续。卒年七十三。

黄氏，平林蔡君范妻。年二十七守节。

林氏，平林人，提督蔡攀龙妾。年二十九守节。卒年七十六。

李氏，平林蔡子正妻。年二十四而寡，无子。悲恸绝粒，欲殉。夫弟子硕以己子为之继，劝之，乃忍死立孤，苦节自持。卒年六十六。

陈氏缓娘，平林蔡子茂妻。十九于归，乳女不育。再岁而茂

① 蔡克祐，原作"蔡克祜"，据台湾文献丛刊本改。

殁，抚茂之兄子为孤，茹荼吃淡，至奉先承祭，苾芬必备。事姑以孝称。

王氏，平林蔡子质妻。守节载在《台湾县志》。

陈氏，平林蔡子芳妻。年二十一守节。卒年未详。

陈氏，平林蔡子舟妻。守节，卒年未详。

陈氏，平林蔡仲弼妻。守节，无子。十余年未尝立继，人咸怜之，其志亦不变。卒年未详。

吕氏，平林蔡仲爵妻。年二十八守节。卒年未详。

王氏，平林蔡仲雍妻。守节，抚仲午六子为嗣。卒年未详。

许氏，平林蔡仲绵妻。年二十八守节。妯早卒，姑年九十余，氏自奉卮匜，朝夕不倦。无子，抚仲程次子为孤，开扩基业，终身端洁。卒年九十。

洪氏，平林蔡若见妻。年十九守节。乾隆丁亥年，邑侯吴采入《县志》。

吴氏纫娘，大治乡人，前水头黄允中妻。年二十一守节，抚遗腹子成立。卒年四十九。（以下黄厥英述）

李氏凉娘，古宁头人，后浦把总许忠旺妻。年二十七守节。卒年八十一。

陈氏栽娘，下坑人，适后浦许金田。年三十守节。卒年五十。

苏氏诸娘，榜林人，适后浦许天庭。生子四岁、女三岁，而天庭卒。年二十四，苦心抚养。卒年七十余。（许玉峰述）

蔡氏振娘，后浦人，适贤聚乡千总颜精子起芳。年二十四守节。养子以继夫嗣，和于妯娌。母家无后，凡岁时伏腊，祭扫不怠。至丁卯年卒，寿六十有四。（以下生员黄梦庚述）

许氏真娘，后湖光点之女，贤聚乡颜灶芳妻。年二十七，夫亡，遗腹方四月。坚心守节，足不出门。生男，抚养成立。至甲子年卒，寿五十六。

董氏益娘，鼓冈湖人，适黄振义。年三十而寡，仅抚一幼孤成。卒，寿六十六。孙梦庚，庠生。

陈氏端娘，金门城人，前水头黄路妻。年二十九而寡，抚两幼孤，一夭一成，矢志不醮。道光庚子年卒，寿八十五。

傅氏仰娘，后浦人，业儒傅藩郎女，适许光杏。年二十七，夫殁。二子：长捷科，年四岁；次联芳，年甫三岁。家徒壁立。氏事姑孝，教子严。长男夭折，课次男联芳读书成立，以笔墨见知于提帅曾公，充提署稿识。氏现年七十八。（生员许春时采）

李氏，后浦人，提督李光显次女，文应举长子镇标外委成锦之妻。二十六岁，夫故。抚孤其琨，官金门额外。氏现年七十七。（以下生员洪作舟采）

陈氏，副将陈飞凤次女，顺德协副将陈景峰妹，适文应举次子金门镇标外委成辅。年二十七，夫故。抚孤其珍，官金门外委。氏现年七十一。

丘氏，后浦人，提督良功侄女，适文应举季子把总成佐。年二十九守节。现年六十八。

郭氏，后浦人，把总吴朝辉妻。年二十五，丧偶。遗孤炳耀才数岁，教养成人。事姑以孝顺闻。现年六十四，一时文人学士，赠诗表其节，积成卷帙。炳耀出佐戎幕，军功尽先把总。（生员林云章采）

陈氏，平林蔡尚达妻。年二十六守节，现年七十八。（廪生林资熙采）

林氏轻娘，营山乡人，适前水头业儒黄坤维。年二十一守节。事姑孝，抚族子厥英读书成立。现年六十六。（厥英自报）

庄氏教娘，浦头人，适贤聚乡太学生颜正禧。年二十九，夫亡，子幼，坚心守节。事姑至孝，姑晦病十余年，汤药不离左右。凡涤器，皆以身亲之。子银龙，娶妻许氏意娘，公炼之女，后浦人，年三十，丧偶，孤方八岁。姑媳同心，抚幼孤守节。丁卯年，许氏卒，年四十六；庄氏抚孙成立，现年七十三。（生员黄梦庚述）

沈氏，后浦人，适后浦许克似。未逾三年，似卒，氏年二十二。翁姑耆，病在床，孝养无间。抚族子为嗣，成立。氏年七十

五卒。咸丰元年，贡生许瑞瑛、生员郭以镜等佥请详报列宪，并给匾额。(生员许春时采)

陈氏蕊娘，后浦人，适许太然。年二十余，夫亡，抚五月遗腹子。卒年四十二。(以下生员许邦翰采。以下俱未经旌表)

倪氏雀娘，后浦人，适古宁人世职云骑尉都司李秋香。年二十八守节。家贫，抚一子，女红度日。卒年六十四。

杨氏牵娘，湖尾人，适后浦许炎。五月，炎覆船卒，遗腹七月。生男志耀，家贫，守节养姑。咸丰三年卒，年六十五。(耆老许公谦报)

林氏平娘，泉郡人，总兵林中岳孙女，适后浦许榜。年二十八守节。抚族子，未尝归宁。卒年八十五。孙瑞瑛。(岁贡瑞瑛自报)

陈氏美娘，塔后人，霞湖吕开妻，举人世宜之族也。年二十八，夫病亟，以奉亲抚孤为托。矢志守节，事翁姑尽礼，抚幼子三人俊修读书成立。同治元年氏卒，年六十。平和庄中正为撰传。世宜祖母，亦以节孝称。(以下增生林章梗采)

辛氏姣娘，下后垵人，后浦北门傅绪火妻。年二十三守节。卒年七十二。

傅氏骞娘，后浦北门人，把总郭定清妻。年二十八守节。卒年六十六。

林氏居娘，嘉庆间，适后浦东门境王义。不数载，夫病故，氏年二十三，守节。至道光元年卒。

丘氏甘娘，后浦人，提督良功姑也。乾隆间，适东门境王国俊子庆宗。不数年，夫卒。时甘娘才二十三岁，守节。嘉庆四年卒。

后浦傅家，一门同时四节妇。王氏吉娘，后浦东门人，王国俊侄女。年二十，适傅尊，逾年生一子，名仙光。未几，尊死，王氏日往视其墓，恸归，如是者数月。忽一日，蛇出墓侧，蟠其身，自是不复往，守节终身。林氏尔娘，东门人，林文湘胞妹，归傅冉。年二十七而寡，无子，以夫妹之子鸿任为嗣。卒年七十一。李氏，古宁头人，傅判其妻。判其好博，不事生业。寻卒，氏穷饿万状，席地而寝，终无怨言。子亦好博，甚于其父，氏浣衣糊口，苦节五十余年。陈氏，南门人，适傅探，年二十六而寡，卒年六十五。此四者，皆亲堂妯娌，同居一室。其节甚盛，其境则可哀也。

颜氏令娘，贤聚乡人，适许迎。年二十八而寡。家贫无子，冬天常往看守地瓜。卒年七十三。

傅氏纯娘，后浦人许蓄妻。年二十九而寡。卒年六十八。

许氏，后浦东门人，傅兴隆妻。年二十五而寡。卒年六十三。

王氏，后浦东门郭德妾。郭死，氏年二十一，抚嫡子及子家俊成立。

赵氏，后浦东门陈伯高妻。伯高殉林爽文之难，氏年二十七。生一女，适副将林廷福。举人陈贯中以子上国为嗣，承袭云骑尉，以军功加副将衔。

蔡氏森娘，后浦许笃妻。年二十七，夫亡。遗腹五月，生男九团，抚养成立。传至五代同堂。氏年九十卒。（以下生员许时春采）

李氏凉娘，古宁头李拔山女，适山仔兜薛挑。年二十二守节，抚遗腹子。卒年五十八。

黄氏珠娘，后浦人，山仔兜薛允烈妻。合卺七月，而允烈外出台湾，久不归。氏女工自给，毫无怨言。二十六岁，夫殁，节孝兼尽。年四十九，不药而终。（以下生员洪作舟采）

董氏敬娘，鼓冈湖人，山仔兜薛继挺妻。年二十二，挺殁，养姑抚子，备历艰辛。卒年七十九。

许氏凉娘，董林人，山仔兜薛允请妻。年二十而寡，抚八月孤，备历艰辛。卒年三十九。

杨氏情娘，湖下人，山仔兜薛继品妻。年二十四守节抚孤。卒年九十六。

许氏，官里人，山仔兜薛允众妻。年二十余而寡。无子，乃养夫侄为己子。卒年五十余。

陈氏果娘，前泗湖洪密妻。年二十二守节。卒年三十六。

陈氏甘娘，前泗湖洪拔妻。年二十六守节。卒年七十九。

黄氏珠娘，前水头人，后浦许愈舍妻。二十七岁，夫殁，苦守，抚族子为嗣成立。寿年五十九。(贡生许瑞瑛采)

蔡氏凉娘，蔡厝人，博女，适十七都阳翟陈宽。年二十四守节，抚夫侄修为嗣。孝顺舅姑，和睦妯娌。卒年七十六。(陈作霖述)

陈氏皆娘，汶水头乡黄盛妻。年二十三，夫亡。氏坚守苦节，抚二子。五十五岁卒。(以下廪生林资熙采)

张氏彩娘，汶水头乡黄裕妻。年二十，生一子，夫亡。氏抱养一子，抚以成立。卒年五十八。

吕氏凉娘，汶水头乡黄合妻。年二十七守节，抚二子。卒年六十三。

郑氏牵娘，适顶后垵林平。年余夫殁，氏方二十六岁。遗腹四月，生男，抚养成立。年七十九卒。

王氏培娘，后浦南门王浦女，适顶后垵乡林突。年二十七，生一子，夫亡，氏守节，抚养成立。

陈氏，平林蔡尚位妻。年二十九守节。卒年七十五。

蔡氏幼娘，平林人，蔡布茂女，适贤聚乡卢进祖。年二十六寡，遗孤名阿弥，生才七日。氏守节养子成立。咸丰壬子卒，年五十一。(以下生员林云章采)

杨氏畏娘，适贤聚乡卢凯。凯戍台湾卒，年二十七；遗孤妈羿，才四月。氏守节养子成立。同治壬戌年卒，年六十九。

陈氏借娘，金门城陈六秀女，适贤聚乡颜钦芳。年二十三，夫死。无子，守节养子以继夫嗣。庚子年卒，年三十四。

康氏，平林蔡子波妻。十九岁守节。卒年八十一。(以下生员蔡绪馨述)

陈氏，平林蔡永诚妻。二十七岁守节。卒年五十三。

何氏，平林蔡希谅妻。二十二岁守节。卒年六十二。

陈氏，平林蔡尚慎妻。二十三岁守节。卒年六十三。

周氏，平林蔡光渐妻。二十六岁守节。卒年七十五。

苏氏，下坑乡陈致和妻。致和因家难，卒于常山之紫溪，氏年二十七守节。卒年六十九。（以下生员陈作霖述）

朱氏，下坑陈宗隆妻。年二十六守节。卒年六十八。

洪氏宿娘，田墩人，下坑陈钗妻。年二十九守节，抚二子，日夜劬劳，以致双瞽。晚年，孙曾绕膝。咸丰壬子卒，年八十七。

黄氏允娘，汶水头人，山外乡陈舜聪妻。舜聪卒于暹罗，氏年二十守节，一子。乾隆癸巳年卒，年八十。

黄氏胡娘，下湖人，山外乡陈丽妻。年二十守节，一子。时有媒人劝嫁，氏斥绝之。尝欲投水殉节，以救免。道光癸巳年卒，年三十六。

蔡氏兰娘，平林人，下坑乡陈院妻。年二十三守节。卒年七十九。

黄氏体娘，前水头人，适后浦许文通。道光三十年，通亡，氏年二十一。屏去膏沐，孝事翁姑。同治间，奸徒遍诱寡妇，持斋糜聚私室，谓之菜堂。有甘言力劝者，氏斥绝之。同治六年卒，年三十九。（以下生员许荣森采）

蔡氏却娘，平林妈通女，适后浦南门许允开。道光二十八年，开殁，氏年三十一。一男一女俱幼，守节抚养。至咸丰三年卒。

张氏嫌娘，沙尾乡人，后水头黄景侯妻。年二十八而寡，抚二子一女。女适后浦把总李启明为妻。氏卒年七十一。（以下黄廷选述）

黄氏，汶浦头人。适下新厝陈亲，家贫如洗。年二十七，夫亡，无子，氏抚夫侄为嗣，矢志守节。咸丰三年卒，年五十余。

陈氏春娘，汶水头黄得妻。年三十寡，无子，亲房怜之，以房侄黄选继嗣。同治六年，氏年六十卒。

许氏外娘，后湖人。年二十，适后浦林四强。二年余，四强贩于台，寻卒。遗腹四月，生男，氏抚养成立。子三十而卒，旋抚外孙为嗣。寿七十二。

叶氏慎娘，沙美乡人，半山翁六妻。年二十六，夫殁，遗腹子仅四月。氏守节四十余年卒。（以下生员翁庆元述）

刘氏染娘，后浦人，刘庄女，半山乡翁案妻。年二十三守节，抚嗣子江耸成立。卒年四十八。

张氏劝娘，青屿人，汶浦黄九妻。年二十一，夫殁。家贫，螟蛉一子，以纺绩养其姑，坚守苦节。卒年七十七。（以下生员董一鹗述）

薛氏锡娘，山仔兜薛君之女，适英坑副将黄振玉之孙光丽。氏年二十六守节，事公姑尽孝，训子成立。寿七十一。

林氏昭娘，山后乡梓桐之女，适英坑黄国。怀孕六月而寡，年二十。守志坚贞，事姑尽孝，训子成立。卒年五十八。

许氏香娘，后浦北门举人许观海孙女。二十岁，配西门把总王开明子朝荣。入门六月，而夫东渡，卒于台。无男女，氏事翁姑尽礼。后翁姑俱亡，归与寡母同居。氏自幼知书，尝吟一联以表其志云："意切惟知经忏警，心清自觉菜根香。"寿至七十五。（以下许吟侯述）

李氏勉娘，古宁头北山冬雪女。年十七，配后浦北门许立宗。二十二岁，生男名得道四十日，夫亡。坚守训子，事公姑，养生送死，靡不竭力。寿七十一。

黄氏论娘，后浦南门黄结女。年十八，配北门许海。二十四岁，夫亡，与嫂勉娘矢志守节。奉事翁姑尽礼，教二子成立。卒年四十五。

陈氏忍娘，内洋郑德倩妻。年二十三守节，抚幼孤成立。卒年三十七。（训导郑纪南采）

许氏受娘，董林乡许真女，适金门城陈廷芬。年二十六而寡，子方六岁。母家怜其贫，馈薪米。同室疑母家欲夺其志，氏闻之，即禁止母家勿来。日夕纺绩，抚子成立。卒年五十三。（以下辛承烈述）

李氏尽娘，庵前乡人，适金门城陈合。生四子，夫亡，氏年二十九。家贫守节。寿七十一。

黄氏锭娘，英坑乡黄甘女，适沙美乡张石。石亡，氏年方二十四，生一子，守节抚养。卒年六十八。（张廷赞报）

陈氏栽娘，下坑乡人，适后浦许金田。田因覆舟溺毙，氏年二十六守节，屏绝脂粉。其姑双瞽，事之不离左右。抚族人子，早夭，复养一子。氏卒年五十。（贡生许瑞瑛述）

许氏恬娘，后浦人。年二十八，适金门守备江永泰子把总江明。未几，〈明〉卒于台湾，氏年三十守节。卒年七十余。（乡耆许光谦报）

黄氏静娘，金门城人，归后浦南门许成。年二十六守节。乾隆乙卯卒，年七十四。（王增恩述）

薛氏莾娘，山仔兜人，适官里乡许宴。年二十六，夫亡。家贫守节，抚子成立。卒年六十八。（许嘉猷述）

许氏，后沙人，适西山张酉。年二十四守节。寿六十余。（王式善报）

陈氏转娘，阳翟人，适汶沙保人黄月。年二十四守节。卒年七十二。（房长黄超温报）

李氏凉娘，古宁头人，适山仔兜薛立桃。年二十六而寡，遗腹七月，守节。五十八岁卒。（生员洪作舟采）

辛氏帏娘，金门城辛荐女，适古丘陈中权。年二十六守节。子甫五岁，抚养成立。卒年七十。（以下陈荣述）

许氏缓娘，后浦人，适官路边陈盛。盛充左营字识，从军死。一女在抱，氏年二十二守节。螟一子，事姑孝。卒年八十四。

李氏衎娘，后浦李带女，适古丘陈未。未家贫，旋卒，氏年二十一。遗腹得男，守节抚养。卒年八十三。

黄氏惜娘，前水头人，适贤聚乡卢彬。年二十五守节。道光癸巳，年七十五卒。（以下生员黄梦庚述）

李氏玉娘，古宁头北山乡之女，适上坑陈真。年二十六，家贫寡守。咸丰壬子卒，年七十六。

陈氏花娘，高坑乡陈荐女，归山后乡王沛。二十一岁而寡。螟一子，抚养成立，往台湾，久无信。再继一子。卒年七十九。（生员翁庆元述）

许氏和娘，官里乡许克殿女，适前水头乡监生黄秦。夫亡，年二十六守节。抚侄衣言为子，十六岁游庠。卒年九十六。（营员黄炳南述）

戴氏满娘，小西门乡戴山女，适后浦把总萧焕彩。年三十寡守。咸丰己未年卒，年五十七。（萧君已报）

王氏笑娘，董林人，后浦林景谅妻。二十七岁守节。现年七十六。次子可远，候选同知。（以下增广生林章梗采）

董氏惜娘，后浦人，林景秀妻。二十六岁守节。现年七十一。子荣邦，金门把总。

许氏莲娘，后浦王马力妻。年二十五守节。现年五十三。

辛氏款娘，下后垵人，后浦外委郭定邦妻。定邦死张丙之乱，氏年二十四守节。现年六十四。子既卢，袭云骑尉。

许氏粉娘，董林人，适傅高唐。二十六守节。现年七十一。

吴氏爱娘，适山仔兜人澎湖额外薛鸿荣。年二十五守节，子三岁。现年五十七。（以下生员许春时采）

庄氏养娘，西浦头人，后湖许湄妻。年二十九，夫亡，二子一女皆幼，氏茹苦抚养子女。现年五十二，子女俱成立。

许氏庆娘，后湖许梯女，适薛永蓟。年二十七守节。现年七十三。

李氏晏娘，古宁头人，适榜林杨振桃。未逾三年，桃没，氏年二十四守节。遗腹生男，课子业儒。卒五十二岁。（黄道渊述）

杨氏甘娘，湖下杨食女，山仔兜薛霞妻。年二十八守节。现年六十五。

郑氏爽娘，溪边乡郑奇女，适西仓吕克器。年二十四守节。生一子，后抱养一儿。纺绩抚养，事姑极孝，和于妯娌。现年五十八。（以下生员许春时、吕赞周采）

蔡淑人，名香娘，平林乡廪生蔡维屏胞姊，适山仔兜貤赠武功将军薛师言。淑人年三十，夫亡。抚养一子三女，孝事翁姑，课子前川读书成立。年五十六，子又亡。现姑媳抚育二孙。两世苦节，闻者美之。

杨氏甘娘，湖下人，山仔兜薛允霞妻。年二十八守节抚孤。现年六十五。（以下生员洪作舟采）

翁氏谨娘，前泗湖洪茹生妻。二十四守节。现年六十五岁。

李氏缅娘，古宁头李标女，适后浦北门洪继耀。一年夫亡，氏怀孕五月，生男名遗腹。茹苦含辛，抚养成立。事舅姑以孝闻。（以下廪生林资熙采）

蔡氏染娘，平林人，适顶后垵林江海。夫亡，年二十九守节，子才四月。备尝辛苦，抚子成立。现年七十四。

陈氏兰娘，东州人，适顶后垵林略。年二十九，夫亡。氏不辞辛苦，抚子成立。现年六十。

李氏，平林蔡尚机妾。年二十一守节。现年五十二。

黄氏，平林蔡尚得妻。年二十六守节。现年七十五。

周氏乖娘，南门林代妻。二十六岁守节，遗腹子万宝，十六岁而终。氏苦守五十八岁。

黄氏，水头乡监生英选女，后浦外委许朝阳妻。咸丰三年，夫随军剿会匪阵亡。遗孤三岁，氏艰辛抚养成立。子国恩，承袭云骑尉。氏年四十八。（以下生员林云章采）

辛氏花娘，金门城人，光读女，适贤聚乡颜鹤算。年二十九，夫亡，子二岁，守节抚养成立。现年五十一。

何氏笑娘，后浦南门人奇山之女，适贤聚乡颜首。年二十四，夫亡，子生才四月，守节抚养成立。现年六十四。

许氏，颜广生妻。年三十守节，抚二岁孤成立。现年五十三。

董氏，后浦许经之妻。经好游荡，氏屡谏不听。无何，家资荡尽，远遁槟榔屿，音耗遂绝。时氏年三十，姑老病，子女俱幼。母家怜其贫，欲嫁之，氏曰："姑老儿幼，我去无以存活。"

坚拒之。纺绩度日，毫无怨色。事姑极孝，姑性急，少拂意，辄呵之，氏怡颜顺受，不敢辩。姑病，氏奉汤药惟谨。尝殷勤劝加餐，姑不食，盛气呵斥，氏俟其色稍霁，又劝之。终姑之世，不少懈。咸丰间，会匪攻金门，浦人逃匿村间。值姑病，不能行，氏负行三里许。姑卒后，子进殽馔，辄欷歔曰："安得姑在，而以此奉之也。"潸然涕下，不能下咽。现年六十五。

白氏，烈屿青崎乡洪乳妻。二十四岁夫亡，无子，抚族子养之，矢志守节。现年七十三。

黄氏朕娘，水头人，适平林蔡料旦。年二十六，夫亡。遗腹数月，得男，守节抚孤成立。现年七十五。（以下生员蔡鸿飞述）

陈氏，平林蔡光川妻。年二十九守节。现年六十三。

陈氏，平林蔡登科妻。年二十九守节。现年六十五。

陈氏，平林蔡炳强妻。年二十二守节。现年七十六。

张氏，平林蔡积粟妻。年二十九守节。现年五十二。

陈氏，平林蔡永相妻。年二十七守节。现年五十。

陈氏，平林蔡梅村妻。年二十七守节。现年五十一。

黄氏，平林蔡妈轻妻。年二十六守节。现年五十二。

吴氏，平林蔡维爔妻。年二十九守节。现年五十一。

张氏每娘，青屿天限女，汶浦黄弄妻。年二十，夫亡。翁姑悯其年少，谕之再嫁，张誓不从。乃抚侄为嗣，尽心抚养成立。现年六十八。（以下生员黄一鹤、黄一鹗述）

陈氏秀娘，后山乡光牙之女，适英坑黄标。年二十九守节，事姑教子，均尽其职。现年六十四。

许氏整娘，后湖人，浦边周福孙妻。氏年二十七守节，螟蛉二子成立，事翁姑以孝称。现年五十九。

杨氏雪娘，湖下人，半山乡翁江耸妻。二十九岁，夫亡。姑刘染娘尚存，姑媳相继守节。现年四十九。（以下生员翁庆元述）

李氏苏娘，古宁人，适半山翁文维。生二男一女，年二十八守节。次男稍长，从师读书，修金半出于纺绩。现年四十九。

陈氏圭娘，山外人，适半山翁地。年二十七，夫亡，抱养一子。现年六十三。

卢氏幼娘，贤聚人，官里乡许三会妻。自少守节，抚幼孤成立。现年五十余。(监生许朝纶述)

吴氏，董林吴福全女，后浦北门许庆池妻。年三十四守节。现年六十。(营员郑瑞麟述)

许氏恬娘，后浦东门人。业儒克峻长女，邑庠生荣森胞姊也，归后岐乡营识蔡进修。年二十九守节，遗腹五月，生男，十五岁夭。族长见其苦守，将族侄为之承继。氏现年四十九。(以下生员许荣森述)

叶氏妹娘，同安人桑材女，移住后浦西门，适南门许五礼。数载夫亡，氏年二十六，男女俱幼。守节杜门，未尝归宁。勤事女工，奉事翁姑，备尝辛苦。时寡妇多持斋奉佛，相习成风。有欲邀入菜堂者，氏斥绝之。现年五十八。

沈氏吉娘，后浦西门沈赐来女，配北门林光溪。年二十三寡，守孤儿，并养夫弟二人，各完婚娶。现年五十。(增生林章梗采)

许氏淑女，官里人，水头黄马令妻。年二十二守节，养孤，抚二子成立。现年五十。(胞弟监生许朝纶述)

郭氏劝娘，后浦南门人，副将郭扬声妹。年二十，归同里许金鱼。二十四岁，夫殁，仅一子。守节奉养翁姑。现年六十四。(以下郭捷南述)

许氏，后浦人，郭扬耀妻。年二十七，夫亡，子秉衡四岁，秉睿方七月，氏矢志守节。现年七十二。秉衡官把总，死戴潮［湖］春之难，有传。秉睿早卒，妇许氏秉娘，守节。现年四十九。

王氏香娘，后浦人，副将林廷福之婢也。貌不扬而性拙。年二十五，犹处子。廷福卒，主母欲遣之，香娘执不从，托词告人云："余于主人虽春风一度，然主人爱我甚，且久于林家，安忍他去？愿守此终身。"其嫡子树梅，义而善视之，薄与产业。树梅卒后，香娘躬操田事，无怨色。现年七十一。(《诵堂清文

集》）

李氏，古宁头人，半山乡翁主妻。年二十七守节，抚其夫弟及子文拱成立。现年七十九。（以下生员翁庆元述）

王氏款娘，东沙人，半山乡翁待妻。年二十一守节，遗腹生一女，抚嗣子成立。事姑孝。现年五十七。

黄氏锦鸯，汶水人，廷选之姊，适山仔兜薛允听。年二十九而寡，子仅七岁。矢志守节，事舅姑以孝闻。与侄妇李氏凉娘，称一门双节。现年五十三。（黄廷选述）

董氏留娘，古坑董雍女，适古丘陈香。年二十五，夫卒。无嗣，螟一子。现年七十八。（陈荣报）

周氏素娘，后浦马团妻。年二十九守节。现年六十二。（乡耆老黄尚报）

黄氏面娘，西黄人，适上坑陈宗当。年二十二寡，守一子。家极贫，藉女工以事舅姑。现年五十。（生员黄梦庚述）

许氏贝娘，后湖人，适水头黄振德。年二十，夫殁，守节抚子成立。现年五十一。（王式善述）

黄氏西娘，山西乡李设妻。二十五守节，抚子成立。现年七十余。（以下李因报）

王氏花娘，山西乡李沙妻。年二十六守节。现年五十余。

郑氏茧娘，金门城郑贤女，适本乡辛物。年二十六守节，抚养二子成立。现年五十。（辛承烈述）

许氏识娘，山灶人，湖下乡杨限妻。年二十八寡守，抚养三子。现年五十九。（陈冕侯报）

李氏悦娘，古宁头乡业儒李密女，适官里乡许七雄。年二十七守节。现年五十二。（贡生许瑞瑛述）

黄氏醒娘，汶水头景侯女。十七，适后浦把总李启明。道光二十一年海氛之役，〈启明〉在厦港玉沙坡力战阵亡，得云骑尉世职。有传。氏年二十九守节。子尚昂，未袭职卒；女适闽县人外委陈国俊。氏现年六十一。（营员陈国俊述）

郑氏抱娘，后浦北门人，适南门许伯烟。年二十三守节。现

年五十一。（生员许邦翰述）

许氏莺娘，后浦西门人，适南门郭世论。年二十九守节。抚养一子。现年五十。（许嘉芬述）

王氏时娘，大地吴三吉妻。年二十七守节，事姑孝，训子成立。现年五十六。（以下训导郑纪南采）

周氏宜娘，后水头黄贻点妻。年二十七苦守。现年八十。

傅氏专英，后浦北门人，适同里施芸儒。芸儒覆舟没，氏年二十八，守节事姑。现年六十。（许吟侯述）

李氏疼娘，西山前人，适后山陈正。正久病，氏奉汤药罔懈。迨卒，氏年二十七。抚五月遗腹文韬，十六岁没于水，复养夫侄为子，家贫守节。现年六十二。

许氏庆娘，后湖许梯女，适山仔兜薛永炽。年二十六而寡。现年七十三。（生员洪作舟采）

张氏泮娘，青屿金凤女，适官澳李藕。年二十二守节。纺绩度日，谨守妇道。现年七十二。（生员陈作霖述）

杨氏良娘，官澳杨简女，适汶沙保黄超宰。年二十七守节，家贫。现年八十四，四代同堂。（房长黄温报）

吴氏昧娘，汶浦黄寮之妻。年二十归寮，逾三年而寡。氏矢志坚贞，抚伯氏次子良安为嗣。值家中落，饮冰茹蘖，事姑得其欢心。良安业儒，氏夜绩佐读。卒年七十余。咸丰九年，同邑解元黄维岳以阖邑节孝请旌，建立总坊，崇祀节孝祠，氏与焉。

## 烈　　妇

黄氏顺娘，汶水头人，何厝许文潜妻。文潜游漳，饩郡庠。及疾笃，嘱黄抚三岁孤，泣曰："即不起，决不后君一日死。"文潜卒，未殓，即自缢，年三十三。嘉靖三十年旌。

以下明

杨氏，官澳杨冲斗女。十四，归南安乡黄维祯。（府志编入南安县）以海氛，徙居永春。姑逝，事翁甚孝。室浅，而声不外闻。维祯病，邻妇代卜，云夫妻难两全，杨泣曰："果尔，愿以身代夫。"维祯竟殁，杨氏哀毁异常，每以筭筊卜于灵曰："三旬许我归乎？"翁微闻，嘱邻妪慰之。一日，翁出，整衣拜堂前，妪异之，曰："祝舅寿耳！欲少憩，翁归幸为言，午饭已备在案矣。"翁归，食毕，呼妇不应。邻妪入视，已缢丧帷中，年十有七。适大旱，绅士咸集祈雨，齐往观之，颜色如生。太常李凤岳子曾震为葬于太平里大道旁，石刻"节烈杨氏之墓"。天启六年，建坊。（府县志、《浯岛节烈传》）

陈氏，新垵人，林兜诸生吕润妻。嘉靖十一年，年二十，夫殁，哀毁绝粒。姑让之曰："汝欲以二丧累我耶？"乃就食。后母家有以年艾、家贫探其意者，愤告其姑曰："妇生而启人伺，不如死。"夫小祥前一夕，更衣饮毒，告于夫之灵曰："生同尔年，死同尔日。"家人灌解之，越三日卒。年二十三。（《通志》、府县志、《沧海纪遗》、《浯岛节烈传》合参）

许氏梅娘，后浦许代女，（卢牧洲作真才女）适榜林宋隐山子。夫得痼疾，奉之恬然。夫死，誓不二志，事姑孝谨。父母怜其少无子，逼使再适。临遣投海死。潮涨而尸不流，人异之。

许氏，烈屿林伯谦妻。隆庆二年伯谦卒，哭奠九旬毕，遂投井死。

陈氏，青屿凤岐妻。年十七于归。姑寝疾，与夫奉侍汤药，衣不解带。姑殁，夫哀毁疾笃，陈日减晨餐，吁天愿代。泣谓夫曰："倘不讳，当从逝。"夫卒，陈请夫兄凤表立子为嗣，并促治已死具，内外亲劝之不可回。越九日，自缢，计适张未逾年也。（以上《通志》、府县志）

周氏仲娘，浦头张绶妻。家贫，事姑孝。夫兄有遗孤，抚之如子。年二十三，夫殁。殓毕，自缢，见夫魂劝慰，家人救之苏。乃哭奠终日，复缢死冢傍。青草环生，不上坟堆者三载。

叶氏三娘，沙尾人，同乡张一睦妻。夫客死漳浦，丧归，将殉，父母遣其幼弟同起居以伺之。及大祥[1]，抚棺哭踊，忽有白鸡自空飞下，三娘曰："吾夫生属鸡，其魂招我乎?"遂自缢。时年二十三。复有黑猫踞床护其尸，殓毕，失所在。

陈氏酉娘，邑东界石崎人，举人震女，归金门田墩生员李起沧。事姑孝。起沧能文，攻苦得疾而殁，陈年二十七，哀毁绝粒。姑与母劝之，不从。延至卒哭[2]，自缢。

范氏引娘，金门所人，本所军余杨廷树妻。以贫故，未笄入杨门。久之，乃成婚。廷树亦贫，乃长范十六岁。范事之尽礼，奉姑孝。后廷树渔舟覆死，范年二十二。沿岸哭三日，出血，尸浮，负归葬之。自制殓服，嘱家人养姑，存夫祀。撤灵日，自缢死，与夫合葬。太文岩东镇金游击郭某为之请旌。

王氏六娘，东沙人。年十七，归水头陈台宜。夫经纪澎湖，虽岁数往返，计聚首者仅可两月。越二年，夫舟遇风，死于交趾。耗至，招魂奠恸屡绝。谓夫体寒，将燎荐其遗衣，舅姑不从，乃曰："某当自送耳。"迨撤灵三日，将缢，教夫弟善事二老，嘱母家殓事，勿伤舅姑财。及死，启其箧，则己衣与夫衣皆已牢结。遂并纳棺中。

李氏怨娘，山前人，十七都青屿张子异妻。子异贫儒，居斗室；李守礼，声不外闻。后子异觅馆南安，遘疾危笃，李泣然曰："夫未有子，脱不起，吾有与同日死耳。"及子异舆疾未至家卒，决计必殉。虑姑觉，乃从容为爨，呼家人食之曰："吾不复为若具食矣。"遂入房自缢。年甫十八。时一日二丧，不能备木，邻人捐资殓焉。

黄氏大娘，汶水人，知府伟元孙女，斗门陈安众妻。年二十三，夫客死高州。柩至，辞父母，将殉，父母戒之曰："死岂易事？勿轻言，恐为父母羞。"归，又与比邻妯娌诀。诸妇见大娘性朴拙，似不慧，容止绝不矜饰，私哂谓："是岂能殉节者!"迨

[1] 大祥，古代父母丧两周年的祭祀。

[2] 卒哭，旧时丧俗，即百日祭。

夫葬，请舅勿封以俟。届三旬招魂奠，诸亲毕集，陪侍如故。少顷，入房自经死。

刘氏细娘，刘澳辟坤女，斗门陈肇岗妻。舅振奇，事母以孝闻。由三考，任河南典史（府县志作经历），因河决淹没。家贫，勤女工，抚夫弟，养姑终始尽礼。后军兴筑城，肇岗役死，氏投缳再四，妯娌救苏之。因念夫在日多贷人财，遽自引决，使夫受逋负名，死有余憾，乃益纺绩针纫，铢积寸累。及三年，夙负尽酬，谓夫妹曰："今事毕矣！"至大祥日，自缢死，年三十七。

陈氏八娘，陈坑人，古坑董嘉遇妻。嘉遇少失怙恃，家极贫。娶三月，即鬻技省垣。陈年十七，父母怜之，促归宁。夫弟二人甚幼，竟携之往。居久恐取厌，复携之归。勤女工为食，鬻衣服，使二叔习负贩相佐。祭祀皆如礼。及夫随人入京，数岁无音耗，父母劝他适，曰："未尝相累，何苦相累耶？"又数岁，大饥，食草根及木皮，邻里又劝之，曰："吾惟不忍董氏数世鬼馁，故为是。不然，一死何难？"经十三载，嘉遇归，未一年卒。治丧毕，集族中长老，跪告曰："二叔幸长，先祀有赖。顾夫无嗣，请以遗地为祭田，后无侵混。"众韪之，定约而去，喜曰："吾今可以地下见夫矣。"次日，自经死。倚床而立，足不离地，面色如生。年三十一。

丘氏引娘，水头人。母某氏，家贫守节。引娘适金门所军谢玉，事舅姑至孝。夫叔老无子，事之如舅。日减餐持斋，祈舅姑及夫福寿。后玉被刑，引娘自缢，年二十五。

王氏英娘，后半山王三女，古坑董尾吉妻。贫不能娶，以兵警，乃迎归。经年合卺。奉姑、处妯娌，孝而和。后尾吉以贫从军北征，溺死。王梦夫归，遍体冰冷，惊问之，曰："余自水中来。"知凶兆，时暗泣。偶往母家，即与妹诀。及得夫死实耗，恸曰："已矣！"遂自经。时年二十四。葬于湖山之阳，四山晴霁，而墓所常有阴云，竟日不散。

徐氏赛娘，邑东界东埔人。年十七，归金门黄厝乡黄美（《通志》、康熙《县志》作尾）。美庶生子，貌极寝。徐入门，事嫡庶二姑，爱敬备至。夫病久，奉侍不懈。夫殁，欲殉葬，自投穴中，家人力挽之出。居半岁，父母将夺其志，遣婢命归，叱去之，死意益决。后于七月七日徐生日，旦起沐浴、治衣裳，以红帕自缢。两手端束，面色如生，年十八。

许氏端娘，后浦许尧友女，西洪诸生洪伯大妻。归数年，未有子，劝夫纳妾。伯大娶陈氏，生二子，爱如己出。正德十五年，伯大疾革，水浆不入口数日。及卒，视含殓毕，收其遗书，付陈曰："吾哀中恐有遗忘，汝慎藏之，好护幼儿。"潜入卧内，缢死。年三十二。

许氏莲娘，后浦人，尧友胞兄尧咨女，适阳翟陈汝光。嘉靖间，徙居浦边。贼劫其家，将掠之登舟，抱树哭骂，为贼所杀。有司表其门。

许氏靖娘（《府志》作静娘），后浦人尧命女，适西黄黄贞。嘉靖间，贞为吏，死县城中。柩回，即缢以殉。

赵氏，浦边人，汶水黄士观妻，诸生文显女。年二十，夫客死诏安。讣至，绝水浆七日。值夫生辰，从容处分后事，自缢。嘉靖四十一年事。

陈氏，后浦许复晋妻。万历元年，夫府试溺死。讣闻，遂自缢。族人为葬于始祖墓左，立碑识。今碑堙。

许氏九娘，后浦人，山后王廷岳妻。万历二十九年，夫殁，有孤四岁，痛欲绝，寡母、寡姑相与慰藉之。比小祥[①]，孤痘殇，恸曰："吾鞠儿无状，何面目谢吾夫耶?"日抚柩哭，勉襄葬事。延至大祥，绐其母曰："吾甚病，去此里许有灵神，请祷之。"母去未逾刻，已缢死矣。年二十九。

吕氏，（《通志》、《县志》作吴氏）西仓人，后浦许子辉妻。万历二十九年，夫殁，襄葬禫阕，饮药死。年二十六。

张氏七娘，青屿人，后浦许致允妻。万历四十年，夫殁。卒哭，自经死，年二十一。

① 小祥，指父母死后周年的祭名。

戴氏一娘，李厝庠生宗茂女，新垵诸生陈耀奎妻。事王舅姑及舅姑皆孝。万历四十年，时年二十六，夫殁，痛垂绝。姑慰之，且曰："吾独子无嗣，闻妇哭声，肠益断。"乃吞声掩泣，目为之翳。及大祥，私制殓服，时向王姑言曰："刃死肤伤，药死肠秽，孙妇愿以缢死，且必浴而更衣，不使经他人手。"王姑骇之，则曰："戏耳!"及禫[1]制毕，死如其言。

何氏三娘，山头何秩宗女，归耀奎再从兄弟陈以恕。成婚后，夫多病，隔居，少得见。年二十，夫殁，潜取夫殓余帛藏之。是冬，濒海有警，避于母家。及小祥，警退而归。将葬，自制殓衣，以藏帛自缢，遂同穴焉。

蔡氏二娘，山兜蔡云崖女，山后王廷椿妻。廷椿业儒，试不售，郁疾而殁。蔡与母诀曰："儿负母恩矣!"出簪珥衣巾，付其姑。殓夫毕，哭尽哀，遂自缢，年二十五。万历间事也。

许氏酉娘，后浦许子备女。年十七，适西仓吕登三。业儒而贫，许以女工助之。衣食不给，宴如。崇祯十五年，夫三试不售，发愤得病殁。殓毕，葬，命工营两穴。将殉，不从，以手爬地，指皆出血，妯娌拥之归。缢，救之，曰："无庸也，活一刻多痛一刻耳!"或曰："如舅姑何?"曰："有夫兄及嫂在。"越三日，复缢，距夫死四日耳。年二十一。

许氏七官，后浦若文女。年十七，适水头陈元登。年二十二，夫殁，遗一孤。屡仰药将死，姑救之，且责以抚孤。越三月，孤痘殇，哭曰："无复望矣!"键户仰药，救之苏。后数日，姑偶出，即沐浴更衣自缢。

许氏良娘，后浦许敬女，汶水黄鼎在妻。年十九，夫从戎守城，城陷死焉。许哀痛矢殉，或以突围他投宽之，乃祝天，日惟一餐以俟耗。尝一至母家，劝以他适，不应。归，遂与母绝。既经年，终无音耗，竟自缢死。

洪氏和娘，烈屿青崎人，后浦许元妻。年十九于归，善事寡

① 禫，除丧服之祭。

姑。甫半载，元从戎东征，为偏裨记室，客死。讣至，适归宁，泣与父母诀。归见姑，将死，姑以夫讣未真慰之。既得确耗，恸屡绝。顾姑防甚密，则强为笑语以懈之，日对灵几低声细祝，夜则自治殓服。一日，姑往园中，遂乘间沐浴，服新衣，袭以夫遗衣，袭不尽者，束而负之背，示欲殓殉意。以罗巾自缢，面色如生。年二十。卢若腾为作《殉衣篇》，挽之曰："妾为君家数月妇，君轻别妾出门走。从军远涉大海东，向妾叮咛代将母。妾事姑嫜如事君，操作承欢毫不苟。惊闻海东水土恶，征人疾殁十而九。犹望遥传事未真，岂意君讣播人口。茫茫白浪指天浮，谁为负骨归丘首？君骨不归君衣存，揽衣招魂君知否？妾惟一死堪报君，那能随姑长织罶。死怨君骨不同埋，死愿君衣永相守。骨可灰兮怨不灰，衣可朽兮愿不朽。妾怨妾愿只如此，节烈声名妾何有？"

陈氏大娘，峰上人，贤聚村卢真赐妻。事舅姑孝。年二十三，夫殁。遗腹越二月生男，逾年复殁，痛曰："向为夫三世一脉，故未即死，今何以生为？"自经。夫从弟若腾，为之立嗣。

李氏锦娘，金门所军人开光女，本所军余林继贤妻。继贤早失怙恃，开光抚成之。年十六成婚，事夫至敬。后继贤充戎幕，卒福州。柩至，绝粒，父劝之，曰："不敢为父母辱，故如此。"卒哭，沐浴更衣，拜辞父母、亲邻，从容入房自缢。扶尸坐堂上，面色如生。年二十四。时阁部曾樱寓城内，所官白其状，匾题"两仪正气"表之。（以上《通志》、府县志、《浯岛节烈传》合参）

黄氏孕娘，西黄人，青屿张县妻。生一女、二子。夫性荡，有石井郑某者，巨族中之悍也，寓居官澳，日诱无赖子博，县与焉。黄屡戒之，弗听。果罹其害，拘系榜掠，迫令赂赎。黄念贫，无以应，潜袖刃往，跪请甚哀，郑怒益甚。乃大呼曰："吾不死，夫不生。"自刎四刃而绝，时年二十八。郑遂抵法。

翁氏，某帅婢也（《浯岛节烈传》作总兵余新婢），侨居后浦，村民欧妹娶焉。后妹与翁从帅至吴淞，以违令见法，藁葬焉。翁日夜饮泣，帅将为改配，不从。及帅家属南返，舟不泊岸，翁望见夫墓，哭曰："本期负骨归葬，今不能矣。"遂投海死。年二十三。

陈氏懿娘，青屿王忠妻。从戎阵亡，讣至，自缢死。（以上府县志、《浯岛节烈传》合参）

李氏聚娘，贤聚村卢长卿妻。容止端丽，娴于大义。明季岛变，寇至，长卿挈家避之，李曰："追骑已逼，余义不受辱，宁效死君前以明妾志，勿以妾故累君。"急赴海，未及溺，贼距岸上以长戟钩其袂。李大骂，贼夺袂，袂绝，遂沉而死。长卿携二子获免。乱平归里，作诗悼之，其词曰："不期故岛作丘墟，窜兔穷猿并失居。我欲避秦全素璞，君能赴海美彤书。鹿车共挽形同瘁，鱼腹空藏影已虚。怅望海山无尽处，惊魂渺渺到吾庐！"后二子俱好学，长曰贤，康熙三十六年岁贡；次曰应辰，台湾邑庠生。（《县志》、家谱）

吴氏，诸生王式妻。嘉靖三十八年，避倭大嶝寨中。寨陷被执，骂贼不绝口。贼将杀之，有告其为大家妻，可挟以索赎者，乃令老妪扶之行。适见道旁有深泉数十丈，遂投而死。后人名其泉曰"义泉"。

洪氏四娘，蔡士训妻。嘉靖三十八年避贼大登屿中，遇贼，迫之行，顿坐于地，以瓦石击贼，厉声哭骂。贼怒，杀一婢以恐之，不动，又杀其女及二稚子，哭骂愈甚。贼刺之中胸，洞膈无血，贼怪骇而去。时同避贼者伏翳莽中，共怜之，为埋浅沙中。四十九日，贼退，士训发殓如生，人咸叹异。（《通志》、府县志）

许氏，大嶝人，张廷谐妻。九月而孤，母龚育之。廷谐赘，三月而没。许归殓，绝粒哭奠如礼。或以母寡无子劝之共守，母亦泣谕之，应曰："既为张家妇，此身非母有也。"越数月，雉经灵前，足不离地，颜色如笑。年甫十五。（《通志》、府县志）

王氏招娘，诏安五都人，嫁同里高对。（按《县志》，昭娘遗其姓，王对妻。兹据《留庵集》补之。）对弱冠从戎，明季携妇僦居金门。已而对溺死北茄洋，讣闻，以死自誓。或劝之曰：

“若娠五月矣，为而夫血食计，盍俟诸?”昭娘泣曰：“即产，男女不可知，且吾一拙妇人耳，内外伶仃，飘泊异乡，藉手以抚呱呱者安在乎？异日者毁节以存孤，孰与蚤自引决之为无憾也。”周七日，追荐亡夫并舅姑，以旧衣余物分遗邻妇，从容缢死。寓岛诸客醵金葬之，复立碑墓侧，卢若腾撰记。（《留庵文集》）

陈氏，后浦许世谦妻。万历间，世谦溺死，陈绝粒矢殉，家人严为护，佯稍食。卒哭，日梳洗戴花，谈笑自若，妯娌意其无他。守稍懈，遂投缳死。（家谱）

陈氏宇娘，一作居娘，南京人（一作莆田人），台湾郑经管事国贤女。幼许后浦许奎。奎染病，母老家贫，氏闻知，私谓父母曰：“子病母老，势难久存。夫之不幸，奴之命也。愿侍汤药，尽妇道。”父母重违其意，延婿入赘。时奎病甚，氏日夜与其母奉侍，衣不带解。甫三月，奎没，撤灵自缢，祔葬于奎墓侧。（家谱）

黄氏招娘，潮州南阳人。幼被掳入台湾，鬻为许元洛媵妾。（《通志》、康熙《县志》作许彭）端重，寡言笑。康熙十九年，两岛肃清，元洛挈眷回浦。家余四壁，婢仆咸畔去，事无大小，独肩其役。或以去讽者，则曰：“去固必事人也，今已得所事而有子矣，复忍为禽兽行耶!”一日，往妈宫旁园采薯，遇悍兵张考，欲于僻处污之。不从，殴之，黄大骂。考恚，用布裹沙塞其口，犹忿詈曰：“死必夺若魄。”至喉气将绝，有樵童奔告元洛。舁归，乃喃喃言状。官闻，拘考，弗服，黄犹转睛面斥之。越三日而死，考论正法。康熙四十三年建坊，祀节烈祠。（《通志》、府县志）

许氏初娘，后浦文衡女。美姿容，年十八，适阳翟陈京。京贫，顺治十二年从军去。初娘归宁其父，父留焉。秋，大兵复晋江，安平诸豪携家止后浦，夺民庐居之。文衡宅分前后院，前院为郑泰家奴所据。郑泰者，伪遵义侯郑鸣骏兄，尤横暴，奴又泰心腹用事。初娘恐遭侮，启文衡，扃其门，于屋后开户出入。一日，奴窥初娘美，以告泰子缵绪。缵绪故无赖，大悦，遣女奴致金珠，通殷勤。初娘拒之，缵绪度不可利诱，谋于奴，夜逾墙直抵其寝。初娘闻声唤父，大呼有贼，邻人皆缊火至，缵绪惧而逸。旦日，命仆毁垣裂笥报泰，言室亡金，访盗由文衡引。旋拘文衡，拷掠陷狱。缵绪遣人讽初娘曰："若顺我，父命可活；不则，并逮若。"初娘叱之，缵绪恚甚，绐母吕氏拘初娘至，初娘指吕骂曰："尔子盗人妻不得，反诬人盗，真盗不若也。"吕怒以白泰，命诸恶奴丛击之。初娘流血被体，厉声曰："郑助！尔家横暴如此，我死当为厉鬼，灭汝门。"助，泰小名也。泰益怒，踢之立死，尸无完肤。惧人见，出棺衾殓而瘗之。越数日，口语藉藉，泰始知缵绪谋命，释文衡。已而京归，控于官，邻里畏泰，莫敢言。京坐诬，得重谴。寻吕见初娘来索命，暴卒。越二年，泰自缢死，缵绪烂喉死。（《续闽书》）

卢氏惜娘，卢言女，后浦蔡亚奇妻。（《府志》作蔡奇亚）年二十一，夫殁。殓葬毕，更衣自缢，与其嫁时同日月。（府县志）

郑氏居娘，十七都东萧人，后湖许元奎妻。未婚时，元奎病，母老家贫。郑私告父母曰："子病母老，势难久存，夫之不幸，我之命也。愿侍汤药，尽妇道。"父母重违其志，延婿赘于家，其形神已疲。成礼后，同归于许。匝两月，夫亡。卒哭，归视夫母，遂自缢而死。（已载《县志》）据其家开报，庶吉士许炎所撰传，事迹皆同。惟郑作陈，乃莆田人，父某为伪郑镇官，与此迥异。

许氏，后浦南门人，适倪固根。根死十二日，即自缢以殉。县丞李大锷亲往吊奠，以"节茂松筠"匾额旌其庐。（增生林章梗采）

以下续修

戴氏爽娘，平林蔡善才之妾也。十九岁，生一女。才以事赴省多年，归数月而病。氏奉侍汤药，不离左右。夫病笃，寝餐俱废，微露殉夫之意。嫡妻窥其意，劝之曰："我家素丰，何必死。"氏默然。迨夫气息奄奄，举家哭视，氏阖扉自经，年二十七。时才忽苏，嫡妻以实告，仰而笑曰："生同室，死同穴，夫

妇之谊尽矣!”瞑然亦逝。嘉庆己卯年五月三十日事。同治元年,经彰懿局报旌。(廪生林资熙采)

王氏片娘,东沙人,官里乡许三台妻。三台有恶疾,辗转床笫者六年。氏奉侍惟谨,疾竟不瘳。三台乘氏不在傍,自投井死。尸既捞出,坐卧于傍,奉之如生,绝不哭泣,家人窃疑之。氏为夫营葬事、作功果毕,乃沐浴更衣,密缝衣履,投井以殉。道光戊戌年间事。(《诵清堂文集》)

王氏劝娘,后浦人,彭兆雄妻。乾隆己酉年六月十九日,兆雄卒。越七日,氏投缳以殉,与兆雄合葬于古丘。(云骑尉彭连登述)

张氏,下坑陈国丽妻。国丽卒,氏更衣自缢以殉。(生员陈作霖述)

李氏香娘,古宁人,适山外陈尘。婚才二月,尘贩吕宋。寻卒,氏闻信,自缢以殉,年二十一。同治庚午三月初一日事。(生员陈作霖述)

许氏贱娘,董林乡许清油女,适山仔兜薛真万。夫殁于外,讣至,自尽以殉。年二十四。(生员洪作舟采)

薛氏金闺娘,珠山乡薛允中女,前署金门镇薛师仪胞妹。幼习诗书,适李洋乡训导郑纪南。同治十一年,纪南病,日夜奉汤药,衣带不解于身,粒米不入于口。纪南殁,遂服洋药自殒以殉。夫妻一时并逝,乡绅为之感泣。县丞郭炳章录报在案。(生员许春时述)

洪氏妹娘,后浦人,珠山乡薛梦麟妻。梦麟在嘈叻病故,闻讣,绝粒数日不死。旋自缢,年三十五。(廪生洪作舟述)

## 贞　女

蔡氏升娘,君腊女,阳翟陈其蓁未婚妻。其蓁卒,欲自裁,家人救止。一夕,防稍懈,乃悬梁,绳断折胫,死而复苏。闻兰花根有毒,密煎服之,折处溃烂,脱落成残疾,然终不死。喟然曰："吾屡求死不得，是欲我为夫立后也。"乃以夫兄次子承嗣。夫家故贫，不能迎归，蔡独处一室教授，女工自给。俭积余资，置地二亩，屋三间，为儿娶妇。邻里闻其事于官，分县陆表其闾。年六十卒。（《通志》、府县志）

以下国朝

吕氏肃娘，后浦许观佑未婚妻。年二十，许殁，吕往其家，继立夫侄为嗣。穷苦终身，卒年五十八。（《县志》）

傅氏云英，后浦北门人，童生培若女，许字平林蔡玉立。蔡读书患呕血死。女闻讣，绝粒数日，母强之食，勉进水浆，以慰慈怀。有议婚者，女闻知，泣谓母曰："儿命如此，愿守志终身以事母。"旋以病死。其嫡母蔡氏草娘，亦早寡，淑德贤声，乡里称之。现年四十八。（增生林章梗采）

## 烈　女

陈氏大娘，阳翟人，诸生开春女，移居邑之北门。幼通《女诫》及《烈女传》。许聘林兜吕仲熙，住邑城库内巷。万历三十八年，仲熙殁，素服白舄，号哭跪母，请奔丧。母以父外出难之。适吕家婢馈奠余，遂约其姑来，夕与俱往，夜寝柩侧，家人常闻二人语声。已乃卖簪珥举奠。腊月朔，令人竖台中庭，梳沐结束，遍拜舅姑父母，纳婚帖袖中，自缢。有司、绅士多往拜之。经二日，面犹如生。知县李青岱为上状请旌，按察司以架台炫缢，情近好名。卢若腾谓："登台毕命，色笑从容，且不知死之为死，又安知死之为名乎？亦太刻矣。"

以下明

谢氏爱娘，东山外人，武举锡卿女，许聘水头陈五美。年十五，父老，哀痛几绝。天启元年，五美殁。其夕，爱娘恍见一男子入门，忽灭。明日讣至，欲自经，母止之，且曰："果将死，宜死于陈。"遂请归陈。兄元皑亦谓之曰："能死甚善，恐或变志，为人所笑耳。"爱娘决意往，使乘肩舆，曰："非其时也。"

徒步入门，吉服拜舅姑。越三日，衰服哭灵前，日惟食荐灵饭少许。姑宽慰之曰："伯氏有二子，幸抚侄为吾儿后。"更数日，次侄痘殇，爱娘偕婢往夫坟，大恸还，求死益急，家人严防之。一日，潜缢于楼，绳断唇裂，引刃自刎，佯语姑曰："毁形完节，愿事终身耳。"后舅姑出视田务，遂复缢卒，乃夫丧撤灵之日也。时年甫十八。里闬以鼓吹迎柩，附葬夫坟。绅士刘廷宪为之报县请旌。先是爱娘叔应仁娶林大娘，应仁死，林以祥日自经。爱娘弟元晓，娶新头陈初娘，元晓死，陈亦以祥日自经。又爱娘姑吉娘，适龟山兜生员薛鴗经，年二十余寡，至六十七岁终。盖一门一节三烈云。（以上《通志》、府县志、《浯岛节烈传》合参）

王氏五娘，东沙人，后浦许世钟未婚妻。天启三年，择日将婚，世钟远出，届期未归，舅姑谓曰："吉乃迎媳妇归以待。"越三日，讣闻，世钟先二月逝矣。五娘遂妇服拜舅姑，旋入房自缢。年十九。家人俟其柩归，合葬之。（《通志》、府县志）

黄氏易娘，金门城人，王凤妻。凤病故，闻讣大恸，即欲往殉。父母不许，乃绝粒七日而死，颜色如生。绅士以礼葬焉。年十八。（《县志》）

以下国朝

洪氏汝敬，小名许娘。七岁时，许字总兵林黄彩子诸生世芳为妻。未婚，世芳殁。讣至，洪誓死以殉，勺饮不入口。母劝慰之，对曰："男子死孝，女子死义，林郎死，儿岂独生？"遂坚饿五日而殁。洪自幼聪慧，其祖和长，凤山增生，有诗名。遂学诗，工吟咏。然常自匿，并不存稿。及卒，于香奁衣笥中拾得数章，皆清丽可诵，如《玩月》云："月色清如许，空庭彻骨寒。唯余丛桂影，霜里斗婵娟。"《咏红梅》云："绛雪应同艳，清香不怕寒。潭如红粉女，无语倚阑干。"《春闺》云："迟迟春日上湘帘，宝鸭心香手自添。闲向碧纱窗里坐，呢喃双燕语红檐。"俱饶有风致。将逝前一夕，命画工图其貌，作《寒梅白石图》，冰雪满庭，缟衣独立于梅林之下。次夕夜将半，有鸟飞鸣屋上，家人异之，女曰："当是郎魂幻化，邀予往也，行矣。"口占一绝曰："已是姑延几日生，亲恩顾我未忘情。乌声啼断三更月，望失台山泪满城。"以林聘凤钗为殉。平日刺绣女红，悉以分诸戚属，从所嘱也。邑缙绅挽以诗歌，父监生德谦编而梓之。（按：洪氏，《县志》未载何处人，因《艺文志》有《送祖姑归金门》诗，姑载以待考。）

许氏妙娘，后浦许晏女，许字水头黄乔。乔养子，以不睦于弟见逐。妙娘舆至黄家，愿为夫立嗣以守，舅姑不从，幽之别室。遂密缝其下衣，自缢而死。分县往礼奠，经七日，颜色如生。室有香气。生员林文湘为之传。嘉庆年间事也。（万鼐羹述）

许氏族娘，后湖许柑女，适东沙王实。年二十七而寡，抚养一男一女，俱成立。卒年七十有三。（生员许春时、廪生许耀焜述）

## 贤　媛

许氏，后崎人，归小嶝丘葵。葵高尚不仕，氏与葵同志。元遣御史及达鲁花赤赍币来聘，葵既却聘，入告氏，氏曰："今帝统既异，官之何荣？与其累茵列鼎而奉，孰若淡蔬菽水而欢。居家课儿弄孙，可以明志。"遂偕隐以老。（《周礼补亡序》）

以上宋

李氏佑姐，斗门人，适官澳渔人蔡公受。家贫，勤俭佐之。事舅姑极孝，姑病，祝天割股调羹以进，遂愈。崇祯十四年，巡按李嗣京表曰"淑媛懿行"。（府县志及卢若腾《孝妇传》）

以下明

张氏文英，青屿人，进士凤征女。凤征家贫，无儋石[①]储。登第数月，未授官，卒于京。文英方及笄，弟继桂甫四龄，而母氏又卒。姊弟二人相依为命，遂誓死不嫁，以女红易饔飧，养弟长成。又课弟力学，尝中宵篝火纺绩，弟读书，相对泣下。年三

① 儋石，即担石。

十而卒，时继桂已将冠矣。后于万历间成进士，服官有声。邑人不多继桂之学，而多文英之功。（《县志》）

蔡氏，晋江蔡忠烈道宪之女，归贤聚村尚书卢若腾子饶研。通书史，能诗，书法秀媚。洊经兵火，遗稿无传。（《戏余草》）

# 金门志卷之十四

## 艺文志

文艺，末也，而掌故征焉。自钓矶丘氏以《周礼》一书见重当世，洎明至今，名流代出，著书满家。其子孙恒谨守家学，不至废坠者，士多土著，非若厦门之散处也。兹编于各部书目外，自奏议以至诗序，网罗散失，巨细靡遗。其散见于各门类中者，不复赘。志《艺文》。

### 著述书目

**《周礼全书》** 一作《周礼补亡》，六卷。《府志》作《周礼定本》，三卷。宋丘葵撰。自序称各官杂出于五官之中，原未尝缺。说本临川俞氏庭桧《复古篇》，东嘉王氏次默《周官补遗》，葵重加考订，以成是书。脱稿于泰定甲子岁之冬，时八十有一矣。

**《易解疑》、《诗直讲》、《书口义》、《声音既济图》、《春秋通义》、《礼记解》、《四书日讲》、《经世》、《钓矶诗集》** 宋丘葵撰。原书久轶。

**《沧海纪遗》十卷** 明洪受撰。是书成于隆庆戊辰五月。分为十纪：曰山川，曰建置，曰人材，曰风俗，曰宾祀，曰本业，曰物产、曰灾变，曰词翰，曰杂纪，而以图列于后。厥后，贡生黄锵又纪明末《科目》以补之。

**《山房学步诗集》四卷** 明陈廷佐撰。蔡复一序谓："仰台称诗，在六秩以后，年老弥笃。"又谓："其诗气和而调峭，采结而音流。"其为名流所倾倒如此。

**《治壁瑟言》**　明张日益撰。日益官灵壁令，坐治赋不中格，左迁。此盖其令壁时作也。蔡复一序称："其为政仅一年，抚流移，宽逋赋，拮据河工，役不知厉。及去官，民为去思碑，以志其德云。"

**《督黔疏草》八卷**　明蔡复一撰。皆复一经略云贵，治兵苗疆时所作也。漳州王志道序称："鬼方箐密，画若井里；苗酋情状，照若燃犀。进止缓急，环若气候，精切若敬舆而谢其俳，千里面设若房魏公而羸其断。"殆非虚誉焉。

**《遁庵全集》十八卷，《毛诗评》一卷**　明蔡复一撰。先生没后，其弟仁夫、婿林观曾尝搜而梓之。先生经济学术，为一时巨擘，原不藉诗文以传。其诗出入于竟陵一派，谭友夏尝为之序，亟推许之至，自居弟子之列。

**《雪诗编》**　明蔡复一辑。自序谓："是编所取，皆古人之言雪者。携此而归，清风佳月，坐松梅下，寒色照人，吾乡乃亦有雪矣云云。"盖复一历官数省，操守极清，是编殆以自况耳。

**《楚愆录》十卷，《楚愆摘录》一卷**　明蔡复一撰。皆复一官楚时奏记、条教等作。自序谓："尚有《弭变》、《筹边》二录，今已末由见。"其《摘录》一卷，则复一再起后，摘其言楚而可通于非楚者。

**《爨余骈语》五卷，《续骈语》二卷**　明蔡复一撰。皆复一宦楚、宦滇时酬答之作。朱竹垞《静志居诗话》称先生四六不屑犹人，而诗则染钟谭一派。今原稿犹存。竹垞之言，洵不谬也。

**《遁庵诗集》十卷**　明蔡复一撰。池显方序，称其诗渊远雄浑，触事不露，感时不伤。其一往深情处，读者如听唱"大江东去"兼"晓风残月"之致。其用意厚，故发音亦厚，而本之自然之致云云。盖先生天分高迈，故虽近于竟陵而不为所囿也。

**《百一斋稿》、《明伦宝鉴》、《水经注抄》、《艺林标准》**　明蔡守愚撰。

**《清白堂稿》十七卷，《笔记》二卷，《仕学潜学讲义》**　明蔡献臣撰。

**《四书合单讲义》** 明蔡献臣撰。池显方序谓:“先生以讲义之坏,坏于制义。因取古解,参以己意,既绎其微言而单阐之,复融其大义而合贯之,务在尊朱。大抵多本于其师杨贞复《四书眼》之说。”

**《同安县志》十卷** 明蔡献臣纂。是书成于万历间。时巡按陆某议修《八闽通志》,取材属邑,同安县令李春开以币属献臣即旧志重修之。分十卷,为目十有七[八]:曰舆地,曰规制,曰水利,曰官守,曰防圉,曰典礼,曰赋役,曰物产,曰风俗,曰官师,曰人物,曰广善,曰祥异,曰丛祠,曰释道,曰宅墓,曰盗贼,曰征文。佐之者,则邑文学林燧卿、苏庸譂、蔡大腾也。

**《榕斋射法诗稿》** 明邵应魁撰。原书已轶。应魁以武进士,官至参将,为俞大猷所知。其将才与诗才,亦大猷之亚也。

**《南洲诗文集》** 明许廷用撰。其书久轶。编目见于卢牧洲《留庵文集》所撰序。

**《台阁文宪选粹》、《文选崇正编》、《文选采奇编》** 明蒋孟育辑。原书久轶。

**《沧南集》** 明许开撰。

**《海眼存集》** 明黄伟撰。

**《易经管窥》、《四书大略》** 明张应星撰。

**《莲山集》、《老来吟》、《学庸解语抄》** 明陈如松撰。

**《四书合喙鸣》十九卷,《易解》十卷,《丛青轩诗文集》六卷,《丛青轩小题秘旨》六卷,《九九草》四卷,《存笥稿》四卷** 明许獬撰。诗文集已刊版,余皆藏稿于家。獬以时文名于时。卒时年仅三十余,故成就只此,殊可惜也。

**《恢斋近草》** 明蔡甘撰。其母舅池显方序,称其下笔有“微云疏雨,晓风残月”之致。

**《干云斋诗初集》** 明蔡谦光撰。谦光为体国光禄之长子,池显方之甥。显方序称:“光禄为诗明净简远,谦光变为娟秀高华而出之自然云。”

**《留庵文集》十八卷，《岛噫诗》一卷**　明卢若腾撰。旧题十八卷，里人林树梅搜得十五卷，末三卷久轶，尚存篇目。其遗诗一百四首，笔力清劲，迥非雕刻者所能。树梅得自同安童宗莹，为校而刊之。

**《方舆互考》四十卷**　明卢若腾撰。自序称四十卷，林树梅《啸云文钞》乃云三十六卷，补遗一卷。盖屡遭兵燹，残阙久矣。

**《与耕堂值笔》七卷**　明卢若腾撰。自天文、地理以逮一名一物，宏通博雅，巨细靡遗。品藻古人，无不曲当。方之《容斋三笔》、《日知录》等书，诚不多让。

**《浯洲节烈传》**　明卢若腾撰。皆叙次节孝贞烈，而各系论断，为《通志》、府县志所取材。其持论尤为不苟。

**《与耕堂印拟岛上闲居①偶寄》**　明卢若腾撰。若腾湛深六书之学，尤工篆隶。自序谓："兵燹之际，诸书悉烬，独印章小箧负之而走。"可以想其结习所在矣。

**《岛居随录》二卷**　明卢若腾撰。书分十门：曰物生，曰物交，曰生化，曰应求，曰制伏，曰反殊，曰偏持，曰物宜，曰瑰异，曰比类。征引博洽，皆格物之作。林树梅得自吴学元及其族人卢逢时，为之刊行。

**《许而鉴诗集》**

**《卢君常诗集》**　若腾族弟。

**《蔡诤虎诗集》**

**《骆亦至诗集》、《岛史》**　《异人集》云："亦至出其贯籍，居厦门半山寺。"考《留庵文集》，亦至，盖金门人也。

以上四家，原集已轶，谨存书目于卢若腾《留庵文集》中，有序可考。而鉴尝毁家募士，与若腾谋举义师，其余伏处孤岛以终。若腾序均称为志节之士，又当诗以人重矣。

**《易经管见》、《岛上纪事》**　明杨期演撰。

**《浩然小草》**　明杨秉机撰。秉机，斯演子，尝北上天津，

---

① 闲居，原作"间清"，据卷十本传校改。民国《金门县志》则作"闲情"。

览寰内名胜。其诗境颇壮浪。

**《戏余草》、《方舆互考补遗》**　国朝卢勖吾撰。勖吾，为若腾之孙。读书不学制义，以灌园自给。诗亦能不愧家学。

**《瑶洲文集》、《宁我草堂诗抄》、《齐河县志》、《茌平县志》、《普陀山志》**　国朝许炎撰。炎自少能诗，有《鳌峰近咏》之刻，蔡文勤公序，亟称之。后以庶常左迁，遂放浪山水以终。其诗格，亦平正通达。

**《同江集》十二卷**　国朝张对墀撰。集已刊行。

**《历代名吏录》四卷，《春秋四传管窥》三十二卷，《天下要书》十八卷**　国朝张星徽撰。

**《匏野初、二集》，《贤赏堂文集》，《明八大家十二名家文选》**　国朝张汝瑚撰。

**《酴醿山房诗文集》**　国朝林文湘撰。初号《铁岩诗抄》，晚更今名。文湘诗学韩、杜，尤工骈体文，一时老名宿，无能出其右者。

**《胥鹤巢诗集》**　国朝胥贞咸撰。贞咸以将家子，折节读书，其诗亦琅然可诵。

**《爱吾庐文钞》三卷，《笔记》二卷，《古今文字通释》三十四卷**　国朝吕世宜撰。世宜以善隶书知名，而文格在王半山之间。笔记议论，虽不尽醇，而发明经义处亦多。二书已刊，《通释》藏于其徒林维让家，尚未刊行。

**《竹畦诗文抄》十卷，《浯洲见闻录》四卷，《宫闺诗话》四卷，《竹畦笔尘》四卷**　国朝林焜熿撰。尝问业于巡道周凯，分修《厦门志》，出其手者居多。其文皆得力于凯与玉屏山长高澍然，亦具有矩矱。

**《啸云文钞》十二卷，《诗抄》八卷，《啸云铁笔》、《文章宝筏》、《啸云日记》、《诗文续抄》**　国朝林树梅撰。树梅为光泽高澍然弟子，所为文，笔意严洁，切于时务。诗亦卓然名家。诗文俱已刊行。

**《诵清堂文集》二十卷，《诗集》十卷，《别集》六卷，《东溟**

**记事》二卷，《淡水厅志》十六卷，《海东随笔》四卷，《可炬录》四卷**　国朝林豪撰。

**《清风集》八卷，《文石书院课艺》二卷，《潜园诗选》四卷，《诵清堂古文选》十六卷，《诵清堂诗选》十卷**　国朝林豪辑。

# 奏　议

## 巡简不宜居县坊议

明　洪受

夫浯洲三都，巡司有四，祖宗之制可谓密矣。使四司各举其职，百兵各守其司，地方不亦有赖乎？

陵迟至今，几于尽废者，其亦有由也。盖弓兵额编，多为南、永山居之人，见波涛之汹涌，则胆落神沮，势不得不出值于官。为巡简者，利其值之足以肥己也，非惟不责以应役，实乐其卖放而去也。此司之所以至于无兵。夫渡海之苦，不惟弓兵难之，虽巡简亦自难之。且弓兵既卖放而尽，巡简不惟无事，而且有孤危之患。于是相率县居，习以为常。此司之所以至于无官。为上司者，见官之在县，司之无兵，以为虚名之徒存，不若充饷之为实用也，故举而尽废之。然而非祖宗设官为民之意矣！

今欲驱官而复之，司非有兵不可也。欲仍旧而役山居之民，则其弊必犹夫故也。然则如之何而可哉？盖天下之法，不能无弊，惟利多害少而不失乎祖宗之意者，斯可以行矣。往者丁未、戊申之议，追银入库，以募土著之夫。当时民以得财为利，而喜于雇募，缓急之际自相警备。其间虽有豪强之包揽，或一人而三四名，然巡简无卖放之非，犹得正言而诘之，彼未尝敢无人以应也。此则不患于无兵矣。但巡简未肯安处于本司，故兵不时阅，而亦为苟且之政也。今惟举其法而行之，而巡简不住司者，必加以罪，则自无不济矣。

## 乡贤崇祀议

古所谓乡先生者，其没也，则祭于社。故庚桑子居畏垒，畏垒之人尸而祀之。无他故也，彼其道德之在乡社，不以物而灭，则人之仪型其道德者自不远于道德，以此而尸祭之也。后世专祀于学宫，则乡社之人，不无远于尸祀仪型之叹也。逸叟先生之道德，虽云列祀于学宫，然风波之阻，子孙且有不得以与祭者，而况于乡之人乎？诚设浯洲书院而崇祀于其中，则一洲乡社之人士，见仪型之在目，而当祭之时，亦将翕然于俎豆之间矣。其感发而兴起者，当何如也！

# 序

## 浯洲节烈传序

明　卢若腾

妇人以节烈著，非家之福也，而不可谓非世道之幸。盖五伦之所以不毁者，其道视诸。此非独妇人事也。

浯洲，弹丸岛耳，而石坚土厚，屹峙大壑之中。其人性惇而不懦，神王而不僄，士多光明俊伟之概，次亦勉以廉隅自饬，以至妇人、女子守贞从一、视死如归者，肩项相望。然而被当道褒旌，十仅一二焉；登郡城纪载，十仅三四焉。其故何也？俗朴风淳，忘声华之可贵，一也；地遥波阻，惮投牒之往还，二也；瘠贫俭啬，或反以表门为累，三也；衰乱相仍，无暇以采风为急，四也。若然，则历年愈久，事迹愈湮，虽死者未必因是怨恫，而生者渐至损其观感，余滋惧焉。此《浯洲节烈传》所为作也。或短幅，或长章，各因其所闻之详略；或汇辑，或附见，用昭其家范之流源。前志所已载者，核则仍其原文，未核则稍加订定。异日续修邑乘者，或能采摭是编，幸可备文献之十一。即不然，而以浯人传浯事，家谈户说，不惟闺阃女流闻风兴起，凡具须眉者，亦倍知所奋厉矣。

或曰："子之意，则善矣；间有一、二受聘失偶，更嫁而始殉其夫者，概厕之节烈，将无与例舛欤？"曰："乌乎，舛！未嫁殉夫，谓之烈女；已嫁殉夫，谓之烈妇。烈女资别而行奇，世不数见，今必责人人为烈女，则为善之途隘矣。《淮南·说林训》曰：'遗腹子不思其父，无貌于心也；不望见像，无形于目也。'夫夫妇，人合不亲于父子，况犹未始合也。而欲使之钻无貌之思，结无形之痛，是以不可思议者望人，而反薄视情理中之真挚，岂大中至正之准乎！"曰："适人之道，一与之醮，终身不改，其说非欤？"曰："固也，然若知醮之义何昉乎？按《礼·昏义》：'父亲醮子而命之迎。'注云：'酌而无酬酢曰醮。'于是女子有行，父母亦醮而命之。然则未嫁固未醮也。昔宋人女既嫁为蔡人妻，夫有恶疾，其母将改嫁之，女以此语折其母。今引以绳未嫁之女，不惟失'醮'字之义，并昧此语之来历矣。庸可乎？"或人之疑始释，因出是编而传布之。顾余孤陋黯浅，敢自云已核且确乎？补漏正讹，尚望同志之惠而诏我矣。

## 沧海纪遗序

洪受

同安背山面海为县治，而海中之山，可居者有五，浯洲其一焉。浯洲之生齿，盖在万计也。我国家之建置，为千户所者一，为巡简司者四，其所以捍卫边圉、奠厥民居者，亦云备矣。二百年来，休养生息，教化涵濡，人材之生于其间者，昉辟荐、登科第、起岁贡而育黉序者，彬彬甲于上都矣。然且民风俗尚，多从简朴，而无市井纷华之弊。其于不二之老，宏博之儒，贞烈之女，亦在在可数焉。余读邑旧志，遗逸者甚多，每扼腕而不能自已，乃知古人沧海遗珠之恨，良有以也。

夫作于前者，固后人兴起之攸资，而遏佚前光，亦岂山川炳灵之意哉！且建置之备于昔者，今亦废坠而不存矣。不谨书而详志之，将孰表孰维之耶？往与同志谋为别纪而未果，兹在京师，适有所感，而蔡君肖兼、李君振南、陈君遵江，皆浯彦也，遂以其事嘱余。余力虽不逮，幸三君之可与讲议也，乃于孟夏之日，构思草创，以俟君子。一曰山川之纪，二曰建置之纪，三曰人才之纪，四曰风俗之纪，五曰宾祀之纪，六曰本业之纪，七曰物产之纪，八曰灾变之纪，九曰词翰之纪，十曰杂记。图列于后，以便览焉。

隆庆戊辰五月

## 鼓冈湖春禊序

林文湘

金门城东，巨石礧砢，重叠蜿蜒，中潴为湖，一涧由高泻下，作曲水流觞，可据湖溆饮之。湖之北，傍山瓦矗；湖之南，圆阜环拱。中间一碧渊涵，鱼鳖肥美。盖浯洲一胜区也。湖西一箭地曰后浦，前明监国鲁王墓在焉。石上镌“汉影云根”四字，鲁王书也。以外即汪洋大海矣。

余壬辰二月，与童君渊若、家瘦云修禊于此，而系以诗，瘦云以觞酒奠鲁王之墓而拜之。余因概昔人诗“唐陵汉寝无麦饭”句为可悯，而瘦云之风为甚高也。夫鲁王以兖州分封之裔，甫袭爵而甲申之变乘之，崎岖闽、浙之交，艰辛踣踬，流离琐尾，后乃依郑氏于浯江岛上。当时贞臣若王愧两、卢牧洲诸公，其才学郁而弗舒，所吟皆颠沛侘傺之辞，酸辛呜咽之调，即欲强为逸豫之作，不能也。今者海宇升平，将二百年矣。士之游其间者，领略江山之恢奇，俯仰古今之变幻，其所见云垂海立，沙走雷奔，风樯驰骤，蜃蜃离合，阴火潜燃，可惊可愕之事，皆足以发其雄特瓌瑰之辞。其或雨霁天晴，雾敛烟销，鸥鹭征逐，草树笼苍，碧畴蓑笠，绿野牛羊，可欢可忭之景，皆足以生其灵隽窅眇之趣。盖境因时变，而诗亦与之俱变也。诗不与人期，而领斯境者，自不容已于诗也。

或曰：“兰亭修禊，王右军诸名流韵事，兹乃敢踵而行之乎?”余曰：“不然，情与景会，到处皆兰亭也。宇宙光景常新，历久不陈，惟会心者自得之耳，岂舍会稽山阴，别无修禊地哉!”今者网师、估客不能领而诘人领之，耕夫、牧竖不能探而诗人探之，是造物无尽藏也，而永和有嗣响也。渊若将以每年二月修禊之事，续而行之，余顾谓瘦云曰：“豪哉！斯举也。”浮杯酒而泚笔序之，为后日宴集之左券。

# 碑　　文

## 署金门粮捕海防分县马公去思碑

林章梗篆额　洪作舟撰文

公名永寿，字如山，浙江绍兴府山阴县人。同治二年十一月莅金，政治肃然，远近帖服。未几，积弊尽除，风俗顿改，民顺赖之。四年正月任满，佥为借寇之请，而不得，而公遽去。民之思公，自此深矣。然而公之治绩，不第足系民思，抑且受知执政。故去不数月，而公旋来。民慰云霓望，欢迎接公，公曰：“吾两度莅金，教养之政阙如，吾滋愧矣！吾何修而后可无忝斯职!”自是益厉精图治，凡前所施为未竟者，悉修之；前所欲为而未逮者，更举之。其能为民害者，无不除也；其足为民利者，无不兴也。前后五年中，比户得以安堵乐业者，皆公惠也。盖不徒以听断见廉明，而于民之衣食教诲，尤汲汲也。

今公又去矣！而受公栽培者士，不欲公去；受公爱养者农，不欲公去；受公保护者工贾，不欲公去。然民不欲公去，终不能止公使不去，则惟以公之德深足为民思者，勒之贞石，以见公虽去而民之系于心终不去也。

同治七年四月

# 诗

## 谒坪庵

丘葵

探奇穷海印，乘兴陟高阡。护骥标芳烈，升鸾证夙缘。
祠幽深树合，碑古碧苔沿。遗踪犹可访，落日马坪烟。

## 章法寺

丘葵

一入紫云深更深，游僧亦喜不相寻。
已无尘事贩人意，时有书声杂梵音。
浩气养成天地小，欲心扫尽鬼神钦。
人生能有几七十，自爱当如百炼金。

## 六月寓章法寺

瞑色入招提，昏鸦已不啼。诸僧空院出，老子独山栖。
堂面无人北，天形镇日西。寂寥应不恨，吾道与时睽。

## 雨中宿章法寺

潇潇一江雨，凉气入山扉。离舍本不远，连朝亦忘归。
紫荆成子落，黑蚁化蛾飞。看尽浮生事，终输破衲衣。

## 章法山房

丘葵

四壁羲文卦，曾因学易居。今来三十载，只有一空庐。
境寂含群动，窗明纳太虚。无人悟元理，梅竹翠扶疏。

## 出院门闲步

丘葵

出爱前村景，归穿薄暮烟。鸟飞虚碧里，人在落红边。
近晚山容澹，新晴稻色鲜。殷勤一溪水，清到院门前。

## 步院前溪

丘葵

偶出山门去，乘凉步浅沙。溪流盘略彴，崖沫上槎枒。
野拓天围大，风吹日脚斜。吟成无与语，独立数归鸦。

## 咏丘钓矶故居

蔡献臣

一卷突兀水中闲，遥想先生冰雪颜。
人拟柴桑真伯仲，诗追击壤异间关。
生当颓运终身隐，志在遗经手自删。
为问百年归骨处，后昆指点泪痕斑。

## 九日登太武岩

黄伟

落叶萧萧九月天，芒鞋缓步武峰巅。
静观身外浑无物，未许人间别有仙。
野径黄花随意折，暮云红日共谁延？
何当风景清如许，历遍苍崖咏石泉。

## 前　　题

蔡守愚

缥缈之峰亦壮哉！登临况复有群才。
十年驰骋余双眼，万事浮沉共一杯。

日照山岚飞锦绣，云收海气起楼台。
与君重约知何日，为报昏钟且莫催。

## 前　　题

蔡复一

仙屿孤悬雪浪春，桑麻旧话课乡邻。
饮从十日抽身暇，山别多年入眼新。
小鸟呼名时报客，幽花迷径却依人。
云岩月照香泉好，一酌松风濯世尘。

## 前　　题

卢若腾

胜赏虽迟犹小春，同游况复有芳邻。
不深花木枝枝秀，无大洞天曲曲新。
泉故喷香供茗客，石争呈面访诗人。
雨奇晴好都经眼，浇尽胸间万斛尘。

## 寄蔡元屡经略

池显方

才雄仍易视，高跐及其身。肉食面相顾，宵衣心有人。
四邻依号令，一剑壮精神。处处增营垒，飞输不用民。

芟苗无数级，不屑视为功。寸舌疗千孔，孤身代百工。
风清蛮洞子，春入甸荒中。只恐西征后，辽山又属公。

## 赠蔡体国光禄

三世冰官辅六朝，劝君劲节更凌霄。
贮书何止万千卷，封奏犹存数十条。
团气接人春满面，裹粮来学雪齐腰。
自从得遂归田请，种尽黄精已长苗。

## 送张尚宰廷尉入都

当日持平望所归，奇哉虎口得生飞。
无他仙佛惟忠孝，到底贞邪有是非。
欲绘流图先海郡，难容宽法在边机。
更期功行十年后，玉带山中换衲衣。

## 海印岩序蔡发吾前辈韵

卢若腾

奇观十二岂虚哉！衰乱谁珍能赋才？
兴到狂歌频看剑，人来载酒且衔杯。
夜阑独伴鸡声舞，晓望何多蜃气台。
弧矢半生成底事，何堪白发鬓边推。

## 太武山序丁少鹤刻石韵

溟渤之奇萃此山，欲舒望眼一跻攀。
幽岩旧是神仙窟，绝岛今为虎豹关。
隔海鼓鼙犹日竞，勤王羽檄几时闲？
山灵未厌怀柔德，应护周家故物还。

悲秋思动强登山，峭壁悬崖次第攀。
拂柱看诗怜苦韵，逢人阔论破愁关。
见猜猿鹤偏因乱，遍识石泉总未闲。
最喜客传朝报至，捷书新自秦中还。

## 华岩泉

石罅流涓涓，幽香自可怜。未经尝七碗，几失第三泉。
迹古僧铭在，源深海眼传。冷然逢夙契，欲去更流连。

## 读《丛青轩集》识语

国朝　许炎

海水荡天千百尺，朝潮夕汐发精魄。驶流如箭濯金沙，寸梗纤尘留不得。我公分章自天来，沐日浴月生其宅。路上鳌石听海涛，缥缈云烟起胸臆。狂来披发海之滨，探入蜃宫呼指斥。洞开八极肆纵横，落纸万言思不索。只今所著号“丛青”，历载争传黄绢色。神如白水入秋澄，气若巨浪连空拍。呜呼！我家十二奇景中，山海钟奇讵可测？把卷先型知未湮，吴钩舞罢欲岸帻。

## 过西山隐者

许炎

言曳先生履，来寻处士家。窥园春未晚，对酒日将斜。
树密岩疑雨，溪深鸟带霞。归途犹可想，步步践苔花。

## 登董屿

渡口迟潮信，聊为董屿游。远帆乍隐现，乱石半沉浮。
爽气来清晓，微波澹早秋。还期乘逸兴，尊酒对朋俦。

## 游啸卧亭分韵

林文湘

石亭遥瞰海天虚，地记将军横槊余。
楼橹烟波环凤舸，墩台风雨掣鲸鱼。
勋名自本儒生出，政府空言将略疏。
赢得穹碑撑碧汉，令人想象旧簪裾。

双尖石塔梵铃寂，半壁孤城雉堞疏。
劫外虫沙经百战，天寒鹳鹤上层虚。
人当缓带轻裘日，地是金戈铁马余。

啸卧论公清宴罢，西湖不比策疲驴。

东来万派此归墟，变灭烟云亭外虚。
跨海何人横铁笛，奔涛特地走雷车。
狼烟战垒挥戈入，燕颔侯封掷笔余。
击楫澄清多肮脏，知公胸有六韬书。

瓷瓮香醪起雪蛆，恢奇赋海木元虚。
酒杯倒卷沧溟小，笔阵横冲铁骑如。
甲胄英雄曾汗马，风尘过客此停车。
苍凉岛屿含生色，文藻勋名共卷舒。

## 浯江竹枝词

林文湘

孤岛回环三十里，海潮日夜响潺湲。
龙楼凤阁江中峙，矗起棱棱太武山。

澳汉山环九曲中，江干鱼子戏春风。
夜深渔父随波去，泻水灯明一点红。

小市卖鱼地数弓，双榕日落起腥风。
子鱼通印鳊头缩，道是夜阑出钓筒。

倭寇当年虐焰收，六丁神甲古祠头。
壁中画马皆嘶起，曾服中原万姓仇。

## 登啸卧亭分韵

文成辅

百战功横海，将军气未降。荒亭余落日，秋色满空江。
红叶迷樵径，苍波点钓艭。遥山青不断，云拥碧鬟双。

峭壁巉岩立，孤亭俯大江。气先吞北海，功久奠南邦。
苔蚀碑文断，鸿留爪印双。夕阳咏归去，烟水一轻艭。

## 登一览亭有怀

林焜熿

插海云根撼暮潮，横吹铁笛过山腰。
笑看老树雄犹在，怪底狂涛怒未销。
风月乘除留故址，衣冠寂寞话前朝。
烟萝深处寻荒刹，踏破芒鞋不厌遥。

## 啸卧亭怀古

啸卧亭空碧藓黏，乾坤此日快观瞻。
荒城雾卷笼山顶，破寺云封露塔尖。
岛屿狼烟连戍垒，旌旗鹢首握戎铦。
南来巨浪排云起，思骋长风酒力添。

振衣直上凌高顶，十里云烟一望收。
树暗山坳巢老鹘，波摇海穴出长鳍。
石碑岘首思遗爱，铜柱朱崖说故侯。
散发狂吟和铁笛，鱼龙惊起暮潮秋。

# 记

## 啸卧亭记

许春时

浯岛东南海澨，有金门旧所城，为前明设营之处。据海疆形势，作泉、漳门户，岛上称奥区焉。出城南门可数百武，石壁巍峨，重叠横亘。登其顶，眼界尤宽。明时，虚江俞公尝为金门千户，治兵岛上，公余每偕寮属游览于此。公去后，门人杨弘举因石建亭，上镌“虚江啸卧”四大字，承公志也。

夫人事代谢，沧桑屡变，彼吴宫花草，苏台烟柳，千载下，无复过而问者。顾斯亭也，一丘一壑，独与河山并寿。亦思公之屯兵海峤，身经百战，先天下之忧而忧。洎乎妖氛已靖，啸卧于斯，复后天下之乐而乐。不知公，乌知斯亭之重；不有斯亭，又乌知名流遗迹？草木犹香，令人流连感叹有如是也。呜呼！俞公往矣！险阻依然，惊涛谁挽？亭头纵望，百感交集，安知后之视今，不犹今之视昔也哉！

岁壬戌某月，余从朋辈游憩到此，摩挲遗碣，苔藓半蚀，蝌蚪模糊。抚令思昔，因泚笔而为之记。

# 金门志卷之十五

## 风俗记

风俗不能尽善而无弊，岛中岁时习尚，大概不远厦门。然厦华侈而浯勤俭，其儒士修文而守约，其黎庶任力而谨愿，妇女尤习勤苦，事纺绩，比次十五国风，盖为之歌。唐得良司牧奖励而振率之，作其善，革其弊，于一变乎何有？因分条剖晰，汇为《风俗记》。

### 岁　　时

元旦，焚香纸，设茶果，放爆竹。少长序拜，戚友相过贺。午献馔于祖先。市不列肆者累日，粪帚以初五日始出户。

初四早，焚楮马舆币，晚供牲馔，曰接神。送神以早，接神以晚。（谚云：送神多风，接神多雨。）

初九日，设香案，向户外祀之，曰祭天。或延道士宣经，寺观、里巷皆演戏报赛。

上元祀神，小儿翦竹纸为灯，人物、花鸟酷肖。夕烧旧灯篝，视其红黑，以卜一年晴雨。沿街张灯结彩棚，三日夜始罢。闺女赛紫姑，歌词唧哝，俗呼为东施娘。（词曰："东施娘，教侬挑，教侬绣，穿针补衣裳。"）或拈香僻巷，窃听人语，以卜休咎，名曰听香。盖即古"镜听"遗意。

二月朔，社师前后入学。

初二日，街市、乡村敛钱演剧，寿土地神，称为头牙。

寒食，市镇多斗鸭卵之戏。（饰五色，绘人物、花鸟，即《玉烛宝典》斗鸡卵遗风。）

清明，祭先，前后十日，墓祭挂纸钱，培土。妇人亦出展墓。

三月初三日，以粿祭神及祖。凡不祭清明，以是日代之，曰三月节。是月也，多迎神赛会。

四月朔，各办香饼祭神，馈塾师，名曰光眼饼。

端午，门悬蒲、艾、榕、蒜、桃枝，并俗所称火香、仙人掌等物。折红布，画八卦挂楣端；裂小红纸，书对联，粘门柱。卷纸如花炮，中实硫磺，曰磺烟。燃烟，书吉祥字于屏户，并燃放于堂奥，房隅间皆遍，云可辟毒。作粽相馈遗，小儿戴茧虎，作彩胜，臂系五色丝，曰长命缕。妇女拣香草、蒜瓣，翦彩象、小虎，贴艾簪之。饮雄黄酒，以酒擦儿顶鼻，噀房壁、床下，以去五毒。沐兰汤，采百草捣药。或镂小舟，驶池沼浦港，乘潮涨，驾舳艇鼓乐，唱太平之曲，或竞渡为戏。午祀神，以纸为人，写一家生辰焚之，名为辟瘟。

六月，荐新。初六，以黍为粽，祭土神。

十五日，家各造米圆祀祖及神，谓之半年丸。

七月朔起，各社延僧道设醮，作盂兰会，俗名普度，以祭无主鬼。里社公祭，各家另有私祭。（初时搭高棚，陈祭品，散掷之。无赖子先登争拾为能，每至争竞跌仆。年来公同禁革。）

七夕，陈瓜果于屋檐前，祭天孙。解去续命缕，别以五色丝系小儿臂。士子祀魁星。

中元，各祀其先，焚五色楮。（楮画绮绣，云为泉下送寒衣。道书谓是日地官校人间善恶。）

七月朔日，俗称开地狱门，至三十日，称关地狱门。家家于门前致祭。

中秋，村市各祀土地神，与二月同。春祈而秋报也。夜荐月饼、芋檢，祀先祖、家神。亲友相馈遗，妇人拈香墙壁间，窃听人语，以卜休咎。与上元同。

重阳，放纸鸢，往啸卧亭登高。

冬至，俗不相贺。祭祀堂，舂米为丸，曰添岁。黎明黏丸于门，曰饷耗。

十二月十六日，商贾各丰其牲醴，以祀土神。晚宴亲朋，谓之尾牙。

二十四日，祀灶送神。（俗谓：灶神是夜以一家所行善恶，上奏于天。又言：百神有事上帝，画舆马仪从于楮，具牲馔，焚而送之。至正月四日，乃迎还。说本《五杂俎》。）

二十五日，俗传天神下降，鉴察善恶。设香案于神前。

除夕，家更春帖，燃爆竹。舂米麦为糍粿、饽饽之属，以糕豚相馈，谓之馈岁；祭先及神，曰辞年；炙炉炭，团聚饮酒，曰围炉；留宿饭于明日，曰隔年饭；以生菜沃沸汤，插唐花供神，曰长年菜。

## 气 候

同安系泉之南界，与霞、漳接壤。地愈南，则气愈暖。海多于山，故东北风亦三时不绝。飓风所发之势，不下于晋邑。降及诸岛，如金、厦之属，则冬月或连旬负暄，宛如春气。春月或服单袷衣，乘风纳凉。草木华实，四时不改。冰雪绝无，而海雾时或昏霾。耕获视晋邑尤早，阳和之气转盛故也。（《府志》）

隆冬，海风猋骤，飞沙滚尘。东方滨海村家，沙压与室埒，夜栖宿房庐，旦已闭塞。辟除之，始得出入，春来前后，拓清者不少。

居人多以布裹头，盛夏不辍，海风破脑故。严冬不袄常暖，春或淫雨连旬，苦雾漫山蔽海，咫尺不相辨。北风来，始吹散。

## 冠婚丧祭

浯洲在海中，与市井隔绝，故其风气自殊，而俗尚之所推移，亦因时而变。冠礼之行，旧无有也，行之则自黄逸所始。昔之定婚者，多至六两，少或二两，无余物焉。今则物采渐[①]烦，而其数不止于是矣。昔之有丧者，凡吊客至，必延以盛馔，分以布帛。至于卒哭、大小祥，惟作佛事而已。今则盛馔，布帛无有也。或奠或祭，既依家礼，佛事则尽黜之而已。倡之者，亦自黄逸所始也。（《沧海纪遗》）

婚嫁重门户，不甚选婿。传闻四十年前，嫁娶家不过数十金，仪从物采，概从俭约。今则渐华渐靡。亲迎惟水头村间行之，今亦罢废。小户人家多养苗媳于室中，俟长婚配，费少则事易集。自幼在家受翁姑教训，则易于相安，从俗之便可也。

家不蓄童仆，二十年来，始多蓄婢。婢不锢，长为择配，曰打头对。

居丧延僧道礼忏，富贵家开冥路，荐血盆，打地狱，掷铙钹，竖幡、普度诸名目，云为死者减罪邀福，谬甚。大祥前数月，即择日致祭除服，云为儿孙作采，岂曰终制。惟后湖村不作佛事，犹为近古。

葬地惑堪舆家术，尽诚致敬，听凭指择，又必合乎年命，均其房分。故常寄厝多年，强者每贪吉地，恣意占葬，牙角交讼，虚词限迁，破耗资产不恤。近山乡鳄，藉伤煞为词，挟制阻挠，措索贿赂，不厌不止，最当痛惩。

乡社中惟山仔兜、前水头，颇讲礼节，家多殷实故也。后湖许姓，独不作佛事，祖祠祭祀行三献礼。贤聚人颇好学，以多宦裔也。至于俗无妓馆，乡里有犯奸者，必共逐之，则各乡皆然。

丧葬初返时，必设席饮诸送葬者。既葬三日，妇人相率晨哭于墓而返。清明祭墓，多野哭。皆非礼也。

## 风　尚

民风俗尚多从简朴，而无市井纷华之弊。（《纪遗序》）

---

① 渐，原作“潮”，据台湾文献丛刊本改。

东方各乡，民能习劳。浯洲居海中，有风沙之苦。（东方最甚，田鲜可耕，民移务渔）其俗尤敦俭素，业儒者多，科目恒不乏人，最下乃精习法律耳。（隆庆间《县志》）

地广袤五十余里，民业渔盐，士笃诗书，科目称盛。（《闽书》）

凭眺金、厦二岛，手劈丹荔，口嚼江瑶，与丘钓矶讲学，许钟斗论制义，蔡元履谈经济，卢牧洲说诗文，魏秀才陈乐所啸烟霞而共乐，此土风之厚。（《大同志序》参）

一洲之中，相去不远，习尚亦不能尽同。然大率男务耕稼，女务绩纺。其事诗书者称最，事法律者次之，杂作者间或有焉。华竞劲悍者虽不能无，而俭朴恬退，习于礼义，自成古风也。（《沧海纪遗》）

## 士　习

朱子主邑簿，采风岛上，以礼导民。浯既被化，因立书院于燕南山。自后家弦户诵，优游正义，涵泳圣经，则风俗一丕变也。（《沧浯琐录》）

其西家习缣素，人握灵蛇。衮衮华宴，煜煜宫花。次精法律，萧、曹名家。（《晃岩集》）

浯洲为泉、漳门户，地辟民聚，鸡犬相闻，缙绅杂遝，号称海滨邹鲁。（洪受《料罗建中军议》）

浯岛科第辈出，不独以文章重，诸德业可师者，亦足以示仪型而风后进。（《留庵文集》）

浯洲弹丸岛耳，而石坚土厚，屹峙大壑之中。其人性惇而不懦，神王而不僄。士多光明俊伟之概，次亦勉以廉隅自饬，以至妇人女子守贞从一，视死如归者，肩项相望。（同上）

周观察书"读书明理"四字，挂于书院讲堂上，而注其下曰："凡六经、四子书及古今图籍、子史诸集，皆书也。今人未穷一经而从事制艺，其朝夕咿唔者，时文也，非书也。有志之士，当读有用之书，以为致用之本。”

后浦敬字亭，凡五六处。书院每年制竹篓分送，又催院下各处，收拾字纸，焚灰送海，沿为常规。愿市上买卖食物，用印刻标者，或代以他式，亦敬惜字纸之一端。

## 耕　渔

屿周二十余里，家取渔盐之利。（《广舆记》）

其东风沙若霰，民窭俗朴。渔火满江，波熬雪漉，轮鲜四驰，厨膳利握。（《晁岩集》）

岛地斥卤而瘠，田不足于耕。近山者多耕，近海者耕而兼渔。水田稀少，所耕皆硗确山园，栽种杂粮、番薯、落花生、豆，且常苦旱歉登。又无陂塘可以灌注，但于陇头凿井立石，为桔槔以灌之。务农者，最劳力习苦。

风烈莫如东方，料罗以上，荒埔茫茫，飞沙填压，不可耕作。宜沿溪栽竹木杂树，障断海风，使沙不簸扬，便可多辟腴园，利赖无穷。或挑垒沙岸，种刺藤杂草，沙随风飘坠草际，自然日增高大焉。

濒海之乡，画海为界，非其界者，不可过而问焉。越澳以渔，争竞立起。遇风涛作，则经旬匝月，顿断庶鲜。及网罟大获，又多贩入同、厦、漳州去，所出不如所聚。

## 商　贾

隔海贩运，船工脚费，物价恒倍，民多食红薯、杂粮。从前食湖广米及粤之高州，迨台湾启疆，遂仰台运自厦转售，风潮迟滞，市价顿增。又山皆童，刍薪自漳州载至，春雨连绵，有每担至八九百文者。迩来福清之薯丝，石井之糙米，时棹小船驳载入口，当戒关口需索，庶源源流通，勿致裹足。昔有人谋开牙铺，凡船运货到港及居氓鬻只鸡，售斗谷，必由其称量，从中抽分规利。议既定，生员许作义谋于绅士林俊元，转言诸镇军郭继青，极陈其弊，事得中止。近有数家，凡市柴者必由其铺发售，不得入船购买，是为包揽，所当公禁。

浯江瘠土，所产地瓜不足供食，且丰歉常多，惟恃小船驳载杂谷，藉以接济。自镏五店海关分驻后浦，各局增设口费，厦门大关复以小哨船住泊港口巡察，凡商船稍大者，即驱入厦门，不准由金贩卖。于是商船闻风裹足，而谷价愈长，民食重困矣。

小钱例有明禁，应先杜绝银庄，不得贩来；次营中月发兵借，不得插出。又饬戒渡船，不得代运。若潜雇小船偷载，则令差役时于濒海渡口侦拿重惩。此清其源以净其流也。地不足于耕，其无业者多散之外洋，如吕宋、实力、交留巴等处，岁以数百计，得归者百无一二焉，其贸易获利归者千无二三焉。即间而有之，往往无端被案而倾其囊。可慨也已！

## 妇　工

俗严男女之别，凡踏青斗草，入寺烧香，登山游玩，虽小家女羞为之，多以纺车为事。十岁以上，禁不出门。老少出，必以帕蒙面，犹漳州人之蒙“文公巾”也。家少蓄童仆，有者非幼即老，足以供事而已。（乾隆《县志》参）

金门与马巷同辖，乃马巷妇女，皆以织布为业，一妇日可获利一钱银有余。而金门妇女，但能纺木绵、绩苎而已，其利甚薄。若家制为织机，共事织布，其利益正不少也。

后浦之南，有聚而居者，先自惠安移来。妇女皆赤脚，每乘潮退，入海打蛎房，捞虾蛤，多力习苦。

## 杂　俗

自古风气质朴，数年来渐侈，小家女手足饰金银，村妇偶出门，亦须罗绮。里社报赛，或演大梨园至三五日，少妇靓妆坐台前听戏，前所未有也。有化民之责者，将何以潜移默导哉！

惑鬼神，信机祥，病虽用医，然扶鸾抬神问药，延巫觋禳符烧纸，至死不悟，诬蔽甚矣。

迩来男妇多持斋奉佛，其黠者鸠资设立菜堂，（金门城及浦下乡有之）男女日夜麇聚，讲经礼佛。凡入教之后，虽夫妇，亦绝人道，惟菜友相会，概免避嫌。伤风败俗，莫此为甚。若折其堂，拿其首恶办之，亦维持风化之一端也。

每年春季，迎天后，曰进香。多岁始举行。夏仲，迎城隍，曰出巡。间五岁一举。（或议迎城隍当停罢，论甚妥。无已，或二十年一举。）先期鸣金鼓，喧绕境内。至日，穷华极侈，阅游乡村，妆饰人物执事，旌旆飞扬，音乐间作，人家置几棹，焚香楮甚恭。正神端拱辇上，余神驰辇拥进。旋庙，设醮演剧极夥。而王醮之名，尤加敬肃。鸠金延道设坛，塑游巡神，以牧马王始开焐，鼓乐诣祖庙，恭致坛中，若主者然。家竖灯篙，夜燃炬其杪，上下通红，罗列如星。娱目只崇朝，而经旬匝月，疲惫精神。况以有用物力，任销耗于游戏之场。执迷不悟，亦足异哉！

赌不一，包花会为害更深。虽闺中妇女，包封寄压，买卜圆梦，扶乱问神，达旦不寐。流弊不可胜言。迩来开场压宝，刁风日炽。道光二十四年，总兵陈显生、分县胡咸会禁擒治，一时止戢，讴颂者众。此风亦少歇矣！

旧制，县丞皂隶、民壮各四，例给工食。近来合白役，多至六七十名，又以流犯充民壮。小案票签六七名，民尚易免强饱其溪壑。若波累命盗巨案，则全班尽出，辄破人产云。

结营所在，刁悍兵丁，凌轹士民，孱愚不敢触其锋。

鼠窃狗偷，间所时有，惟列炬持械，排闼搜掠，为害最巨。虽后浦官兵森列，犹弗能免。每岁杪，官令四境互相巡逻，特治其末耳。只此块壤，何乡勾引外盗，一访而知。立召其乡老及汛目，勒令拿送，自当风清弊绝。曩者李公芳园镇金时，悉用此法。故夜户不闭，奸宄潜踪。

濒海村庄，每被内港强乡撑船突至，掳人畜去，勒期资赎。

镇帅窦公振彪初履任，适有破案，立到乡，押放严办，一时敛迹。

凿碗青者，从地上挖掘而下。双乳山前后，坑陷错落，复穴地如蚁穿珠，屈曲透去，经越村庄，人家坟墓，间被塌坏，屡遭压死不顾。经官历任禁革。

浯之山，本自鸿渐穿海而来，大小砧团结皆石。濒海南安县民日据其巅，群聚凿伐，亏损地脉。经呈请示禁矣。是在内港小哨船却其规例，随时保护，厥功匪小。

# 金门志卷之十六

## 旧事志

古人有言："前事不忘后事之师也。"金门为海中要害，有事必争之地，是以自宋讫明以来，几经蹂躏。遗编具在，陈迹未湮，事事足为殷鉴。爰于兵烽、祥异及历代丛谈，博考旁稽，不厌覼缕，岂特使后人有资镜古欤？司保障者，其再三致意也哉！为《旧事志》。

### 纪　　兵

宋绍定间，海寇狓猖。知府真德秀巡海滨，屯要害，遣将击贼于料罗。贼遁去，德秀遂经略料罗战船。（《真西山集》。参《府志》）

元顺帝时，有肥和尚结白莲社，缠红巾。于是浯洲有陈坑乡土豪，入资买帖，为霸都元帅。欲护家者，敛资馈之；否则，大肆焚掠。未几，又有倭寇及广东乌尾船之扰。（《沧浯琐录》）

明正统十四年，沙尤邓茂七作乱。贼党陷同安，引夷艘焚劫浯洲仓盐，毁民舍，杀掠兵官。（《苏氏野记》）

嘉靖二十七年四月，海寇阮其宝大掠小嶝，知府程秀民发兵攻之。再战再克，诛其魁。余党溃奔，金门指挥张文昊尽擒之。（郑普《平寇记》）

三十八年五月，倭掠大嶝，村民保于虎头寨。贼破寨，杀戮蹂躏极惨。（《县志》）

三十九年三月，倭酋阿士机等自料罗登岸，掠十七都，死者数百人。复有倭艘沿石壁兜登岸，合党据平林，掠人民庐舍。四月，攻阳翟，合社与战败，死者百余人。于是诸乡自危，奔太武石穴中。倭掳乡人为向导，搜穴熏鼻，乃相率窜于官澳巡司城，男女万余人。漳贼谢万贯、一贯复率十余船，自浯屿月港而来，民益惧，遂于初九夜溃围出，甫二百余人。贼纵火屠城，积尸与城埒，城外亦纵横二里许，妇女相携投于海者无数。贼四散饱掠，自太武山西北，靡有或遗。漳贼之舟楫杂遝不休，金帛、货谷、户牖、器械尽载以归，庐舍则一炬焚之。以次攻后浦，乡绅许廷用驰书同安令谭维鼎，得枪手捍御。势不敌，会维鼎自率乡兵，载火具，浮海来援，与战皆捷，获倭酋阿士机、尾安哒等七人，斩倭级六颗，擒通倭谋城奸细丁乙中等三名，及流贼林时等六名，始奔轶于湖下、湖尾、古宁诸乡，劫杀而去。时五月十一日也。始终凡五十日，村社为墟。向使有官兵稍为截击，亦何至是。迨隆庆三年，复犯同安，为张奇峰剿杀殆尽，邑界始绝迹。（府县志、《沧海纪遗》、《林次崖文集》、刘存德《谭公功德碑》、《苏氏野记》、《名山藏》、《瀛寰志略》合参）

天启二年，红毛夷城澎湖，出没浯屿、东碇诸地，海滨戒严。三年，红毛夷登料罗，浯铜把总丁赞出汛拒战，死焉。（《清白堂稿》）

六年春，海寇郑芝龙泊金门、厦门，树旗招兵。（《漳州志》）芝龙，字飞虹，南安石井人，尝亡命日本，娶倭妇，生子郑成功。是春，船泊金、厦，树旗招兵，从者数千。所在勒富民助饷。二月，都司洪先春攻之不克，奔入金门，请济师。五月，游击卢毓英自金门率兵出，及芝龙，战于陆鳌，被擒。芝龙纵之归，密露就抚意。毓英奔入厦门，白诸总兵俞咨皋，不听，劾下狱。巡抚朱一冯责咨皋，坐咨皋遣将出攻，再战再败。七年十月，大征各卫所军，及于将军澳，互相击杀，忽芝龙弟芝豹从金门东碇突至，官军败走。芝龙追至浯屿，指挥傅圭先率船十五只，防守南山边青屿一带，遇战败绩。芝龙入中左所城，不侵扰。至崇祯元年，芝龙始投诚，授游击。（《东平纪略》，参《明史纪事》）

崇祯二年，海寇李魁奇纵横海上。魁奇，惠安人，向与芝龙同党，芝龙忌之。是年春，攻后浦堡，堡陷，死与被执者百余人，大掠联艘而去。已而芝龙及毓英统船追捕，官军从城仔角出援，追下澳洋，被陈秀刺死，余船悉降。巡抚熊文灿遣张彬诣料罗犒赏。（府县志、《东平纪略》合参）六月，芝龙击斩叛寇杨六、杨七于金门洋。六年，海寇刘香老驾小艇出金门劫掠。（《台湾外志》）七月，红毛夷入料罗。（《漳州府志》）

国朝顺治三年秋，芝龙弟郑鸿逵自安平镇屯距金门。鸿逵，崇祯间武进士，累迁副总兵，镇守南赣。福王立，授九江总兵。顺治二年，我师入镇江，鸿逵引回；奉唐王入闽，晋封定国公。我师进仙霞关，芝龙献款，鸿逵与成功谏不听，乃拥甲兵退安平，屯金门，迎淮王于军中，请宁靖王监其师。合成功兵攻泉州，经月不下，乃回金门，筑寨于白沙，构亭沼，莳花木，日事笙歌。我师攻之，不克。未几，卒。（《明史纪事》、《纲鉴补》、《南疆绎史》、《海纪辑要》、《东平纪略》合参）

三年秋，芝龙族郑彩与其弟联遁居金、厦，北迎监国鲁王于舟山，进彩建威侯。明年，王次长垣，进建国公，自署兵部。联亦以总兵进定远伯。时彩专横，以私憾执大学士熊汝霖及义兴伯郑遵谦，皆投之海。及王次健跳所，彩遂弃王，退回两岛。联在岛专事游宴，民不堪命。后皆为成功所袭。联降，彩遁去，成功招之还，尽解其兵。一日，彩坐厅事，见熊、郑两家拥入，惊扑投阶下，七孔流血死。（《南疆绎史》）

十二月，福州破，唐王旧官属南奔者，时聚烈屿，成功会之，供明太祖位，设祭定盟。旋下南澳收兵。（《行朝录》）

四年春，杨耿分踞浯岛，缙绅多罹其毒。耿，芝龙旧部将也，监国鲁王封为同安伯。九月，觇后浦田百顷，外与海邻，可以威劫。观兵堤下，声言决流而入，实冀以厚贿偿，仓卒无以应，遂尽决堤岸。于是良田变为海国，苦埭累者数十年。（《许氏家谱》，参《绎史》）

六年八月，成功夜渡金门。成功本名森，十五岁饩于庠。唐王一见奇之，命典禁旅，佩招讨大将军印。福州破，芝龙议降，成功持裾泣谏，不听，乃与所厚陈辉、甘辉等遁入金门，随往南澳收兵，得数千。中秋夜，扬帆至厦门，袭取郑联军。联窜金门，诉于彩，成功复夜袭之，遂踞两岛，遥奉粤中朱由榔年号。由榔遣使诣岛，封延平郡王。寻晋潮王。八年，成功以郑泰守金门。泰，芝龙族弟，唐王时加宫傅。至是集余众来降。五月，成功练兵后浦。十二年十一月，定远大将军郑亲王世子济度入闽，议剿两岛。时岛兵骤炽，分水陆为七十二镇，置馆局，设伪官职。世子至泉州，使人持谕招抚，不纳。复易函称书，成功答之，令厦门居民搬移过海，官兵家口搬住金门、镇海等处，空岛以待。十三年，世子大集各澳船，令泉镇韩尚亮督率，出泉州港。成功令陈魁、苏茂、陈辉、陈斌四镇，配大贡船十二，出泊料罗，郑泰出舟师援之。尚亮至围头，林顺、陈泽等迎击，忽飓风大作，尚亮船飘散沉坏，失利引还。六月，成功犯福州，以忠振伯洪旭协守金门。

十五年五月，成功寇江南，以杨来嘉为伪亲丁镇，同洪旭守金、厦。既而败回。十七年，将军达素及总督李率泰大举剿岛，大船出漳州，小船出同安，檄广东许龙、苏利等来会。成功以陈鹏守高崎，遏同安，马信、林习山守烈屿，郑泰同伪英兵镇陈瑞护各镇官兵家口移过金门，即由金门遏广东，而以黄安守金门城仔内角，自勒诸部[①]扼海门。初十向午，战于海门。郑泰自浯屿引兵合攻，我兵败绩。于同安船趋高崎者，亦陷于淖而溃，首领吕哈喇被擒。许龙等后二日至，知两路功不成，遂还。达素回福州，自杀。十八年三月，成功攻台湾，以伪参军蔡协吉佐郑泰居守金门。

康熙元年，成功卒于台湾，子郑经仍据两岛。靖南王耿继茂及李率泰遣人持书招抚，经请如朝鲜例，不报。郑泰守金门，家资以百万计，民遭其毒。成功殁，经入台伪袭，黄昭抗命，经斩

① 部，原作“邵”，据台湾文献丛刊本改。

之。事定回厦，得泰与昭往来书，欲袭之。或劝泰勒兵见经自白，泰不听，遂舣舟待命。陈永华谋以将东归，命泰居守，铸金厦总制印授之，诱入厦门。泰犹豫，弟鸣骏力赞其行，乃带兵船及饷银十万赴厦，遂被执，幽之别室。周全斌率兵并其船，鸣骏仓卒与泰子缵绪，自后浦港率诸众及眷口下船，入泉州港投诚。船凡五百余号，精兵八千，文武数百，全斌追之不及。泰闻之，遂自缢。其伪中军杨来嘉、吴荫，赴漳州献其伪印敕，成功弟郑袭、伪都督郑赓、杨富、陈宗等亦率伪官数百，兵数千来降。时二年六月也。

是冬，继茂、率泰调投诚官兵船只，同郎赛合夹板出泉州，以陆路提督马得功统之。自引小舟从同安出，海澄公黄梧、水师提督施琅出海澄。经部分守御，令全斌迎战，杨祥帅船十只往料罗一带接应，自统洪旭等出烈屿观敌。十九日，遇得功于金门乌沙头，夹板十四只，泉州战舰三百余，全斌以十三船直冲之。得功兵望见披靡，不敢前。已而施琅与副都统王之鼎等克厦门，进取金门。经退铜山，旋遁回台湾。遂堕其城，焚其屋，弃其地，迁沿海遗众于界内而还。八年，伪镇江胜往来两岛，踞障头与奸民互市。十三年，靖南王耿精忠据闽反，令人入台结援。五月，经至，借漳、泉二府以治兵。于是经复踞岛，先后尽有泉潮、漳、韶、惠、汀、兴、邵八府。大兵入闽，精忠反正，各府以次恢复。经自海澄遁回厦门。

十八年冬，水师提督万正色大集舟师攻岛，经召文武官船及洋船，以伪右武卫林升、左虎卫江胜、楼船镇朱天贵配兵北御。正月，正色及总兵林贤、陈贤等督战船出闽安镇，巡抚吴兴祚率兵助之。升退崇武，兴祚督陆师沿海滨施炮，升等船退入金门，扼料罗，尚有船二百余。正色自泉港分三路并发，至围头，乘胜直捣料罗，克之。经回厦，总督姚启圣及陆路提督杨捷等乘虚破其十九寨，兴祚会同宁海将军拉哈达等转由同安进剿，至浔尾，发红衣炮，攻克之，收复厦岛。经遁台湾，我师毕会金门，伪总兵吴国俊迎降，两岛平。二十二年，施琅东征，经子克塽降，封汉军公，台湾始入版图。（以上俱从《满汉名臣传》、《三藩纪事》、《南疆绎史》、府县志、《漳州志》、《台湾志》、《平闽疏》、《海纪辑要》、《东平纪略》、《行朝录》、《海外恸哭记》合参）

乾隆五十九年二月，盗劫商船于料罗，防汛把总何国祯革职。（案牍）

嘉庆四年八月，艇匪窜入后浦港，文武仓猝整兵，舆巨炮于南门渡口击之。有一贼，风帽雪衣，援枹而鼓，倏中我炮毙，始引退。十年三月，海寇朱渍伺劫料罗洋，厦门拨兵一百，往料罗金龟尾协防。十二年，海寇骤炽，内港土匪因之而起，随在肆劫，右营守备陈光求驾小哨船巡辑。五月，同县丞李振青攻擒许包等，并炮械药铅。九月，擒方溪等于草屿。后复同县丞金忠洺攻擒郑类等及其船，先后分别枭遣有差。十三年七月，总兵许松年追蔡牵等盗船，盗奔入金门洋。陈光求截擒之。十四年七月，松年率舟师出洋，收泊料罗，适艇匪从东碇过，督兵尽锐攻之。连日轰击，烧船二，获船七，擒匪六十六名，落海死者无算。十五年正月，以福宁总兵项统巡金、厦，堵截洋盗张保仔。二十三年五月，土盗林宰夜劫龙溪运盐船于料罗之鸟屎礁。

道光十三年五月，总兵窦振彪、兵备道周凯、提标中营参将杨俊杰、同安营参将双喜等，会剿沿海匪乡。（详《窦振彪传》）

十四年，内港土匪劫渡船。九月，马巷厅通判、护理提标后营游击吴建勋会剿山后亭、柏头各匪乡。（详《吴建勋传》）十九年，鸦片禁严，夹板船有诡称遭风，往来二担洋面，或泊料罗及涧礁垵。适提督陈化成哨至，将下碇，故事，下碇有炮，彼误为将击己也，遽发炮来。化成乃移舟入港扼守，遣人登岸，从石罅击之。已而彼见金门港路水浅沙长，蛎石错杂，土地僻小而斥卤，遂扬帆去。（余详《厦门志》）二十年七月，夹板三四十艘入厦门之青屿口，金门戒严。

咸丰三年，海澄人黄位作乱，推其乡殷户黄得美为首。四月，率众入厦门城，踞提督衙署。时提督施得高师船巡洋，闻报，收泊中港，令游击郑振缨率兵二百，战败死之，得高退泊镏五店。金门兵单饷匮，人心惶惶，奸民许款、叶行等通贼，欲导来攻。总兵孙鼎鳌、县丞郭学典谋于诸生林章梗，议先用缓兵之策，无敢往者。章梗乃与署中书办黄求赴厦，见得美，说之曰："金门民穷地瘠，家无百金之蓄，人无十日之粮，不足以供行李。"得美遂无来意。章梗归，即与文武筹议战守。于是绅士林可远捐资募勇，急备战具，与其弟外委林荣邦、营员郑玉麟率之以守要害。而岁贡生林焜熿，亦偕六品顶戴许侯熊、廪生许瑞瑛，生员郭以镜、许春奎等奉檄设局于城隍庙，团练丁壮，日夜逻巡。侯熊又赴永宁各处，招商载米接济，人心大安。

时右营黄守备怯，鼎鳌乃摘其印，委把总彭夺超护理。夺超既受事，于由港口岸安营，布置井然。贼始知章梗之绐己也，遂克日使其党林沙等统战舰四十余只，龙艚十余只，于六月十六日乘流入，直指后浦，开炮击鼓。夺超早派一军赴金龟尾，自与林荣邦等拒守中港，开炮奋击，贼不能近岸。可远、章梗等督战，见夺超火药垂罄，急回家，运以接济，诸军胆气益奋。而侯熊与焜熿等以练勇守后丰港，潮涨不能渡，贼以龙艚逼岸，侯熊重赏小船，渡军过港，开大炮击之，贼始退。初，许款所招之党，总局收为练勇，以子侄率而监之，故内应噤不敢动。其由金龟尾来犯者，贼船上岸，官军突前横击，连毙数贼，拔碇进战，炮无虚发。贼势溃，返帆欲遁，林向荣督千总林向日、把总陈登三两船，争先堵截，千总薛师仪、外委许朝阳前后夹击，林章荣以巨舰犁股首坐船，沉之。击破匪船无算，格杀数百，生擒股首林沙等多名。

先是贼船甫至，各巨乡皆至后浦观战，意图乘机抢掠。夺超先遣壮勇百余人，扼守东门尾许厝墓要害，弹压内变。身在口岸拒敌，又恐奸民应贼，乃命人谨守火药桶，自执大刀起舞，飒飒有声，观者不敢近。贼在舟中见岸上遍地皆兵，而内应不动，为之气夺。自黄逆倡乱以来，未经此大创也。由是贼势寖衰，官军收复厦门，斩得美，位遁入海，不知所终。

# 祥　　异

康熙元年，大嶝海中有人面鱼立水面，见人笑而没。越明年，迁界。(《通志》)

雍正十一年，欧陇湖中忽浮一小渚，高四尺，阔丈余，长十余丈，形如鲤。四旁水深，洞不可测。相传万历间，是湖鸣沸三日夜，里人林釬生。后釬登探花，拜阁学。(《县志》)

乾隆六年，荒，总兵林君升筹画接济，军民以苏。(府县志《君升传》)

十六年，官里乡产灵芝，后浦许我生曰："为我生。"是科捷乡榜，人谓其名之谶。

五十二年，饥。

五十三年，疫。

六十年，大饥，斗米千钱，民剥草木，食海菜。

嘉庆十六年夏，夜有声，自东南来，地震。明日，地生黑毛，长寸许，类猪鬃。

二十三年，瑞芝产于后垵。

二十四年夏四月，大雨雹，坏禾麦。总兵署大榕连数抱者，绝根而仆。濒海鱼艇，抉去数十里。

二十五年，大疫，饥。后浦王姓家有妇产一子，背亦有人形。旋死，妇亦死。

道光元年春，虫食薯豆根。秋，疫。

二年，旱，大疫。县丞萧重投诗于城隍、龙神，三日大雨，仍为诗谢焉。(《剖瓠存稿》，诗见《艺文》)

三年，疫。

七年春三月，大雨雹，发屋破窗。麦仆，歉收。

十一年九月，秋涛坏堤田。

十二年夏，大饥，斗米八百钱，金门县丞张秀景开仓平粜。八月大潮，稻田及盐埕多淹决。时幼孩多痘殇。

二十年，大饥。

二十三年，饥。

二十六年，大疫。

二十九年，大旱，饥。县丞李湘洲祈雨于中港渡头，禳旱魃，遂雨。

咸丰三年，饥，斗米七百余钱。

八年，饥，大疫。

九年，海水溢。

同治元年夏五月，地震。

三年，饥，斗米八百钱。

七年，旱。

八年，旱，大饥。

九年，大旱，饥，民掘草根煮干叶为食，饿殍载道。鼓冈湖涸。十一月，渔人网得巨鱼，重几百斤，目闪闪有光，见人则泪潸潸下。绅士林章梗鸠资买而放于海，至港中回身仰首者三，乃逝。

十年冬十一月，雨雪三日，冰坚二寸许，长老皆以为未见也。或曰险阳不和，酷厉之气所召云。

十一年，疫，自七月至于十一月不雨，幼孩多痘殇。九月，小径产芝草。

## 从　谈

国朝《皇舆全览图》，以地平当极度，度方当地二百五十里。率以极为准，立界线以实测。其直者以定东西，正中为南南。中之东二线，曰东一度；四线，曰东二度。泉州府治当极东二度半朒，同安当极东一度半赢[①]，金、厦二岛并同安之度。其横者以定南北，据极星出地高下以辨远近。泉州府治，北极出地二十五

① 赢，原作“嬴”，据台湾文献丛刊本改。

度，其南为同安，北极出地二十四度半，金、厦两岛并焉。此据北极出地偏度而言。既言金、厦度并同安，是言同安，而金、厦已该。而前明谈分野者，谓同安在斗四度；利玛窦交度西法，则谓同安隶牛五度七分之三。一斗一牛，论甚悬殊。大抵星野之说，古人已甚讼，况孤洲浮屿，又焉能从度数分秒中而确凿言之！第在天成象，在地成形，撮土微区，莫不与天之精气相属。则亦摭拾旧说，以存其梗概耳。（《浯洲见闻录》）

浦南隙仔口，风日晴美，回澜萦澈，下瞰水中，有光如金柱晃耀，人呼“金标柱”。舟行偶触者为吉兆，所谋多如意。然不常遇，有意求之不能得，即遇者亦不自知也。（《浯洲见闻录》）

林次崖《御踏石诗》，有“此地犹传帝子行”之句，夏质夫注云：“《通志》：‘宋幼主避元兵入闽，遍历福、兴、泉、漳。’此将航海步过浯洲之滨，水中石磴，危然犹存。”按：御踏石，在县西南龙窟村，距浯洲水途将百里，曷言航海步过耶？《通志》亦未尝有此语。（《浯洲见闻录》）

相传，烈屿本联属浯洲，宋帝昺航海至此，被元兵追急，山忽裂，得脱于难。按史：益王昰，以景炎元年五月立福州，十一月元兵入，昰航海至泉、至同安、至嘉禾屿，皆未尝有追兵。及昰殂磄洲，群臣始立昺，则昺是时亦未为帝。卢牧洲《留庵集》亦尝辩之，惟《留庵集》烈屿作笠屿，不知何所本？岂以其形似名欤？由前说，当云裂屿也。（《浯洲见闻录》）

阮氏文锡云：考《尧山堂外纪》，载杨铁崖《不赴召有述》诗中有“商山肯为秦婴出”之句，明太祖曰：“老蛮子欲吾杀之以成名耳。”遂放回。此乃世俗流传之误也。诗系吾乡丘钓矶作，见本集题云“御史马伯庸达鲁花赤征币不出”有述。至今海边童叟咸能诵之，其相传久矣。按宋潜溪撰《杨铁崖墓志》云：“洪武二年，召诸儒纂修礼乐书，上以前朝老文学，思一见之。遣翰林詹同文奉币诣门，谢不至。明年，又遣松江别驾追趣，赋《老客妇词》进御上。安车诣阙，留有百十日，礼文毕，史统定，即以白衣乞骸骨。上成其志，仍给安车还山。”盖丘钓矶为宋秀才，不赴元世祖之征；杨铁崖为元进士，不受明太祖之职。其志节大抵相类，故遂以《却聘诗》冒入《铁崖集》中。铁崖诗名满东南，而钓矶僻居孤屿，诗集不传，人多口诵，遂致字句略有不同耳。今悉注之，以备览。尧山堂本云：“天子来征老秀才，（《铁崖集》作“皇帝书征老秀才”）秀才懒下读书台。（“懒下”一作“不下”）商山肯为秦婴出，黄石终从孺子来。（《铁崖集》作“子房本为韩仇出，诸葛应知汉祚开”。一本作“商山本为储君作，黄石终期孺子来”。一本作“诸葛应从汉祚来”）太守免劳堂下拜，使臣且向日边回。（《铁崖集》“免劳”作“枉于”，一作“殷勤承上命”。“且向”，《铁崖集》作“空向”；一作“缱绻日边回”）袖中一卷春秋笔，不为傍人取次裁。”（《铁崖集》作“老夫一卷春秋笔，留向胸中取次裁”。“袖中”一作“袖藏”）其大略如此。夫一首之诗甚微，而所关人品则甚重。余故不可以不辨。此诗为铁崖所久假，已经五百年。今钓矶之集出，而赵璧复完。则诗之随时为显晦，其亦有数哉！予固不禁为之欢然而破涕也。癸巳仲春上弦，后学八十七叟轮山阮文锡书于类村之回清亭。（《夕阳寮稿》）

黄逸所为南刑曹时，陈紫峰琛遗书曰：“莅政有新声，理致起予，比向岁文论见示，又为加实。古人不以仕废学，剖决纷琐之暇，亮必却律例而前经史，以养道心德意，而时出其意于法律拘束之外。虽官以秋名，而春固自在。大都金陵佳气郁葱，登龙盘虎踞，足以发豪；见朱雀乌衣，亦能生感。江风进清，淮月与明，能其事者，岂必专在书谋野而获，理固然也。”前辈之相期勉如此。（《紫峰文集》）

家有耄耋笃老，侈为美谈。士大夫幸臻是者，回翔久，德望愈尊。乡若国，羽而仪之，兼藉为化民成俗之助。观前代香山、洛社之贤，播诸声歌，施及图像。而吾郡旧亦有善俗坊，过之，每欣然慕，瞿然惕，知贤长吏之意深也。考善俗坊，黄公逸所在焉。（《桐城四征》）

黄逸所先生未第时，将往官澳买棹渡安海。夜半起行，时星月灿烂，微风淡荡，霎听吟声云：“风急有船莫过渡，月明无伴不孤行。”四顾，寂如也。仍前行，则吟声复作，如是者屡。心异之，不果往。明日，舟渡中流，陟遇狂风覆溺。

由烈屿而东，则金门咫尺，监国鲁王之宫，司马卢公之宅，相过有会稽旧臣，来游多铜山名客。北顾则太武巍然，摩苍穹而出乎万顷之白。呜呼！以岛上奇观而之数公者，虽颠沛而不悔，凛千秋兮生色。（林霍《银城怀古赋》）

吾同武进士邵应魁，能诗有儒风。备倭苏松时，词坛名辈如徐学谟（叔明）、沈明臣（嘉则）、殷都（无美）、王翃（叔楚），皆相得欢甚。而凤洲、麟洲二王先生，屡有吟赠；荆川唐公、南溟汪公，皆推毂公之才略。其在吾乡，则赵太守特峰、洪少司寇芳洲、黄山人孔昭，尤深相许可焉。（林霍《诗话》）

学之案山，故名佛子冈，而形家言，宜有兀突耸秀之观。万历间，知县洪世俊即其顶建石塔五层。自明伦堂望之，塔挺然跃出。成于庚子之夏，明年，许编修獬冠南宫。（癸巳《县志》）

浯之为洲，大海一沤耳！洲中有山曰太武，石骨崚嶒［嶒］，蟠亘可十里许。而其气脉之所蜿蜒，勃发而为人文，故百年来，起家甲第者几二十人。而其魁南宫、列翰苑者，则自许钟斗始。（蔡献臣《丛青轩集序》）

我朝元品，自王守溪以来，辄推钟斗为超乘，谓其屹若吕鼎，湛若冰壶。（李光缙《丛青轩集序》）

许钟斗传胪，尝梦人遗墨，作诗云：“昔人梦得笔，之子复得墨。魑魅何处藏，山川当失色。”自可与割锦吞篆，更增艺林佳话。（《浯洲见闻录》）

熊明遇进士谓许传胪诗，闲逸清绮，动与天游。尝读《丛青轩集》，合古近体，得五十首，《册立分封礼成献诗颈联》云：“日月重轮照，山河一带明。”庄敞熨贴。又《夏伏雨凉》云：“乱山迷野鹤，流水动鸣禽。”亦佳。（《浯洲见闻录》）

曾元虚，壬戌年以宪副摄司篆，与予同应江右朝。一日，询及予年友蔡元履复一云：“此清源千年独眼蟒也。”予曰：“何以知之?”曾曰:“闻其访张天师至再,天师辞不见,谓人曰:‘渠为千年独眼蟒出世,见则不便。’”予殊不信,时张亦以觐至,偶谒之,而曾元虚亦适相值,曾遽叩以前事真否?张唯唯称说,一如前状。以元履之刚方正直,疑为岳神钟灵,岂蟒类所能托化?其说最诞漫不经。然姑存之。(《司空日记》)

蔡发吾为四川右布政,会六诏用兵,兼绾九印,时称九印召杜。其在北工曹,督理易洲、龙湾诸敞[厂],通商行货,革火耗,汰冗阘,却陋规,极力整顿,空橐入邸。未几,蔡元履继来备兵,政声埒易。人有大、小蔡之颂。(《百一斋稿》)

史称复一好古,博学善属文,耿介负大节。既殁,橐无遗资。《九闽赋》称其多才,善用兵;《银城怀古赋》称其踵张襄惠,陈庄江为一人。少时,闻故老最艳谭杀石生事,考《明史》、郡邑乘及池直夫撰传,并无言此。及阅《通志》本传,比《明史》诸书殊略,而有“公授刑部主事,即疏劾石星冒杀平民要功状,御审处死,中外惮之”数语。则是所传非虚矣。(《浯洲见闻录》)

《轮山诗派记》曰:“世有奇材,乃见真诗。”吾邑前之能诗者,唐则有陈公黯,宋则有苏公颂、丘公葵。明兴以来,林公希元、洪公芳洲,俱以经学能诗;蔡公清宪,文章气节而尤工于诗,海内尚之。继清宪者,为今司马卢公牧洲及纪氏父子。待诏先生尝从清宪镜山游,而石青先生则得黄石斋公之传。有水也生者,亦与清宪同时,颇称能诗,以世变后不能绝迹公门,声价顿减。然则诗以人重耳!非诗能重人也。仆生逢季世,无求用于时,窃以诗自娱,于今先达得事卢大司马公及孝廉纪子,于同辈得庄君名潜、字伏之等若干人。见此道之源流,喜其不孤。昔谢翱作《睦洲诗派记》,仆因仿其法,以振吾邑之风雅云。(林霍《诗话》)

蔡清宪才气本足自雄,入楚以后乃染竟陵,舍家鸡而爱野鹜,论者訾竟陵并訾清宪。钱牧斋极力攻击,专摘其瑕者以论,《四库书》讥其颠倒是非。自牧斋此论后,人不见清宪集,随声附和，正如矮人观场。而林沧湄诗话曲为之解，此亦不必。朱竹垞亦尝言之。盖清宪湛深经济，原不以诗争雄，出入竟陵，诚不能为之讳。惟汰其染竟陵者而存其初作，亦铮铮作者。斯为持平之论。今全集尚在，《泛舟》云："酒船兼载月，渔火欲添星。"《杂兴》云："宦味秋云薄，乡心夜雨多。"又："绝塞荒烟紫，孤营落日黄。"《访友》云："人烟灯市月，马迹御街霜。"《谷口》云："人自井中出，石疑空外悬。"《金山》云："人烟分北固，佛火出中洲。"《宿姑苏》云："山川沉霸气，枫荻醉秋天。"《河间府》云："海压九河白，天垂三辅青。"《湛园小集》云："暝烟生薄磬，懒月避飞觞。"《丰城剑送张尚宰》云："风雨群山动，蛟龙一夜归。"《湛园有怀》云："分茶松落子，迸槛竹将雏。"《建溪道中》云："人衣生翠雪，马影落寒流。"《登岳阳楼》云："晴浦远吞汉，乱波寒上城。"《山塘》云："月行江有路，云动石无根。"《题画》云："杖头春曲酒，驴背夕阳山。"《花灯》云："光能先夜照，气欲破春寒。"《芦溪公馆》云："红树将晴浮远浦，白云带湿抱孤村。"《感事》云："卤簿人间宫漏永，掖垣吏静谏书稀。"《山房杂咏》云："风檐历历鸟声碎，露井涓涓泉眼香。"又："春雨千畦催出馌，夕阳一径数归樵。"《登观海楼》云："岚阴扑槛蒸朝雨，蜃气浮空变暮霞。"《游东庄》云："禽鱼得水皆清妙，竹树迎人欲款留。"又："歌心争问夜深月，石影倒撑波底天。"《阻风忆弟》云："秋当深处偏为客，路到难时倍忆家。"《园居》云："鸟梦依云春寂寂，炉丝出坞午沉沉。"《舟行阻风》云："辞林岸叶纷成雨，啮石江潮怒迸雷。"《送友之宜兴》云："县谱逢人传禁酒，邦风小史解吟诗。"《清明有感》云："九陵王气龙还守，万户春光莺乱啼。"（《浯洲见闻录》）

卢牧洲尚书孙昜吾所著《戏余草》，家藏稿本，甚珍秘。尝一出相示，匆匆浏览，《记其和韵》云："春社迷归燕，风帘舞落花。"《即事》云："地僻诗情富，天寒花事疏。"《舟行》云："红叶青山寺，晴江白布帆。"《题壁》云："忘言如太古，相对阅南华。"《渡口》云："落帆人语乱，近岸棹歌停。"《南台桥》云：

“云深钟有路，池满水无声。”《野兴》云：“暖风舒草木，新水满池塘。”《田家》云：“隔社暝烟闻叱犊，长林晓雾斗啼鸠。”《白燕》云：“话尽春愁依玉垒，梦回月魄挂雕梁。”《有感》云：“乞米帖如画壁饼，点金术是典春衣。”（《浯洲见闻录》）

吾乡能诗者，在宋有丘钓矶先生，而魏秀才、陈乐所亦同时唱和。明兴，邵参将应魁从俞大猷游，故以名将能诗，有雅歌投壶气象。陈孝廉廷梁，家贫能诗。蔡布政守愚，有魏、唐风味。蔡光禄献臣，明净简远；子谦光，变为娟秀高华，间亦冲淡，有微云河汉、疏雨梧桐之致。许太史獬，冲秀高华，兼收陶、谢。而其先如光哲、如伯玉、如彰仁、如惟达、如从任，八世能诗，盖有得于家学焉。蔡经略复一，以经济显，尤工于诗。何乔远谓其出入汉、魏、唐、宋间，居然一代名作，古风即徐文长、袁中郎不敢并驾。继经略者，为卢司马若腾，然吉光片羽，鲜复有存者矣。（《浯洲见闻录》）

桐城四征，数有明一代，同安得谥者惟蔡公复一，忠贞亮节，翕雅干济，略展布于黔、楚间，得谥“清宪”。不知蒋侍郎孟育谥文介，张大中丞廷拱谥襄靖，林阁学釬谥文穆，皆易名，则皆浯产，而邑顾未之有。以洪侍郎朝选犹无之，论者谓洪可补谥。然如卢大司马若腾，文章政事，当时事既非，棱棱风骨。前而间关勤王，后而流离励节，即宜追谥，且当补祀乡贤，慰忠魂，所以厉风化也。（《浯洲见闻录》）

浙江鄞城东渡门，有祠祀卢牧洲先生。康熙间，当道重修，丹青壮丽，额曰“德馨民社”。先生孙昜吾闻之，作诗纪事，有“廉吏当年惟茹蘖，桐乡异代尚招魂”之句。（《戏余草》）

林文穆相国为祭酒时，以辟魏阉造像太学，即日挂冠归。惧阉骑蹑追，微服疾行。过黄州，犯夜禁，为州将所窘，书一诗与之云：“舟到齐安日已西，故人邀我醉琼卮。因看赤壁两篇赋，不觉黄州半夜时。塞北将军原有禁，江南士子本无知。贤侯若问真消息，姓字于今达凤池。”遂得释。（《浯洲见闻录》）

万历《县志》载：同安乡榜，始盛于嘉靖戊子、辛卯及万历戊子。前戊子八人，浯居其五，联捷者四。辛卯七人，则皆浯产。后戊子十一人，浯九。夺魁者二，浯一；相继登第者八，浯五。己丑联翩者五，浯四。以封域论，同安分有十里，浯地尚未备乎一里，科名风节，接武比肩，为阖邑冠。统计明兴，同捷乡、会闱三分之，浯有其一。其中冠南宫，取鼎甲，选词林，拜阁学及文武乡榜，文武进士以至由荐辟，由学校，由吏员，不可枚举。故谚云："无地不开花。"而邑人亦曰："无金不成同。"海中撮土，亦灵怪矣哉！（《浯洲见闻录》）

同安父子进士，自刘存德、梦松、梦潮而外，惟浯之张凤征、继桂，蔡贵易、献臣二家。（《东崖杂记》）

陈南海显，以洪武五年举乡闱第四，历知汝州、温州、德州，告身至崇祯间犹存。卢牧洲见之于家，载入《留庵集》，有云："元来举于乡，自言聊试吾文字耳。竟不赴会试。"而洪受《沧海纪遗》则云："浯洲在元时，无人入仕。"家谱又谓："明鼎甫定，以时需才，是科五名内均赐进士，显得知德州。"其说更异。（《浯洲见闻录》）

邑志：许振之，邑诸生，獬父，封编修。或指为误引，家谱载：振之，万历二十二年甲午副榜，当补入《选举》。按池显方《文集·獬传》："父振之，在泮有声。乙酉闽闱拟首，主者留待后，竟屈数奇。"显方，厦人，生万历末，距獬不远，金、厦咫尺，见闻当真。獬又为时闻人，岂有不知其父为副榜者。大抵岛上各家谱牒遭郑氏之乱，兵戈迁徙遗失。乱后补缀，有所脱略。邑志固自无误也。

嘉靖间，有荐辟之诏。林次崖丞南大理，荐其友浯人颜弘疏云："臣同安县颜弘，天资朴茂，力行可畏，敦亲睦族，古道成名。守礼甘贫，一毫不苟。少习举业，曾试秋闱。笔耕为养，遂辍仕进。早育诸侄，财蓄无私；喜恤人穷，囊入遂罄。孝友型家，廉介绝俗。乡里皆归其仁，县官不得而礼。是乃臣同乡，文学、材行堪为世用，臣所素知者也。"（《林次崖文集》）

人材之生，钟于间气。故嵩生岳降，古人侈诸声诗。吾乡蔡经略复一，张天师以为千年独眼蟒，《司空日记》非之，直曰岳神钟灵。池直夫作《许传胪獬传》云："其居处常有赤光，将卒前夕，大星坠地，鸿渐山鸣而圮。是必星精山灵所孕毓。"《县志》载林阁学釬将生，瓯陇湖鸣三日夜。卢尚书若腾，为牧马王后身。见《留庵集》。张中丞廷拱，传为衡岳神诞生。然则感龙吞燕，正不必谓荒远难稽也。（《浯洲见闻录》）

洪兴佐，世家戚也。性本凶暴，兼倚势作威，屡以小过杀婢仆。来寓浯之后洲村，村民遍受毒虐。婢新儿触怒，榜掠无完肤，复缚投深潭，溺而杀之，裸瘗沙中。逾年，兴佐病，咯血垂危，有鸟花色短尾，红目长嘴，厥状殊异，来宿兴佐屋后树间，更不他适。兴佐病久，燥火愈炽，求睡不得，而鸟日夜嘲哳[1]聒扰之。已径升其堂，视兴佐鼓翼伸爪，作啄攫状。发矢放弹击之，终莫能中。时有巫，能视鬼，召令视之，巫作鬼言曰："吾新儿也，枉死不瞑。今化为鸟，索命耳！"于是家人呼新儿，鸟随声而应。兴佐始惶惧，祷祝。鸟去三日，而兴佐死。死之日，即去年杀婢之日也。村民转相传述，卢牧洲尚书为作《鬼鸟篇》。（《岛噫集》）

自古英豪，当穷困未遇，俗耳目弗识，反从而害焉。然恒不能伤，都督许公盛微时，贫不能治生，大为乡族所厌苦。或食以毒蛇，至中途渴欲绝，走入祖庙，吸胆瓶水。水故有沉毙蜈蚣，莫知也，而世称蜈蚣可辟蛇毒。明日，众讶无恙，则群击之，得族人妇拥免。迨建殊勋，镇南赣。先是来镇者前后死，佥为之危，公无吝。方上任，偶见照壁画兽，甲作金色，目闪闪如有光，立掘毁，乃多窖金。表奏，以原金赐之，人称许百万。后假归，重报匿免妇，韩信漂母有以也。（《浯洲见闻录》）

许庶常瑶洲，尝携同安马蹄酥饼至京，遗其乡贵。会座主谒乡贵，为供具焉。问何有，则曰："从贵门下得来耳。"座主心衔之，坐是，以大考诗中一字失检，吹毛索垢，罢馆职。有《泊台

---

① 嘲哳，音 zhāo zhā，形容声音繁杂细碎。

庄所落叶》诗："寒蝉号罢满林伤，金气秋凝蝶也黄。衰草连天悲朽月，垂杨委地泣烦霜。萧萧此日过巫峡，历历何时望汉阳？最是能诗偏有感，莫教糕字负刘郎。"为自己写照耳。（《浯洲见闻录》）

许庶常瑶洲，六岁能诗，《登佛迹岩一绝》："登高必自卑，上山多险石。白云深锁处，局棋到佛迹。"乃学语第一声也。幼慧何让古人。（《浯洲见闻录》）

爽文之乱，福公大军未渡，蔡跃洲参赞最为贼所惮。固由其知兵能战，亦以麾下多共乡井，同心一气，挟全力相捍卫。如义师蔡偶辈，以力卫战死。又有蔡成功，本台人，与通谱，骁勇善战，公置左右不离，大得其力。所坐马尤奇，公长身玉立，坐骑多不胜，独此马不仅任驭，且甚神异，数脱公危。时军中歌曰："将军相貌何魁奇，靴囊贮得一小儿。骑下白马过南陂，活捉贼子如剥蜊。"后刘权之督学亦有《战马行》之作。及公卒，马不食死。（《浯洲见闻录》）

张公廷拱巡抚大同归，将诣京师，路次衡岳，谒岳庙，陡见神像无纤毫异己。又见神胫因雨漏溜凹，小孔径寸许，数十年于兹矣。初，公生时，胫即有小凹如神形，百医不愈。至是，命僧涂满之，经宿而公患处顿平。下山三日，卒。人以为岳神降生，理或然欤！

林文穆相国釬，气节足千古，而著述不少概见。惟漳州嘉济庙《圣迹碑记》石刻一篇，系万历四十六年相国撰，同郡李宓书。所载后汉太原石真君报父仇事，颇涉神异。而文甚古奥，书法亦遒劲。碑今尚存漳州庙中。

福佑圣侯，灵迹甚著，至今岛人称为恩主。但解氏《庙记》称圣侯暨助灵夫人林氏，俱以肉躯塑像。今孚济庙在丰年山下，其像非肉躯塑也。意者，庙屡经重建，已非原处，其像亦系后来改塑欤。

后浦林树梅，藏有隋舍利塔铃。铃重八两，高二寸许，径四寸，周回细镌正书十一行，凡七十字。文曰："大隋开皇十五年，岁次乙卯四月己丑朔，维䣩冯坚敬造舍利塔铃，上为皇帝陛下、州县令长，又为七世父母援及一切众生，咸同斯福。都维䣩惠礼、都劝缘传法、比丘净慧、匠胡豇造。”按文帝以辛丑受禅，乙卯正在灭陈后之六岁。帝名坚，小字那罗延。塔铃那作䣩，坚字并无缺笔，岂小讳独尊、御名并弗避耶？又考梵语，羯摩陀维，此云知事维纪也；维那，乃纲纪其事之称。隋舍利塔见《金石录》，凡有五，不知何者为是。凡古铜器，款识多系铸成，往往失其丰韵。细观此铃，笔锋遒劲，逼真晋人，非名手运刀，不能若斯之妙。土花苔翠，斑驳陆离，真千余年物也。（《浯洲见闻录》）

西仓吕孝廉世宜得一铜镜，为西汉平津侯之物。孝廉有记，载《爱吾庐文集》中。